Paul Callaghan
mit Uncle Paul Gordon

Der Traumpfad – Uraltes Wissen der Aborigines

GOLDMANN

Buch

Die Traumzeit steht im Zentrum der seit Jahrtausenden überlieferten Aborigine-Mythologie. Sie erklärt, wie alles entstanden ist, und begründet die Regeln, nach denen die Völker zusammenleben. Paul Callaghan zeigt gemeinsam mit dem Ngemba-Ältesten Onkel Paul Gordon, was wir aus dem uralten Wissen einer der ältesten Kulturen der Welt für unser modernes Leben lernen können. Zahlreiche Übungen und Reflexionsfragen zu Themen wie erfüllenden Beziehungen, Resilienz und Zufriedenheit liefern wertvolle Impulse für die eigene persönliche Entwicklung sowie für ein wertschätzendes Miteinander, in dem Vielfalt anerkannt, akzeptiert und respektiert wird. Entdecken Sie die Kraft des Geschichtenerzählens, begeben Sie sich auf die Reise zu Ihrem wahren Selbst – und machen Sie die Welt zu einem besseren Ort.

Autoren

Paul Callaghan ist ein Aborigine, der zum Land des Worimi-Volkes an der Küste von New South Wales nördlich von Newcastle gehört.

Viele Jahre lang hatte er führende Positionen inne, bei denen es um Dienstleistungen für Aborigines und Nicht-Aborigines ging. Doch schließlich wurde sein Wunsch, etwas für das Wohlergehen der Gemeinschaft und jedes einzelnen Menschen zu tun, so übermächtig, dass er ein eigenes Unternehmen gründete. Neben seiner Beratungstätigkeit ist Paul als Motivationsredner, Geschichtenerzähler, Tänzer und Autor tätig. Pauls große Leidenschaft ist sein Glaube daran, dass Geschichten eine große Macht haben und dass man damit eine bessere Welt schaffen kann.

Uncle Paul Gordon gehört zum Ngemba-Stamm und widmet sich der Lehre und der Weitergabe des traditionellen Wissens und der Überlieferungen der australischen Ureinwohner.

Paul Callaghan
mit Uncle Paul Gordon

Der Traumpfad – Uraltes Wissen der Aborigines

Eine neue Art, die Welt zu sehen
und unser Leben zum Besseren zu verändern

Aus dem Englischen
von Marion Zerbst

GOLDMANN

Die englische Originalausgabe erschien 2022 unter dem Titel
The Dreaming Path: Indigenous Thinking to Change Your Life
bei Pantera Press Pty Limited, Sydney, Australia.

MIX
Papier | Fördert gute Waldnutzung
FSC® C014496

Penguin Random House Verlagsgruppe FSC® N001967

1. Auflage
Deutsche Erstausgabe Februar 2023

Illustrationen: Sabine Timmann
Umschlag: Uno Werbeagentur, München
Umschlagmotiv: FinePic®, München
Redaktion: Ralf Lay
Satz: Buch-Werkstatt GmbH, Bad Aibling,
Druck und Bindung: GGP Media GmbH, Pößneck
Printed in Germany
SC · CB
ISBN 978-3-442-22362-6

An diejenigen, die bereit sind,
ihren grauen Mantel abzulegen und in Farbe zu tanzen.

An meine Frau Alison, die mir so vieles beigebracht hat.

An die, die vor mir gekommen sind.
Ich hoffe, ich bin in eure Fußstapfen getreten.

Die Geister unserer Vorfahren sind überall um uns herum. Sie erwachen aus ihrem Schlummer, wenn jemand bereit ist, ihnen zuzuhören. Und sie haben viele Botschaften für uns. Um sie zu hören, müssen Geist, Körper und Seele des Schülers ganz still werden, denn tiefe Wahrheiten braucht man nicht laut herumzuschreien. Im heiligen Raum der leisen Flüstertöne kann man in Ruhe nachdenken – dann fällt der Erde das Atmen leichter.

Paul Callaghan

Aborigine zu sein bedeutet nicht, dass man eine bestimmte Hautfarbe hat, sondern dass man mit dem Land und der ganzen Natur verbunden ist und Verantwortung dafür trägt. Dabei geht es um deine Verbindung zu Bäumen, Fischen, Vögeln, Flüssen, Felsen und Sternen. Es geht nicht darum, wie du aussiehst. Es geht nicht einmal um deine Abstammung, sondern um etwas Unsichtbares tief in deinem Inneren.

Uncle Paul Gordon

Inhalt

Inhalt

Die Botschaft

Der Himmel schlummerte in seiner Unermesslichkeit. Die Sterne blickten mit unendlich weit zurückreichenden Erinnerungen an das, was gewesen war, auf das uralte, von Sand bedeckte Land herab. Im Dunkeln zuckte das Orange kleiner Flammen auf; und im Schein des Feuers saß ich, hypnotisiert von der tiefen Stille. Das Knistern und Zischen der Glut ließ die Stille noch tiefer erscheinen. Langsam verdichteten sich die Rauchschwaden vor meinen Augen zu einer Gestalt. Der Alte Geist musterte mich mit Augen voller Weisheit, Liebe und Traurigkeit.

Warum seid ihr alle so beschäftigt und tut doch so wenig? Warum bemüht ihr euch so sehr um Dinge, die ihr eigentlich gar nicht braucht? Warum haltet ihr das Glück für so schwer erreichbar? Warum könnt ihr nicht damit zufrieden sein, was euch gegeben wurde? Was ihr wirklich braucht, ist überall um euch herum – aber ihr seht es nicht.

Ihr seid alle von eurem Weg abgekommen. Ihr habt vergessen, wer ihr seid. Ihr lebt eure Wahrheit nicht.

Ihr habt noch Zeit, euch zu erinnern. Ihr müsst *euch erinnern. Und ihr müsst euch auch wieder miteinander vereinen. Wenn ihr euch nicht erinnert, wenn ihr euch nicht miteinander vereint, habt ihr uns im Stich gelassen. Dann werden sehr wichtige Dinge von der Welt verschwinden … wir werden verschwinden … alles wird verschwinden … und verloren sein … für immer.*

Vorwort

Wir, die Autoren dieses Buches, zollen allen indigenen Völkern dieser Welt – Völkern der Vergangenheit, Gegenwart und Zukunft – unseren Respekt und unsere Anerkennung.

Als Aborigines aus dem Land, das heute Australien heißt, ehren wir die vielen traditionellen Aborigine-Völker, die hier leben. Wir erweisen unseren Aborigine-Ältesten in ganz Australien Respekt und erkennen ihre Weisheit und Führung an. Wir würdigen auch unsere Ahnentiere, die lange vor uns in dieses Land gekommen sind und Flüsse, Berge und andere Landschaften geschaffen haben, um sich dann dort anzusiedeln. In ganz Australien gibt es heilige Orte des Gedenkens, denen unser besonderer Respekt gebührt und die uns alle miteinander verbinden.

Wir haben dieses Buch mit Liebe und in dem Wunsch geschrieben, unser Wissen mit allen Menschen zu teilen, die uns zuhören wollen. Wir tun das in der Überzeugung, dass die Kultur der Aborigines die Macht besitzt, eine große Heilung auf der Welt zu bewirken.

Dabei haben wir ganz besonderen Wert auf die Meinung der Ältesten unseres Volkes gelegt: ob sie es für angemessen halten, dass wir dieses Wissen an die Allgemeinheit weitergeben. Wir respektieren die Besonderheit des kulturellen und spirituellen Wissens der Aborigines, und deshalb wollten wir ganz sichergehen, keine Informationen preiszugeben, die andere Personen als unangemessen betrachten könnten.

Uns ist bewusst, dass wir nur aus unserer Perspektive sprechen können und nicht im Namen anderer Aborigine-Völker oder -Gruppen. Etwaige Ähnlichkeiten der in diesem Buch enthaltenen Informationen mit dem Wissen anderer Aborigine-Völker oder -Gemeinschaften liegen nicht in unserer Absicht; doch in Anbetracht der Beziehungen, die wir in diesem riesigen Land schon immer zueinander gepflegt, und der Geschichten, die wir einander schon immer erzählt haben, sind solche Parallelen wohl unvermeidlich.

Mit unserem Wissen, unseren Gedanken und Erfahrungen möchten wir den Leser dazu inspirieren, bei den Ältesten und Wissenshütern der vielen Aborigine-Völker, die sich schon seit Menschengedenken um dieses uralte Land gekümmert haben, nachzuforschen und nach kulturellen Informationen, Erkenntnissen und Zusammenhängen zu suchen. Die Geschichten, die wir euch in diesem Buch erzählen wollen, wurden erfunden, um auf die Schönheit und Weisheit unserer Kultur hinzuweisen. Die meisten dieser Erzählungen sind neueren Datums. Doch bei einigen handelt es sich um unsere Interpretationen alter Geschichten, die uns überliefert worden sind. Wir erzählen euch diese Geschichten als Zeichen des Respekts vor denjenigen, die sie mit uns geteilt haben.

Paul Callaghan und Uncle Paul Gordon

Einführung

Aus der spirituellen Perspektive der Aborigines wird alles gezeugt. Alle Dinge und Geschöpfe – Bäume, Pflanzen, Insekten, Vögel, Fische, Reptilien, Säugetiere, Felsen – werden schwanger und bringen schließlich etwas zur Welt.

Die Geburt dieses Buches ist das Ergebnis einer 60 000 Jahre langen Schwangerschaft. Es enthält Wissen und Geschichten, die seit über 1800 Generationen immer wieder von Eltern an ihre Kinder weitergegeben werden.

»Na und?«, werden manche von euch jetzt vielleicht denken. »Was nützt mir ein Buch, das auf einer anderen Kultur aus einer anderen Welt beruht, wenn ich immer wieder so viele verschiedene Dinge in meinem Leben unter einen Hut bringen muss? Wenn ich den Anforderungen meiner Arbeit gerecht werden und eine Hypothek abzahlen muss, aber gleichzeitig auch mein Bestes tun möchte, um ein guter Mensch zu sein?«

Um diese Frage zu beantworten, vergiss bitte ein paar Sekunden lang die Gegenwart und stell dir eine Welt ohne Krieg … ohne Verbrechen … ohne Obdachlosigkeit … ohne Hunger … und ohne Armut vor. Eine Welt, in der alle Menschen alles haben, was sie brauchen, um ein langes, erfülltes Leben zu führen und sich dabei wohlzufühlen. Eine Welt mit vielen verschiedenen

Sprachen, in der es aber kein Wort für »Hass« gibt, weil »Hass« nicht existiert.

So, jetzt kannst du wieder mit dem Fantasieren aufhören und in die Gegenwart zurückkehren. Glaubst du, dass es so eine Welt wirklich geben kann? Die meisten von euch würden diese Frage wohl verneinen. »Die Geschichte zeigt doch, dass die Menschen einander unmenschlich behandeln; das liegt nun mal in ihrer Natur«, würdet ihr sagen. »Wir beweisen doch schon seit Jahrtausenden immer wieder, dass wir nicht in der Lage sind, warmherzig und liebevoll miteinander umzugehen.«

Ich bin da anderer Meinung. Denn die Aborigines haben sehr, sehr lange in der oben beschriebenen utopischen Welt zusammengelebt. Natürlich gab es auch damals Meinungsverschiedenheiten und Zorn; doch dieses Buch will dir ein Verständnis für die Systeme, Regeln und Verpflichtungen vermitteln, die in der traditionellen Gesellschaft der Aborigines eine wichtige Rolle spielten, und durch die eine Lebensweise entstanden ist, die der analytische Verstand nur schwer akzeptieren kann. Diese traditionelle Welt der Aborigines funktionierte in einer anderen Zeit; doch in diesem Buch werde ich dir zeigen, dass man sich auch in unserer heutigen Welt an traditionellen Werten, Denk- und Vorgehensweisen orientieren kann. Heute vielleicht sogar noch mehr als früher.

In der heutigen Welt gibt es vieles, was uns Freude macht und uns inspiriert. Sonnenauf- oder -untergänge, Regenbögen, schneebedeckte Berge, das Lachen eines Kindes, heißes Wasser, Schokolade und der Duft von Kaffee – all das sind Dinge, die mich ein oder zwei Sekunden lang innerlich aufbauen und beglücken. Und die Möglichkeit, mit einem geliebten Menschen, der weit weg wohnt, per Telefon oder Video in Kontakt zu treten oder sich ins Flugzeug oder Auto zu setzen und ihn zu besuchen, ist ein erstaunlicher Beweis für die Vorteile unseres wissenschaftlichen und technologischen Fortschritts.

Aber wenn ich die Welt um mich herum betrachte, sehe ich zu viele Gesichter, in die Angst und Stress ihre Spuren gegraben haben – obwohl ich weiß, dass jeder sein Bestes zu geben versucht. Ich sehe zu wenige Gesichter, die innere Ruhe oder Zufriedenheit ausstrahlen. Ich sehe zu viele Menschen, die sich immer nur im Kreis zu drehen scheinen.

Für mich ist die Welt ein magischer Ort, an dem man unendlich viele Kostbarkeiten sehen, hören, berühren, schmecken und riechen kann – selbst an einem dieser vertrackten Tage, an denen nichts richtig zu funktionieren scheint.

Diese Einstellung hatte ich nicht immer. Ich gehörte früher auch einmal zu diesen Gesichtern, aus denen felsenfeste Entschlossenheit sprach, die aber keinen inneren Glanz ausstrahlten.

In den sechzig Jahren, in denen ich das Privileg hatte, auf dieser Erde zu leben, habe ich viele Höhen und Tiefen durchgemacht, so wie sie niemandem erspart bleiben. Wie die meisten Menschen meines Alters habe ich mich durch Krankheiten und familiäre Kümmernisse hindurchgekämpft. Ich habe Rechnungen bezahlt und mir eine berufliche Karriere aufgebaut, eine Familie und schließlich sogar ein eigenes Unternehmen gegründet; und gleichzeitig habe ich mir natürlich auch Mühe gegeben, ein guter Sohn, Bruder, Ehemann, Vater, Freund und Kollege zu sein.

Vor meiner Einweihung in die Kultur der Aborigines war dieser Navigationsprozess für mich viel schwieriger als danach. Denn diese Kultur hat mir ungeheuer viel gegeben; dadurch konnte ich einen Zustand geistigen, körperlichen und seelischen Wohlbefindens erreichen, den ich vorher nie für möglich gehalten hätte.

Dieses Buch enthält viele Botschaften und Erkenntnisse, mit deren Hilfe du das auch schaffen kannst.

Ich hatte das große Glück, dieses Buch zusammen mit Paul Gordon (Uncle Paul) schreiben zu dürfen, einem sehr einfühlsamen, großzügigen Menschen von ungeheurer Geduld (die er bei einem Schützling wie mir auch dringend brauchte). Als ich vor vielen Jahren in den Spiegel schaute, hätte ich mir eine solche Zusammenarbeit beim besten Willen noch nicht vorstellen können.

Durch dieses Buch wird dir wieder klar werden, welche Macht Geschichten innewohnt. Das Geschichtenerzählen ist ein wichtiges Fundament der Aborigine-Kultur. Geschichten geben uns Zeit zum Entschleunigen. Geschichten verbinden uns miteinander. Aus Geschichten können wir etwas lernen.

Doch … bevor Uncle Paul und ich dich in die Weisheit unserer Vorfahren einweihen, möchte ich zuerst einmal erzählen, wie ich das Wissen der ältesten noch lebenden Kultur der Welt kennengelernt habe. War es Zufall oder Schicksal? Das kannst du selbst entscheiden, wenn du weiterliest. Ich weiß nur, dass diese Weisheit mein Leben verändert oder vielleicht sogar gerettet hat. Dieses Wissen ist so einfach zu verstehen und doch so tiefgründig, wenn man es auf sein eigenes Leben anwendet. Und es ist für uns alle da: Jeder Mensch kann darüber nachdenken, es in sich aufnehmen und danach leben, wenn er bereit ist, die damit einhergehende Verantwortung zu übernehmen.

Im Alter von 34 Jahren war ich die große australische Erfolgsstory. Ich hatte drei verschiedene Berufsausbildungen, zwei Jobs, zwei Kinder, zwei Autos, ein Haus und war mit der großen Liebe meines Lebens verheiratet. Mein Leben war ein Traum. Trotzdem saß ich an meinem 35. Geburtstag auf einer Treppe meines Büros und weinte. Meine Tränen flossen monatelang. Eine dunkle

Wolke aus Angst und Sorgen hatte sich über meine Seele gelegt. Die sorglose, stets geschäftige, unverwüstliche Maske des Draufgängertums, die ich so lange vor mir hergetragen hatte, bekam Risse und fiel schließlich ganz von mir ab. Ich fühlte mich nackt, verletzlich und ausgeliefert.

Der Psychiater diagnostizierte bei mir eine schwere Depression und eine Angstneurose. Ich stellte Nachforschungen über diese unheilverkündenden Fachbegriffe an ... und die Dunkelheit, die mich umfing, verdüsterte sich noch um ein paar Nuancen mehr. Meine Recherchen zum Thema »Depressionen« machten mich noch depressiver. Man erklärte mir, dass es keine Heilung dafür gebe und dass meine psychische Erkrankung ein Dauerzustand sei; bestenfalls könnte ich mit der Zeit vielleicht lernen, damit umzugehen.

Eines Tages saß ich am Ufer und dachte: »Das ist der richtige Augenblick, um meinem Leben ein Ende zu machen.« Dieser Gedanke war für mich sehr verlockend. So konnte ich meine Familie am einfachsten von der Last befreien, für jemanden mit einer unheilbaren psychischen Erkrankung sorgen zu müssen. Doch dann kam mir zufällig ein Gedanke, der meinen Selbstmordplänen einen Strich durch die Rechnung machte: »Vielleicht brauche ich ja gar nicht an diese Diagnosen, die die Ärzte mir überzustülpen versuchen, zu glauben. Vielleicht kann ich aus dieser Erfahrung etwas lernen und die Experten Lügen strafen.«

Und so begann mein Heilungsprozess. Als ich tief in mich hineinzuschauen begann, stellte ich fest, dass dort irgendetwas fehlte ... etwas Unbestimmtes, nicht Greifbares ... schwarze Flecken auf dem Kontinent meiner Seele, die sich vor mir versteckten, wenn ich versuchte, meinen Blick auf sie zu richten. Ich war auf der Suche nach einem persönlichen Sinn für mein Leben: Es musste doch irgendetwas geben, was diese Leere ausfüllte, gegen die bis dahin offenbar kein beruflicher, finanzieller oder sonstiger äußerlicher Erfolg angekommen war.

Ich begann, Bücher zu lesen. Sehr viele Bücher. Bücher über die verschiedenen spirituellen Überzeugungen, die es auf der Welt gibt. Ratgeber. Bücher über psychische Gesundheit. Bücher über die Physiologie unseres Gehirns. Bücher über Glück. Bücher über Depressionen.

Ich suchte Rat bei anderen Menschen – Männergruppen, Meditationsgruppen, Heilern, Psychologen und Psychiatern. Ich praktizierte Yoga, trieb viel Sport, betätigte mich kreativ, spielte auf meiner Gitarre und erlernte die verschiedensten Atemtechniken.

Allmählich wurde mir immer klarer, was in meinem Inneren fehlte. Da flatterte mir zufällig eine Einladung ins Haus, in den australischen Busch zu gehen und etwas über meine Kultur zu lernen.

Diese Einladung war eine große Überraschung für mich. Ich war zwar immer stolz auf mein Aborigine-Erbe gewesen; aber man hatte mir eingeredet, dass diese traditionelle Kultur längst untergegangen sei. Und nun befand ich mich hier im australischen Busch und sollte einen ersten Einblick in unsere uralten Bräuche erhalten.

Als Erstes zeigte man mir die Rauchzeremonie, und ich erfuhr, wie wichtig es ist, sich dieser Zeremonie zu unterziehen, bevor man eine heilige Stätte betritt. Während ich zuhörte, überkam mich ein Gefühl der Ruhe und inneren Freude, das ich noch nie zuvor erlebt hatte. Den Geruch von Rauch und Eukalyptusblättern immer noch in der Nase, wurde ich durch das nach Sonnenuntergang herrschende Dämmerlicht zu einem kahlen Felsbett geführt. Ich folgte meinem Lehrer in ernstem, respektvollem Gänsemarsch, um meine Dankbarkeit für das Wissen zum Ausdruck zu bringen, das mich dort erwartete.

Mein Lehrer deutete auf einen Platz, an den ich mich stellen sollte, und tauchte den vor mir liegenden Felsen in Licht. Vor mir stand eine Figur, die vor Zehntausenden von Jahren dort in Stein gehauen worden war.

Als man mir die Geschichte dieser Figur erzählte, staunte der analytische Teil meines Gehirns darüber, wie viele Generationen von Aborigines schon an diesem Ort gewesen waren und genau dort gestanden hatten, wo ich jetzt stand. Der kreative Teil meines Gehirns bewunderte die Schönheit der Geschichte, die ich zu hören bekam, und der philosophische Teil meines Gehirns war voller Ehrfurcht angesichts der Erkenntnisse, die sie enthielt. Mein Herz fühlte sich an, als würde es zerspringen, als mein lebenslanger Durst nach dem Wissen meiner Kultur endlich gestillt wurde.

In einer Welt, die weit über die Beschränkungen unseres menschlichen Gehirns hinausging, erwachte mein Geist und begann zu tanzen, als ich mit einem Ort jenseits des Vorstellbaren in Kontakt trat. Es war ein Ort der Sicherheit und Geborgenheit und ein Ort des Friedens. Ich wurde von einer tiefen Weisheit erfüllt und spürte eine unendliche, bedingungslose Liebe. Mir gefiel es an diesem Ort.

In den nächsten zwölf Monaten ging ich jede Woche in den Busch, manchmal sogar zweimal pro Woche. In dieser Zeit lernte ich etwas über unsere Schöpfung und unseren Schöpfer. Und ich erfuhr auch etwas über Mutter Erde und unsere Beziehung zu allem, was auf der Erde und im Himmel existiert. Ich lernte, wie wichtig es ist, sich bei allem, was man tut, liebevoll, respektvoll und bescheiden zu verhalten. Vor allem aber habe ich dabei etwas über mich selbst erfahren. Nach all den Jahren, die ich in Depressionen versunken gewesen war, konnte ich meine Welt der Dunkelheit und Negativität dank der Heilung und der Erkenntnisse, die unsere Kultur mir vermittelte, allmählich durch eine Welt der Farben, des Lichts und der Hoffnung ersetzen.

In dieser Burray-Lernphase, die ich damals durchmachte (*Burray* ist ein Wort für »Kind« in der Gathang-Sprache), erfuhr ich von einem Mann namens Uncle Paul Gordon. Sein Name wurde stets mit äußerster Ehrfurcht erwähnt – eine große Herausforderung für mein Ego. Ich war ein bisschen skeptisch gegenüber dem guruähnlichen Nimbus, der diesen Mann zu umgeben schien.

Doch als ich Uncle Paul zum ersten Mal begegnete, wich der distanzierte Zynismus, den ich so lange Zeit zur Schau getragen hatte, in dem Augenblick von mir, in dem ich seine Gegenwart spürte. Obwohl dieser Mann in jeder Hinsicht ruhig und bescheiden war, hatte er etwas an sich, das mir Respekt einflößte. Ich bedauerte meine Arroganz und mein vorschnelles Urteil sofort, als ich in ihm einen Menschen erkannte, der seiner Wahrheit gerecht wurde und sie lebte.

Das ist jetzt über zwanzig Jahre her. Der Weg meiner Genesung war lang – gepflastert mit Enttäuschungen, Rückschlägen und einer ständigen unterschwelligen Angst, dass ich nie wieder zu meinem alten Ich zurückfinden würde. Rückblickend kann ich sagen, dass meine Befürchtung unbegründet war – und dafür bin ich sehr dankbar. Meine Reise der Kontemplation, der Heilung und des inneren Wachstums hat mich zu meinem wahren Ich werden lassen … einem besseren Ich. Und der Grundstein für diese tiefgreifende, lebensverändernde Veränderung war meine Begegnung mit Uncle Paul.

Im Lauf der langen Zeit, die ich Uncle Paul inzwischen schon kenne, hat er sich von einer Figur, die ich infrage stellte, zunächst zu einer Figur entwickelt, die ich fürchtete, und ist dann zu einem verehrten Lehrer, wichtigen Mentor, Vertrauten und schließlich zu einem unendlich geliebten besten Freund geworden. Und obwohl ich nur einen kleinen Happen von dem Bankett des Wissens unserer Kultur zu mir genommen habe, das er mir gezeigt hat, werde ich ihm für diese geistige Nahrung für immer und ewig dankbar sein.

Uncle Paul ist in diesem Lernprozess natürlich schon viel weiter fortgeschritten als ich; doch selbst er ist, wie er zugibt, noch lange nicht am Ende angelangt.

Sein profundes und lebensveränderndes Wissen möchte ich dir in diesem Buch vermitteln. Um die Authentizität des Sinns und Kontexts zu gewährleisten, setze ich die Gedanken, die von Uncle Paul selbst stammen, stets in eine andere Schriftart. Hier kommt das erste Zitat von ihm:

Ich bin ein Ngemba-Mann aus dem Nordwesten von New South Wales, geboren in Gurulgilu Country; das heißt, ich gehöre zu den Steinen. In unserer Geschichte werden Steine geboren, Steine bekommen Babys, Steine wachsen, Steine haben eine Seele, und Steine sterben – so wie alles andere auch. Mein Volk ist ein Steinvolk. Wir kommen von den Steinen.

Im Lauf meines Lebens habe ich viel mit Aborigine-Gemeinden zusammengearbeitet und Organisationen gegründet, die dazu beitragen sollen, dass es unserem Volk besser geht. Außerdem habe ich einen großen Teil meines Lebens damit zugebracht, unser Land zu bereisen, und überall in der freien Natur mit alten Aborigines zusammengesessen. Gemeinsam haben wir die uralten Sitten und Gebräuche unserer Kultur gepflegt, um besser füreinander und für unsere Mutter Erde sorgen zu können. Denn wenn wir uns um die Mutter kümmern, wird sie uns immer alles geben, was wir brauchen.

Am liebsten würden wir unsere Gedanken von Angesicht zu Angesicht mit dir teilen – gemeinsam mit dir durchs Land wandern und abends zusammen am Feuer sitzen. Und wer weiß? Eines Tages wird das vielleicht so sein. Doch einstweilen ist dieses Buch unsere Art, mit dir durch den Busch zu wandern. Es ist eine Chance für dich, zu hören, was wir dir sagen würden, wenn du persönlich mit uns am Feuer säßest, und dir Gedanken darüber zu machen.

Uncle Pauls Gedanken beruhen auf dem Wissen, das die Alten an ihn weitergegeben haben, und auf seinen Beobachtungen der Welt um ihn herum. Wenn ich ihm zuhöre, werde ich auch heute noch oft zum Kind – wie gebannt von dieser neu entdeckten Sicht der Welt und all den Möglichkeiten, enger mit ihr in Kontakt zu treten.

Mein Beitrag zu diesem Buch besteht darin, dass ich Uncle Pauls Bemerkungen und Gedankengänge nachvollziehe und ergänze, indem ich sie aus verschiedenen Blickwinkeln beleuchte, unter anderem:

- meinem Wissen über unsere Kultur,
- meinem Wissen über die westliche Welt,
- meiner Lebenserfahrung,
- relevanten westlichen Forschungsergebnissen und
- relevanten westlichen Theorien und Praktiken.

Als ich im Jahr 2017 auf einer internationalen Konferenz für indigene Heilmethoden in der Nähe von San Francisco einen Vortrag hielt, bezeichnete ein Kollege mich als »Wanderer zwischen den Welten«. Diese Beschreibung gefiel mir sehr gut.

In diesem Buch möchte ich dir Einblicke in die Kultur der Aborigines und Denkanstöße geben, mit deren Hilfe du

- lernen kannst, Dinge zu tun, die dich zu innerem Wachstum, mehr Sinn und mehr Zufriedenheit in deinem täglichen Leben hinführen (innere Perspektive), und
- die Straße, die Gemeinschaft, die Nation und die Welt, in der du lebst, für heutige und zukünftige Generationen zu einem besseren Ort machen kannst (äußere Perspektive).

Beide Perspektiven sind gleich wichtig.

Um dieses Ziel zu erreichen, werden wir uns sehr stark auf die Lore konzentrieren – das traditionelle Wissen, das (durch Lieder, Geschichten, heilige Stätten und Tänze) von Generation zu Generation weitergegeben wird und unser ganzes Leben bestimmt. Die traditionellen Formulierungen, in denen dieses Konzept der Lore wiedergegeben wird (und oft auch die Interpretationen seiner Bedeutung), unterscheiden sich von Kontinent zu Kontinent. Im Wesentlichen besagt die Lore jedoch, dass wir alle für den Ort, an dem wir leben, Verantwortung tragen und für alles sorgen sollten, was an diesem Ort existiert.

Die Aufgabe eines »Lore Man« besteht unter anderem darin, das Wissen der Lore an die Menschen weiterzugeben, die auf diesem Land leben (unabhängig davon, wo sie zur Welt gekommen sind) und lernen möchten, es genauso zu lieben und sich darum zu kümmern wie die Aborigines. Zwischen dem Wohlergehen des Landes und unserem eigenen Wohlbefinden herrscht eine symbiotische Beziehung. Wenn wir uns nicht um das Land kümmern, wird das Wohlergehen unserer Mutter Erde – und damit letztendlich auch unser eigenes Wohl – darunter leiden.

Unser Wohl hängt aber nicht nur vom Aufbau einer liebevollen Beziehung zum Land ab, sondern auch von unserer Fähigkeit, sinnvolle Beziehungen *zueinander* aufzubauen. Ein Blick in die Geschichtsbücher zeigt, dass es – gelinde gesagt – gar nicht so einfach war, dieses Ziel auf der ganzen Welt zu erreichen. Die neuesten Nachrichten, in denen es immer wieder um »Black-Lives-Matter«-Demonstrationen, Kriege, Terroranschläge und Meinungsverschiedenheiten zwischen Regierungen über globale Themen wie Klimawandel, Armut, Religion und Handelsbeziehungen geht, zeigen, dass wir auf diesem Weg noch viele Hindernisse zu überwinden haben.

In der traditionellen Gesellschaft der Aborigines war das ganz anders. Die überaus komplexen und hochentwickelten Regierungs-, Ausbildungs- und Verwandtschaftssysteme, die in den über fünfhundert Aborigine-Nationen herrschten, bildeten eine Plattform spiritueller und familiärer Einheit, dank der wir die Vielfalt und die Unterschiede zwischen verschiedenen Aborigine-Völkern verstehen, respektieren und akzeptieren konnten. Dank dieser Plattform standen wir ständig miteinander in Verbindung. Sie erklärt, warum es manchmal mehrere Traumzeitgeschichten über ein und dasselbe Ereignis gibt.

Auch wenn manche dieser Geschichten sich voneinander unterscheiden, behandeln sie doch ähnliche Themen. Einige dieser Geschichten werden in ganz Australien von Volk zu Volk weitergegeben und verbinden die Menschen miteinander. Dank dieser uralten Erzähltradition werden auch immer wieder neue Geschichten in unsere Überlieferung aufgenommen, solange sie die Bedeutung der alten Geschichten nicht schmälern. Alte und neue Geschichten können nebeneinander bestehen und sich gegenseitig ergänzen, solange die neuen Geschichten unser Land, die Natur und alles, was darin existiert, gebührend zu würdigen wissen. Die Geschichten, die du in diesem Buch lesen wirst, sind nur einige von vielen, die sich mit zahlreichen anderen Geschichten aus ganz Australien in Zusammenhang bringen lassen und gleichzeitig dazu beitragen, alle Menschen auf der Welt miteinander zu verbinden.

Ebenso wie die Geschichten in diesem Buch können auch die Erkenntnisse anderer spiritueller Lehren aus aller Welt uns miteinander verbinden. Dieses Buch will kein Ersatz für diese Anleitungen und Inspirationsquellen sein oder sich über sie erheben. Es möchte einfach nur ein Werkzeug der inneren Wandlung sein, das sich in diese anderen spirituellen Lehren einreiht.

Es gibt kein allgemeingültiges Rezept, das sich in ein paar einfachen Worten zusammenfassen lässt und uns ein Leben in Wohlbefinden und Zufriedenheit garantiert; und wir behaupten auch nicht, dass dieses Buch alle Fragen beantwortet. Es bietet jedoch Perspektiven und Denkweisen, die du auf einige Bereiche deines Lebens anwenden kannst.

Wenn jemand unsere Ansichten nicht teilt, akzeptieren wir diese Meinungsverschiedenheit in einer Haltung der Anmut und Bescheidenheit. Denn Meinungsvielfalt ist eine hervorragende Gelegenheit, einander besser kennenzulernen – eine Chance für Gespräche, Lernprozesse und inneres Wachstum. Auf der Welt gibt es viele Geschichten und viele Antworten. Wir sind der

Meinung, dass es nicht nur eine Meinung, eine Wahrheit oder eine Vorgehensweise zu geben braucht.

Das Einzige, was du auf dieser Lebensreise wirklich besitzt, ist deine Geschichte. Als Verfasser deiner Geschichte solltest du über alles, was man dir erzählt, genau nachdenken, um entscheiden zu können, worauf es in deinem Leben ankommt und wie deine Geschichte aussehen soll. Nur allzu oft (und manchmal sogar ohne es zu wissen) treten wir die Urheberschaft unserer Geschichte an andere Menschen ab und wundern uns dann, warum wir uns auf der Welt so verloren vorkommen.

Wenn du dir deine Geschichte nicht aus den Händen nehmen lässt – wenn du genau analysierst, was zu ihr passt und was nicht, und dabei gleichzeitig auf deine Intuition vertraust –, wird es dir viel leichter fallen, die Reise, die wir Leben nennen, zielbewusst und voller Inspiration anzugehen und etwas Sinnvolles, Authentisches daraus zu machen.

Jeder von uns wurde zu einem ganz bestimmten Zweck gezeugt und geboren. Jeder von uns hat eine Reise, einen Weg vor sich, der für ihn bestimmt ist. Vielleicht gibt es auf diesem Weg viele Schlaglöcher, Hindernisse und Umleitungen; doch selbst sie können zu wunderbaren Erfahrungen und Chancen werden, wenn man die richtige Einstellung dazu hat. Einige dieser vermeintlichen Hürden mögen uns auf den ersten Blick unüberwindbar erscheinen; aber wenn wir mit Einsicht, Glauben und Überzeugung an diesen Weg herangehen und uns dabei stets Mühe geben, ist das Erstaunliche für uns alle erreichbar. In Wirklichkeit liegt das Erstaunliche sogar bereits in uns; wir brauchen nur damit in Kontakt zu treten.

In der spirituellen Weltsicht der Aborigines heißt es, dass wir auf dem Weg zur Zufriedenheit sind, wenn unser Lebensweg mit unserem Lebenszweck im Einklang steht. Unsere Spiritualität sagt uns, dass wir mit einem größeren Weg – dem Traumpfad – in Kontakt treten müssen, um diesen persönlichen Lebensweg zu finden.

> Der Traumpfad war von Anfang an da, sodass jeder ihm folgen konnte. Dabei geht es darum, wie jeder Mensch seiner Verantwortung gerecht wird, für seinen Lebensraum und alles, was dort existiert (einschließlich seiner Mitmenschen), zu sorgen. Wie wir das tun, ist von Mensch zu Mensch verschieden, weil jeder eine andere Geschichte hat; aber wenn wir dem Traumpfad folgen, sind wir alle miteinander vereint und gehen in die gleiche Richtung. Davon sehe ich zurzeit nicht viel.

Ein Teil unserer persönlichen Geschichte besteht also darin, einen Beitrag zu einer größeren Geschichte zu leisten – dem Wohl der Gemeinschaft. Dieses Buch soll nicht nur das Wohlergehen jedes Einzelnen fördern, sondern auch zur Entstehung stärkerer, lebendiger Gemeinschaften beitragen, die das Wohlergehen von Körper, Geist und Seele fördern. Diese Vision gibt uns auch die Hoffnung, dass die Anführer dieser Welt – egal, ob auf lokaler, regionaler, nationaler oder globaler Ebene – ihre Verantwortung, sich vorrangig um ihren Lebensraum und das, was dort existiert, zu kümmern, besser erkennen und erfüllen werden. Denn dabei kann jeder etwas gewinnen.

Dieses Buch ist für alle Menschen gedacht. Um es zu lesen, braucht man nichts weiter als einen offenen Geist und die Bereitschaft, nachzudenken. Es geht darum, jedem Einzelnen und der ganzen Gesellschaft eine andere Denkweise zu vermitteln, die sie zu neuen Perspektiven und zum Engagement für eine bessere innere und äußere Welt anregen kann.

Oder um es noch ein bisschen genauer auszudrücken: Wenn du dich mit einer der folgenden Kategorien identifizieren kannst, wird dieses Buch dir garantiert etwas bringen:

- Du bist ein Mensch, der seinem Leben mehr Sinn und Bedeutung verleihen und zufriedener werden möchte.
- Du machst dir Sorgen um einen Freund oder Familienangehörigen, der deiner Meinung nach vom rechten Weg abgekommen ist.
- Du bringst dich in einer gemeinnützigen Organisation ein.
- Du wirkst an der Entwicklung der staatlichen Sozialpolitik mit.
- Du bist Student und interessierst dich für das persönliche Wohlbefinden der Menschen und das Wohlergehen der Allgemeinheit.
- Du setzt dich mit leidenschaftlichem Engagement für die Erhaltung der Natur und unserer Umwelt ein.
- Du bist im Gesundheits- oder Wohlfahrtssektor tätig,
- arbeitest als Erzieher,
- als Führungskraft oder
- ziehst Kinder groß.
- Du engagierst dich gegen Rassismus und soziale Ungerechtigkeit.

Uncle Paul und ich versuchen, dir in diesem Buch keine genau festgelegten Lösungen oder Garantien für dein Wohlergehen zu geben. Wir wollen dich mit unseren Worten nur zum Nachdenken anregen, als würdest du mit uns am Feuer zusammensitzen und das Blaue vom Himmel herunterfabulieren. Wie du nutzen möchtest, was wir dir mitteilen, bleibt dir überlassen.

In jedem Kapitel dieses Buches geht es um wichtige Themen,

über die du den Weg zum Traumpfad finden und dadurch einen Zustand größeren Wohlergehens für dich und die Allgemeinheit schaffen und aufrechterhalten kannst. Dazu gehören zum Beispiel die folgende Themen:

- die Bedeutung von Geschichten,
- zwischenmenschliche Beziehungen,
- warum es so wichtig ist, Dinge miteinander zu teilen,
- Einheit,
- Liebe,
- Dankbarkeit,
- Demut und Bescheidenheit,
- Lernen,
- Wahrheit,
- Inspiration,
- Resilienz,
- Präsenz,
- Verletzungen aus der Vergangenheit zu heilen,
- Zufriedenheit,
- Verantwortung und
- Führerschaft.

In den ersten beiden Kapiteln dieses Buches geben wir dir einen Überblick über die Spiritualität der Aborigines. Die übrigen Kapitel enthalten Gedanken und Erkenntnisse, die du in deinem täglichen Leben auf praktische Weise umsetzen kannst. Hin und wieder werden wir dich auch dazu anregen, darüber nachzudenken, wie du das Gelernte nutzen kannst, um etwas für das Wohlbefinden anderer Menschen zu tun.

Jedes Kapitel dieses Buches beginnt mit einer Traumzeitgeschichte. Auf die traditionellen Geschichten der Aborigines angewendet ist die Bezeichnung »Traum« vielleicht ein bisschen irreführend, da sie den Eindruck von etwas Mythischem, Märchenhaftem erweckt, das nichts mit der Realität zu tun hat und einen daher im täglichen Leben nicht sonderlich weiterbringt. Diese Traumzeitgeschichten (die oft durch Kunstwerke, Tänze und heilige Stätten der Aborigines, aber auch mündlich überliefert werden) machen auf den ersten Blick oft einen sehr einfachen Eindruck, haben aber in Wirklichkeit sehr vielschichtige Botschaften und lassen sich auf die verschiedensten Situationen anwenden. Auch ihre Zuhörer stammen aus den verschiedensten Altersgruppen und Gesellschaftsschichten. Jede Geschichte kann sinnvolle Gespräche und Lernprozesse in Gang setzen, egal, ob man sie einem Kind, Jugendlichen, Erwachsenen oder älteren Menschen erzählt.

Traumzeitgeschichten sind Gleichnisse der Aborigines. Sie wollen dir Botschaften und Handlungsempfehlungen vermitteln, auf denen unsere Lore basiert. Diese Geschichten sind Wegweiser für ein Leben, das durch ein tieferes Verständnis unserer persönlichen Wertvorstellungen und Verantwortlichkeiten mehr Sinn gewinnt.

Wir streuen in dieses Buch auch immer wieder Übungen ein, die du machen kannst, wenn du möchtest. Diese Übungen sollen dir helfen, wichtige Konzepte besser zu verstehen und über bestimmte Sichtweisen nachzudenken. Das ist aber keine Vorschrift, also hab bitte kein schlechtes Gewissen, wenn du irgendeine Übung nicht machen möchtest oder vielleicht überhaupt keine Lust zu Übungen hast. Dein Weg durch dieses Buch soll mühelos und fließend sein und nichts erzwingen. Unser Buch will dir dazu verhelfen, das Leben weniger als lästige Pflicht zu sehen – nichts liegt uns ferner, als dir noch weitere Pflichten aufzuerlegen.

Du wirst in diesem Buch auch immer wieder Fragen finden, über die du nachdenken kannst. Für diese Fragen gilt genau das Gleiche wie für die Übungen: Du brauchst dir nur dann Gedanken darüber zu machen, wenn du es möchtest.

Am Ende jedes Kapitels findest du ein paar Botschaften, die seine wichtigsten Punkte zusammenfassen. Sie bieten dir Anhaltspunkte, über die du noch lange nach der Lektüre dieses Buches nachdenken kannst. Einige dieser Anregungen werden dir vielleicht sogar so wichtig erscheinen, dass du sie dir notierst, um immer wieder an bestimmte Lebensbereiche erinnert zu werden, an denen du arbeiten möchtest.

Bei der Lektüre dieses Buches wirst du über Anmerkungen und Konzepte nachdenken, die dich innerlich ansprechen; aber zerbrich dir lieber nicht allzu sehr den Kopf darüber – denn das ist nicht die Art der Aborigines, etwas zu lernen. Wenn du mehr über unsere Kultur erfährst, wird dir hoffentlich klar werden, dass es bei unserer Lebensweise darum geht, mit allem um uns herum mitzufließen. Also lass dich beim Lesen einfach von unseren Worten und Gedanken mittragen, als würdest du dir einen Film anschauen. Genieße diese Reise, ohne dir allzu viele Gedanken über das Ziel zu machen: Vertraue einfach darauf, dass dir das, was du brauchst, genau zum richtigen Zeitpunkt gegeben wird.

Viele Konzepte in diesem Buch werden dir simpel und selbstverständlich erscheinen. Aber lass dich dadurch nicht täuschen! Was auf den ersten Blick wie eine einfache Bemerkung oder Einsicht wirkt, kann einen ganzen Welleneffekt neuer Erkenntnisse und Perspektiven auslösen und dich zu neuen Vorsätzen inspirieren; und dadurch kann sich dein ganzes Leben verändern. So ist es mir jedenfalls ergangen.

In dieser Zeit des Nachdenkens geht es um dich; es ist eine

Zeit, in der du dich um dich selbst kümmern solltest. Reflexion und inneres Wachstum sind zwei der wichtigsten Dinge, die du für dich tun kannst; also brauchst du dich dabei nicht zu beeilen. Nimm dir Zeit dafür und blättere ruhig immer wieder zurück, um bestimmte Stellen dieses Buchs noch einmal zu lesen und weiter darüber nachzudenken. Du bist es wert!

Uncle Paul und ich hoffen, dass die Lektüre des Buchs *Der Traumpfad* dir etwas bringt, dich in vielem bestätigt, dich aber gleichzeitig auch zu neuen Betrachtungsweisen herausfordert. Wir hoffen, dass es in dir den Wunsch danach weckt, mehr über die Sichtweisen anderer Aborigines und anderer indigener und nichtindigener Völker zu erfahren.

Wir sind nur zwei Stimmen im Chor der Welt. Wir brauchen auch noch andere Stimmen, die sich mit uns zusammentun. Jede Stimme ist uns herzlich willkommen. Wir freuen uns darauf, dass du uns helfen willst, aus etwas Altem etwas Neues zu schaffen … Es gibt keine bessere Zeit als die Gegenwart, um damit zu beginnen!

In unseren Geschichten ist alles aus dem Land entstanden. Die Angehörigen unseres Volkes zogen in die ganze Welt hinaus, und mit der Zeit veränderte sich ihre Haut, ihre Sprache, und ihre Überlieferung geriet in Vergessenheit.
Im Jahr 1788 kehrten einige der vergessenen Kinder zurück. Jetzt, Kinder, seid ihr zu Hause. Nun müsst ihr erwachen und auf eure Ältesten hören.
Es ist an der Zeit, dass ihr lernt, was euch verloren gegangen ist.

Uncle Paul Gordon

Kapitel 1

Wie wir für unser Land sorgen sollten (und warum Geschichten so wichtig sind)

Alle Dinge haben eine Seele. Wir sind alle eins.

Das Universum ist ein lebendiges Wesen. Wir sind alle ein Teil davon. Alles besitzt eine Seele, und alles ist miteinander verbunden.

Wenn jemand oder etwas vergeht, wohin geht es dann? Es geht dorthin zurück, wo es hergekommen ist, und macht einen neuen Anfang. Nichts geht jemals verloren: Wir missen es nur so lange, bis wir es irgendwann wiederfinden. Wir sind mit allem eins. Wir kommen alle vom selben Ursprung.

Als die Welt im Bauch des Universums gezeugt wurde, hat das Universum viele Dinge gegessen. Die Erde wurde gefüttert, um sie auf die Geburt vorzubereiten.

Früher war die ganze Erde von Wasser bedeckt; doch unter dem Wasser befand sich unsere Mutter Gunni. Die Regenbogenschlange Wawaii lag in Gunnis Bauch tief unter dem Wasser. Dann begann Wawaii, sich in Gunnis Leib zu bewegen. Davon erwachte Gunni, und das Land stieg aus dem Meer auf.

Wawaii hat das Wasser aus dem Meer ans Land gebracht; aber wie wir wissen, ist Salzwasser nicht gut für das Land. Also holte Wawaii das Salz aus dem Wasser heraus und versenkte es tief in der Erde, während sie das Süßwasser in Form von Quellen an die Erdoberfläche brachte. Wawaii wanderte durch das ganze Land und ließ an besonderen Stellen Süßwasser hervorsprudeln.

Als unser Himmelsvater Biamii von oben herunterschaute und unsere schöne Mutter aus dem Meer aufsteigen sah, kam er vom Himmel herab. Die beiden entbrannten in Liebe zueinander und vereinigten sich miteinander, und die ersten Kinder wurden geboren. Das waren große, uralte Tierahnen, die durch das Land zogen und all die Berge, Täler und anderen Landschaften schufen, die wir heute dort sehen. Das war ein langer Prozess, und es gibt viele Geschichten darüber, wie die Pflanzen entstanden sind, wie die Tiere entstanden sind, wie die Fische entstanden sind, wie die Vögel entstanden sind, wie die Insekten entstanden sind und so weiter. Die Schöpfung aller Dinge geht auf unsere Mutter, unseren Vater und die Regenbogenschlange Wawaii zurück.

Der Mensch wurde zuallerletzt erschaffen. Wir stammen von den tierischen Vorfahren ab, die vor uns da waren. Jedes Lebewesen und jedes Ding – egal, ob Tier, Vogel, Insekt oder Pflanze – hat eine Geschichte und eine Überlieferung, die uns alle miteinander verbindet. Auch Himmel, Sonne, Mond und Sterne haben eine Geschichte und eine Lore. Aus dieser Lore und den dazugehörigen Geschichten geht hervor, dass alles miteinander verbunden ist und eine Einheit bildet. Es gibt keine Trennung zwischen Spiritualität und Alltagsleben. Alles hängt miteinander zusammen. Alles, was wir in unserem täglichen Leben tun, steht mit der Lore in Zusammenhang.

Die Erde empfindet genau die gleichen Emotionen wie wir. Im Lauf ihres Lebens ist aus ihren Emotionen und Krankheiten und ihren Lieben die Welt entstanden, zu der wir jetzt gehören. Unsere Handlungen stehen nicht für sich allein. Alles, was wir tun, wirkt sich auf die Erde und auf alles aus, was dort existiert. Alles, was wir tun, hat Auswirkungen darauf, welches Erbe wir unseren Kindern hinterlassen.

Die Wissenschaft weiß nicht genau, wie lange die Aborigines diesen Kontinent schon bewohnen. Ihre Schätzungen variieren zwischen 50 000 und 120 000 Jahren, je nachdem, auf welche Forschungsergebnisse die jeweiligen Forscher sich dabei berufen. In der Kultur der Aborigines sieht man das anders: Unsere Ältesten sagen, dass wir schon von Anfang an da waren. Dieser Glaube spiegelt sich in unseren Schöpfungsgeschichten wider, die erklären, wie alle Lebewesen – einschließlich der Aborigines – in ihrer traditionellen Heimat entstanden sind.

Unsere Ältesten erzählen auch, dass die Aborigines vor der Invasion ein erfülltes, zufriedenes Leben geführt haben – körperlich ebenso wie geistig und spirituell.

> Stell dir eine Welt vor, in der die Menschen alles haben, was sie brauchen, um zufrieden zu sein. In der sie glücklich alt werden – körperlich, geistig und seelisch. So hat unser Volk sehr, sehr lange gelebt. Das Leben war zwar manchmal hart; doch dank unserem Wissen über das Land hatten wir immer alles, was wir brauchten.

In ganz Australien ließen sich die Aborigines in sämtlichen Bereichen ihres traditionellen Lebens von der Lore leiten. Dabei handelt es sich (wie ich bereits erklärt habe) um ein englisches Wort für traditionelles Wissen, das von Generation zu Generation weitergegeben wird.

> In Australien bezeichnet man die uralten Geschichten, die diese Lore veranschaulichen, manchmal als »Traumzeit« oder »Träumen«. Es gibt sogar Bücher, in deren Titeln diese Traumzeitgeschichten als Mythen, Legenden oder Fabeln bezeichnet werden; und das ist falsch. Unsere Geschichten sind keine Mythen oder Legenden oder Fabeln – und sie handeln auch nicht von Träumen. Für uns sind sie etwas sehr Reales.
>
> In meiner Sprache verwenden wir dafür das Wort Ngurram-

paa. Ngurrampaa ist eine viel bessere Bezeichnung für die Traumzeit. Im Grunde bedeutet dieses Wort »meine Beziehung zu meinem Land und allem, was dort existiert«. Bei der Lore geht es also darum, welche Beziehung ich zu allem habe, was sich in meinem Lebensraum und meinem Land befindet. Es geht darum, wie wir innerlich mit unserem Land und mit allem verbunden sind, was dort existiert.

In der traditionellen Welt der Aborigines hat alles – jede Art, jede Gesteinsform, jedes Tier, jedes Reptil und jeder Mensch – eine Geschichte. In dieser Geschichte geht es darum, wie das betreffende Ding oder Lebewesen entstanden ist. Wenn man eine Geschichte hat, hat man auch ein Lied, und wenn man ein Lied hat, hat man auch einen Tanz. Das gehört alles zusammen. Wenn wir uns diese Geschichten anhören und verstehen, was man daraus lernen kann, können wir besser für unser Land und alles, was dort existiert, sorgen und mit dem Traumpfad in Verbindung treten.

Geschichten waren im traditionellen Leben der Aborigines ein wichtiges Mittel zur Kommunikation und zum Austausch von Wissen. Ab dem Tag unserer Geburt lernten wir aus Geschichten, wie wichtig unsere Umwelt ist und dass man mit ihr in Verbindung treten und sie respektieren muss. Die Aborigines beschreiben das manchmal als Verbundenheit mit »ihrem Lebensraum« oder »ihrem Land«.

Aus der spirituellen und kulturellen Sicht der Aborigines ist »dein Land« oder »dein Lebensraum« von entscheidender Bedeutung für das, was du bist. Es ist der Mittelpunkt deiner Existenz. Das Land ist für einen Aborigine der Ort, wo seine Vorfahren geboren wurden, wo sie umhergewandert sind, wohin sie immer wieder zurückkehrten und wo sie jetzt als Geistwesen leben.

Das Land ist der Ort, mit dem du geistig und seelisch in Kontakt trittst, wenn du hier lebst, und der Ort, in den dein Körper gelegt wird, wenn du nicht mehr auf dieser Erde wandelst.

Aus unserer Sicht gehören wir dem Land: Es besitzt uns – wir besitzen es nicht. In unserer physischen Gestalt hält uns das Land für die kurze Zeit, die wir hier sind, am Leben. Also müssen wir es respektieren und dafür sorgen, dass die Fußspuren, die wir hinterlassen, ihm nicht schaden. Wir finden diese Mutter so schön, dass wir uns, wenn unser Leben in physischer Gestalt vorbei ist, dafür entscheiden können, als Geistwesen zu diesem Land zurückzukehren, um uns auch weiterhin um Mutter Erde und all ihre Kinder kümmern zu können.

Unsere Lore lehrt uns, dass alle Menschen, die auf diesem Land leben, dafür verantwortlich sind, das Land zu lieben und dafür zu sorgen … egal, wo sie zur Welt gekommen sind. Der erste Schritt dazu besteht darin, mit dem Land in Verbindung zu treten. Sobald du damit beginnst, wirst du vielleicht darüber staunen, wie viel wohler du dich in deiner Haut und deinem Leben fühlst.

Mit deinem Lebensraum in Verbindung treten (1)

Gibt es einen Ort in der Natur, an dem du dich einfach gern aufhältst? Die nun folgende Übung soll dir helfen, mit diesem Ort in Verbindung zu treten.

Vielleicht solltest du diesen Text aufnehmen und ihn dir dann mit geschlossenen Augen anhören. Du kannst aber auch jemanden bitten, ihn dir vorzulesen.

Lass das ständige Geplapper deiner Gedanken in den Hintergrund treten. Im Jetzt und Hier gibt es immer irgendetwas, worüber man nachdenken muss; doch für kurze Zeit kannst du all diese Gedanken aus deinem Kopf verbannen.

Sobald du anfängst, deine Gedanken loszulassen, stell dir einen Ort vor, den du liebst. Einen Ort, an dem du ganz entspannt bist und nicht das Gefühl hast, unbedingt etwas tun zu müssen. Einen Ort, an dem du einfach in einer Wolke des Friedens und der inneren Ruhe dahinschweben kannst … an dem niemand Anforderungen an dich stellt … an dem du für eine Weile allem entfliehen kannst. Dieser Ort kann von Felsen umgeben sein; es kann aber auch eine sandige oder grasbewachsene Fläche sein. Dein Ort kann im Gebirge, an der Küste oder in der Wüste liegen.

Du hast alle Zeit der Welt, dich dort umzuschauen. Was siehst du? Vielleicht fallen dir viele Einzelheiten auf; vielleicht nimmst du aber auch nur ein paar nebelhafte, verschwommene Bilder wahr.

Nimm dir Zeit, dieses lebendige Wandgemälde der Natur in dich aufzunehmen. Denn all das ist jetzt in diesem Augenblick für dich da, damit du es genießen kannst.

Schließe in aller Ruhe die Augen, und lass deinen Atem ganz ruhig und wie von selbst in deinen Körper hinein- und wieder herausfließen.

Sobald du bereit dazu bist, nimm – immer noch mit geschlossenen Augen – die Geräusche um dich herum wahr.

Nimm dir Zeit, diese Musik der Natur zu genießen. Denn all das ist jetzt in diesem Augenblick für dich da, damit du es genießen kannst.

Spüre die Ruhe und den Frieden, die dich dabei durchströmen, und achte weiterhin auf deinen Atem. Bleib eine Zeit lang bei diesem Gefühl. Aale dich darin wie in einem heißen Schaumbad an einem kalten Winternachmittag.

Sobald du bereit dazu bist, schau dich noch einmal an diesem Ort – deinem Lebensraum – um, und nimm seine Schönheit wahr.

Wenn es sich für dich richtig anfühlt, lass ein Lächeln des Staunens und der Dankbarkeit auf deine Lippen treten. Lächle mit deinem Gesicht. Lächle mit deinen Augen. Lächle aus deinem tiefsten Inneren heraus.

Und nun streckst du in Gedanken die Arme aus und trittst mit deiner Umgebung in Kontakt.

Öffne dein Herz für deine Umgebung.

Öffne deinen Geist für deine Umgebung.

Öffne deine Seele für deine Umgebung.

Tritt mit allem in Kontakt. Dafür gibt es keinen richtigen oder falschen Weg ... mach es einfach so, wie es sich für dich richtig anfühlt ... und spüre dabei all die Liebe und Akzeptanz um dich herum.

Dieser Ort ist für dich. Er wird dich liebevoll umsorgen. Er wird sich um dich kümmern. Er wird dich heilen.

Spüre die ruhige und doch ungeheuer tiefe Kraft dieses Ortes. Er wird dir immer alles geben, was er hat, ohne irgendetwas dafür von dir zu verlangen. Liebe, Wärme, Trost, Kraft, innere Ruhe, Schutz, Ruhe und Erholung – alles ist für dich da.

Und nun lass deinen Geist und deine Seele noch tiefer mit diesem Ort in Verbindung treten – nicht nur mit dem, was du siehst oder hörst. Tritt mit dem Geist des Baums, dem Geist des Steins, dem Geist des Wassers in Kontakt. Spüre, wie diese innere Verbindung und diese Liebe dein ganzes Wesen durchströmen.

Bleibe so lange bei diesem Gefühl, wie du möchtest. So etwas wie Zeit gibt es nicht: Nimm dir die Freiheit, einfach zu sein. *Und sobald du bereit dazu bist … ganz behutsam und ohne besondere Eile … löst du dich nun wieder von dieser Verbindung und kehrst ins Jetzt und Hier zurück.*

Wie fühlst du dich jetzt? Und wie hast du dich während dieser Übung gefühlt? Wenn du ein Gefühl des inneren Friedens, der Freude oder vielleicht sogar Liebe gespürt hast, dann bist du aus Sicht der Aborigines mit dem Land in Verbindung getreten.

Nach der spirituellen Lehre der Aborigines sind wir dafür verantwortlich, uns um unser Land und alles, was dort existiert, zu kümmern. Dieses spirituelle Gesetz hat auch eine ganz praktische Bedeutung.

Wenn ein Mensch an jedem Tag seines Lebens von einer Maschine abhängig wäre, ohne die er nicht überleben könnte – glaubst du nicht, dass er sich dann dafür interessieren würde, wie man diese Maschine richtig benutzt und wartet, damit sie nicht kaputtgeht? Würde er der Maschine so große Wertschätzung entgegenbringen, als hinge sein Leben von ihr ab?

Höchstwahrscheinlich ja. Jeder Mensch würde alles tun, was notwendig ist, um für seine Sicherheit zu sorgen.

Das Land schenkt uns allen unser Leben und erhält es – und das schon seit Anbeginn der Schöpfung. Wir müssen dafür sorgen, dass das auch so bleibt. Daher bestand ein Grundpfeiler des Lebens der Aborigines schon immer darin, etwas über die Natur um sie herum zu lernen, dieses Wissen weiterzugeben und stets darauf zu achten, dass das Land richtig versorgt wird.

Verletzungen des Landes – einschließlich des Meeres und des Himmels – widersprechen dem Gesetz der Lore. Wer dem Land Schaden zufügt, kommt nicht der Verpflichtung nach, sich um sein Lebensumfeld zu kümmern.

Wenn man sich die alten heidnischen Glaubensvorstellungen Englands, Irlands, Schottlands oder Frankreichs anschaut, wird man feststellen, dass es dort früher auch einmal eine Zeit gab, in der die Menschen das Land liebten, sich darum kümmerten und ihre Medizin und Nahrung daraus bezogen.

Es existierte einmal eine einzige große Lore, die überall auf der Welt Gültigkeit hatte. Doch irgendwann ist etwas passiert. In anderen Teilen der Welt ist etwas geschehen, was die Menschen davon abbrachte, weiter an ihre alten Sitten und Gebräuche zu glauben.

Sie respektierten das Land nicht mehr so wie früher. Das bedeutet aber nicht, dass man heutzutage keinen Respekt mehr vor dem Land zu haben braucht; denn wir Menschen haben nur diese eine Erde, um darauf zu leben. Wenn wir nicht lernen, sie zu lieben, zu respektieren und uns um sie zu kümmern wie früher, wird sie eines Tages sterben.

Die spirituellen Lehren der Aborigines sind für alle Menschen da, die mit ihrem Lebensumfeld und ihrer Mutter, dem Land, in Verbindung treten möchten.

Wenn Menschen zu uns kommen wollen, um mit dem Land in Kontakt zu treten, sind Aborigines wie ich immer bereit, ihnen das beizubringen. Wir können Menschen aus allen Teilen der Welt helfen, zu ihren alten Sitten und Gebräuchen zurückzufinden und

> mit ihren Ältesten in Kontakt zu treten. Die Erde gibt uns Leben. Wir dürfen nie vergessen, uns um sie zu kümmern.

Es ist wichtig, zu verstehen, dass die Lore dem Land gehört und nicht den Menschen. Das Gebot, sich um das Land zu kümmern, ist in den Wüstensand, ins Gebirge, in die Gewässer, die Wälder, die Erde und den Himmel eingewoben.

> Die Leute sagen mir oft, wie traurig sie es finden, dass unsere Kultur verschwunden ist. Dabei ist sie gar nicht verschwunden. Wir sind immer noch da ... und die Geschichten sind ein Teil des Landes ... sie sind *in dem Land*. Und sie werden auch dann noch dort sein, wenn es mich längst nicht mehr gibt. Jeder Mensch, der auf diesem Land lebt, ist dafür verantwortlich, auf das Land zu hören, es zu verstehen und im Einklang mit der Lore gut dafür zu sorgen.

In traditionellen Zeiten stand keine Handlung oder Aktivität über der Lore. Denn jeder, der gegen die Lore verstieß, konnte dem Land und/oder dem, was zum Land gehörte, dadurch Schaden und Leid zufügen. Daher hatte jede Übertretung der Lore ernste Konsequenzen.

Wenn wir die Nachrichten hören und uns anschauen, was auf der Welt so alles passiert, oder unsere Social-Media-Feeds lesen – glaubst du, dass die Menschen als globale Entität sich an die Grundsätze der Lore halten? Hast du den Eindruck, dass es ihnen wirklich am allerwichtigsten ist, »sich um ihr Land und alles, was dort existiert, zu kümmern«?

Wie sieht die moderne Menschheit das Land? Steht es für sie im Hintergrund ihres Lebenstheaters oder mitten auf der Bühne? Leben wir, um dem Land zu dienen, oder erwarten wir, dass das

Land *uns* dient? Um diese Frage zu beantworten, sollten wir uns einmal die Entwicklung der Erdbevölkerung in den letzten zweihundert Jahren anschauen. In dieser Zeit ist die Bevölkerung von einer Milliarde auf bald acht Milliarden Menschen angewachsen. Manche werden jetzt vielleicht sagen, dass diese Zunahme ein ganz normales Ergebnis des exponentiellen Wachstums ist, und damit mögen sie recht haben. Aber aus Sicht der Aborigines ist die Anzahl der Menschen, die zurzeit auf der Erde leben, ein Zeichen dafür, dass die Gesetze der Lore übertreten worden sind und dass die Menschheit als Kollektiv sich über die Erde und die Natur stellt. Unsere Ältesten würden dazu vielleicht sagen: »Wenn zu viele Menschen an einem Ort leben, wird das Gleichgewicht dieses Lebensraums dadurch früher oder später zerstört. Ihr dummen Menschen tut so, als wäre die Erde dazu da, euch zu dienen, obwohl es genau umgekehrt sein sollte: Ihr seid hier, um *der Erde* zu dienen.«

Wie viele von den bald acht Milliarden Menschen engagieren sich dafür, jede Minute ihres Lebens der Fürsorge für das Land zu widmen? Haben wir das Gefühl, dem Land zu gehören (so wie die Aborigines), oder ist dieses Land für uns einfach nur ein Vermögenswert oder eine Ressource, die gekauft, verkauft, angebohrt, abgeholzt, umgegraben, durch Bergwerke ausgehöhlt, vergiftet, beherrscht und erobert werden kann?

Ich bin studierter Kaufmann, habe als Dozent für Wirtschaftswissenschaften Vorlesungen gehalten und ein Unternehmen mit einem Jahresbudget von siebzig Millionen Dollar geleitet. Ich kenne die kapitalistischen Marktbedingungen und weiß, wie wichtig Arbeitsplätze, Landwirtschaft, Industrie und Handel für die Versorgung der Menschen sind. Wir können nicht zu einer Bevölkerung von einer Milliarde Menschen zurückkehren, und in vielerlei Hinsicht sind traditionelle Landbewirtschaftungsmethoden in unserer heutigen Welt, in der es Grundbesitz, Zäune, Städte und die Notwendigkeit kontinuierlichen Wirtschaftswachstums gibt, einfach nicht mehr praktikabel. Trotzdem können wir immer noch viel voneinander lernen, wenn wir diese beiden Welten zusammenbringen. Auf gar keinen Fall können wir es uns leisten, unser bisheriges zerstörerisches Verhalten fortzusetzen.

In früheren Zeiten bestimmten die Verwandtschafts- und Regierungssysteme der Aborigines, wie viele Menschen auf einem Stück Land lebten, um sicherzugehen, dass das Land die Bevölkerung auch wirklich dauerhaft ernähren und versorgen konnte. Im Land meines Volkes, der Worimi, nahmen die Männer zum Beispiel ein natürliches Verhütungsmittel aus einem Pflanzenextrakt ein, wenn wirtschaftlich schwere Zeiten – etwa eine Dürreperiode – bevorstanden, um dafür zu sorgen, dass die Bevölkerung nicht mehr zunahm, als das Land verkraften konnte.

Natürlich sind solche Kontrollen des Bevölkerungswachstums umstritten; aber eine wichtige Lehre, die man aus der Weltanschauung der Aborigines ziehen kann, lautet, dass die Sorge für unseren Planeten an erster Stelle stehen muss. Das bedeutet, unsere heutige Weltbevölkerung muss sich von Arbeitsplätzen und Landwirtschafts-, Industrie- und Handelspraktiken ernähren, die gut für die Umwelt sind, statt sie zu zerstören. Es besteht kein Zweifel daran, dass unsere Welt den kollektiven Ideenreichtum besitzt, den man dafür braucht; nur der kollektive Wille dazu scheint momentan zu fehlen.

In früheren Zeiten brachte man den Kindern bei, das Land und alles, was dazugehört, zu lieben.

> In unserer Kindheit erzählt man uns viele, viele Ngurrampaa-Geschichten. Aus diesen Geschichten beziehen wir unsere Moral, und aus der Moral entspringen wiederum die Regeln des Landes und die Regeln der Gesellschaft. Aus den Regeln entsteht das L-A-W (Gesetz).

Sobald ein Kind auf die Welt kam, wurde es mit Geschichten – mündlichen Erzählungen, Tänzen, Gesängen und Kunstwerken – in Kontakt gebracht und auf diese Weise in einen intensiven Lernprozess eingebunden. Während es heranwuchs, wurden ihm diese Geschichten immer wieder erzählt; und sobald es in die Pubertät kam, kannte es Hunderte von Geschichten, aus denen es einen Großteil des Wissens und der Werte bezog, die es für ein von Sinn und Wohlbefinden erfülltes Erwachsenenleben brauchte.

Der Initiationsritus war der Höhepunkt dieser ersten Phase des Lernprozesses und der Meilenstein, durch den ein Kind zum Erwachsenen wurde und man ihm die volle Verantwortung des Erwachsenendaseins übertrug. Mit der Übernahme dieser Verantwortung wurde das Individuum dem Gesetz der Lore unterworfen; und dazu gehörte auch, dass man es bestrafte, wenn es gegen die Regeln der Lore verstieß.

In unserer heutigen Gesellschaft kann man die Erfordernis, Regeln und Vorschriften zu befolgen, und die Strafen bei Nichteinhaltung dieser Vorschriften als L-A-W bezeichnen. Diese Regeln entstehen normalerweise auf zwei verschiedene Arten: entweder als gesetzlich verankertes (vom Parlament erlassenes) Recht oder als Fallrecht (das auf den Entscheidungen von Richtern an den obersten Gerichten beruht). Unsere heutigen Gesetze sind oft schwer auszulegen und erfordern spezielles Fachwissen von Anwälten.

Im Gegensatz zur traditionellen Gesellschaft der Aborigines, in der jeder junge Mensch alle Regeln kannte, an die er sich zu halten hatte, kann man von unserem heutigen Schulsystem nicht erwarten, dass es die Schüler über all die vielen Regeln und Vorschriften informiert, die sie befolgen sollen. Daher gibt es keinen Zusammenhang zwischen L-O-R-E (Wissen) und L-A-W (Regeln).

In der Gesellschaft der Aborigines dagegen spielte der enge Zusammenhang zwischen L-A-W (Regeln) und L-O-R-E (Wissen) stets eine wichtige Rolle. Die L-O-R-E umfasst nicht nur jahrtausendealte überlieferte Geschichten, sondern auch das Wissen, das diese Geschichten uns vermitteln, und die Moral und Verantwortung, die diesem Wissen innewohnt.

Angesichts des enormen Umfangs von L-O-R-E als Lernsystem und seiner Bedeutung für die Schaffung von L-A-W in der traditionellen Gemeinschaft der Aborigines ist es kein Wunder, dass unser gesellschaftliches Leben stets von starker Verbundenheit, Harmonie und Ausgewogenheit geprägt war.

Wenn man in der traditionellen Gesellschaft der Aborigines aufwuchs, lernte man alles über Steine. Und manchmal sagen alte Menschen: »Du kennst doch diese Steine. Sie wachsen. Steine werden geboren, Steine werden schwanger, Steine atmen, und Steine sterben genau wie alles andere auch.«

Es gibt also Dinge, die andere Menschen für unbelebte Gegenstände halten; doch die Aborigines schreiben ihnen einen Geist zu. Alles besitzt einen Geist und eine Seele; alles hat ein Recht, respektiert zu werden. Und alles hat eine Geschichte.

Wenn du schon in deiner Kindheit und Jugend alles über diese Dinge lernst und möglichst viel darüber erfährst – möglichst viele

Geschichten kennst –, verstehst du deinen Lebensraum umso besser. In diesen Geschichten erfährst du etwas über die Nahrung, die der Busch dir bietet, über Buschmedizin, die Regeln deiner Gesellschaft, Werte und Magie.

Schon von klein auf setzten Aborigine-Kinder sich mit sämtlichen Verwandten – Müttern, Vätern, Großeltern, Tanten, Onkeln – zusammen und ließen sich Geschichten erzählen. Und diese Geschichten vermittelten ihnen all ihre Wertvorstellungen.

Je mehr man über sein Lebensumfeld erfährt, umso leichter fällt es einem, dort zu leben, und umso mehr liebt man es. Wenn du weißt, wo die Buschmedizin, wo die Buschnahrung ist oder wo du Unterschlupf findest, fällt es dir leichter, in deinem Umfeld zu leben und mit ihm in Kontakt zu treten. Das ist der Ort, von dem du kommst. Es ist dein Lebensraum.

Dieser Lebensraum gibt dir alles, was du brauchst. Er gibt dir Wasser und Nahrung. Er bietet dir Obdach, liefert dir deine Medizin und lässt die Menschen miteinander in Verbindung treten.

Und wenn du den Ältesten zuhörst, werden sie dir sagen: »Höre nicht nur auf die Menschen, sondern auch auf deine alten tierischen Vorfahren. Hör den Kängurus zu, hör den Emus zu, hör den Vögeln zu, hör den Holzbohrerlarven zu.«

Du kannst aus allem etwas lernen, wenn du darauf achtest. Und je mehr Dinge du wahrnimmst, etwas von ihnen lernst und eine Verbindung zu ihnen aufbaust, umso mehr verstehst und liebst du alles um dich herum.

In der Gesellschaft der Aborigines wurde also alles als gleichwertig respektiert. Es gab kein »minderwertiges« Lebewesen auf der Erde. Alles hatte eine Daseinsberechtigung, und alles war mit allem verbunden.

In der Weltanschauung der Aborigines sind wir alle gleich. Wir betrachten Pflanzen, Steine, Tiere, Insekten und alles in unserer Umgebung als unsere Lehrer.

> Je intensiver ich mit allem um mich herum in Verbindung trete, je genauer ich alles um mich herum betrachte, je mehr ich auf alles um mich herum höre, umso mehr kann ich lernen.

Diese Verbundenheit ist untrennbar mit dem L-O-R-E-System der Aborigines verbunden, das auf Einheit, Gleichheit und Liebe beruht. Das L-A-W der Nicht-Aborigines dagegen ist ein System, das auf Spaltung, Ungleichheit und Angst beruht und uns von unserem Umfeld entfremdet. Höchstwahrscheinlich wird dieses Buch das L-A-W-System nicht umkrempeln können; aber hoffentlich kann es dich dazu motivieren, an einer Wiederbelebung des L-O-R-E-Systems mitzuwirken, indem du Geschichten weitererzählst, dadurch Lernprozesse in Gang setzt und dazu beiträgst, dass ein Gefühl der Verbundenheit entsteht.

Für uns als Erwachsene ist es wichtig, möglichst viele Geschichten kennenzulernen oder zu erfinden und unseren Kindern und einander diese Geschichten zu erzählen; und gerade in unserer heutigen Welt mit ihren modernen Technologien gibt es keinen Grund, warum wir diese Erzählungen nicht mit der ganzen Welt teilen sollten. Wir alle haben erlebt, wie schnell negative Geschichten sich über den gesamten Planeten verbreiten können und wie sehr uns das zermürbt. Das Gegenmittel besteht darin, das Gleiche mit positiven Geschichten (Ngurrampaa-Geschichten, Geschichten aus dem realen Leben, erfundenen Geschichten) zu tun, damit wir uns von all dem Wunderbaren um uns herum inspirieren lassen können. Eigentlich gibt es nichts, was uns daran hindern kann.

Wenn wir einander positive Geschichten erzählen und uns gemeinsam an den vielen wunderbaren Dingen freuen, die ringsumher passieren, können wir unser Augenmerk darauf richten, was wir haben, statt darüber nachzugrübeln, was wir *nicht* haben. Dann können wir uns auf unsere Gemeinsamkeiten konzentrieren, statt daran zu denken, was uns voneinander unterscheidet. Wir können eine stärker vereinte, positivere und besser vernetzte Welt des gegenseitigen Verständnisses, der Toleranz und des Respekts schaffen. Indem wir einander Geschichten erzählen, erzeugen wir positive Energie und Magie, und das bringt uns alle weiter! Je mehr Positives wir erschaffen, umso mehr Positives empfangen wir – und umso magischer wird unser Leben sich anfühlen.

Aber natürlich ist die Freude an all dem Magischen auf unserer Welt keine Entschuldigung dafür, die Augen vor der Realität zu verschließen, dass um uns herum auch viel Schlimmes und Ungerechtigkeit herrschen. Doch wenn wir uns in Einigkeit und Vertrauen zusammenschließen, wird es uns sehr viel leichter gelingen, Unrecht anzuprangern, für die Wahrheit zu kämpfen, Feigenblattpolitik zu entlarven und echte Veränderungen in Lebensbereichen herbeizuführen, die dringend verändert werden müssen.

Für manche Menschen ist das Leben sehr schwierig. Die Bewältigung vieler miteinander konkurrierender Prioritäten kann uns zermürben. Dadurch passiert es leicht, dass der Zyniker in uns die Oberhand gewinnt; und dann fällt es uns schwer, an Magie und an die Macht von Geschichten zu glauben. Oft erscheint uns die Welt viel zu kompliziert und zu feindselig, als dass wir die scheinbar simplen Botschaften der Lore für bedeutsam halten könnten.

Die Lore spielt auch für uns heutige Menschen eine sehr wichtige Rolle. Die uralten Prinzipien des Sich-umeinander-Kümmerns, der Fürsorge für das Land, das wir bewohnen, und der Verbundenheit mit unserer Umwelt sind für uns heute immer noch genauso relevant wie in früheren Zeiten. Denn was haben wir schon ohneeinander und ohne eine gesunde, natürliche Umwelt?

Und wir müssen unseren Kindern Geschichten erzählen.

Heutzutage erzählen die Leute ihren Kindern Geschichten wie »Hänsel und Gretel« oder »Aschenputtel«. Diese Geschichten gelten als bloße Märchen; aber sie vermitteln sinnvolle moralische Grundsätze, nach denen man leben kann. Wir müssen darüber nachdenken, was diese Geschichten bedeuten. Welche Werte können sie uns lehren? Wir müssen unseren Kindern sehr viel mehr über die Bedeutung von Geschichten erzählen, damit sie das Leben besser verstehen.

Wenn wir eine Welt schaffen, in der jeder Mensch die Geschichten des anderen akzeptiert und weitergibt, ohne darüber zu urteilen oder Vorurteile zu haben, wenn wir eine Welt schaffen, in der jeder von uns die Verantwortung für sein Lebensumfeld und alles übernimmt, was dort existiert, wenn wir eine Welt schaffen, in der wir alles, was wir haben, miteinander teilen – dann werden wir erleben, dass es Individuen, Gemeinwesen, Regionen, Staaten, Ländern, Kontinenten und unserer ganzen Erde besser geht und dass alle ein erfüllteres Leben führen können.

Erinnerst du dich noch an die berühmten Worte von Neil Armstrong: »Ein kleiner Schritt für einen Menschen, aber ein riesiger Sprung für die Menschheit?« Wenn jeder von uns sich bemüht, für sein Lebensumfeld und alles, was dort existiert, zu sorgen, ist das für einen Einzelnen vielleicht nur ein kleiner Schritt; doch als Kollektiv bewirken wir damit etwas viel Größeres. Wenn genügend Leute sich für diesen kleinen Schritt entscheiden, kann der Menschheit ein riesiger Sprung gelingen.

> Die Lore ist nicht für jeden etwas; und wer sie nicht hat, kann sie vielleicht nur schwer akzeptieren. Aber sie ist für jeden da, der sie haben möchte.

Wir können alle an der Schönheit und Macht der Lore teilhaben. Ich kann gar nicht genug betonen, wie wichtig es ist, die Geschichten anderer zu akzeptieren (auch wenn sie unseren eigenen Überzeugungen widersprechen), wenn wir diese schöne neue Welt schaffen wollen, in der alle Menschen gemeinsame Ziele verfolgen, sich miteinander verbunden fühlen und alles miteinander teilen.

> Ich erwarte nicht, dass du an das Gleiche glaubst wie ich. Aber ich erwarte von dir, dass du das, woran ich glaube, respektierst, so wie auch ich deinen Glauben respektieren werde. Für uns sind unsere traditionellen Geschichten keine Märchen oder Geschichten aus der Traumzeit. Für uns sind diese Geschichten real. Es sind traditionelle Geschichten aus unserer Lore, und wir glauben an sie. Was würden die Christen wohl dazu sagen, wenn ich die Bibel als Traumzeitbuch bezeichnete? Oder wie wäre den Muslimen zumute, wenn ich den Koran als Traumzeitbuch bezeichnete? Unsere Geschichten sind für uns genauso wahr und real, wie jeder andere Mensch seine Geschichten als wahr und real empfindet.

Wie oft erzählst du Geschichten? Erzählst du sie Kindern? Oder auch Erwachsenen? Und wie oft hörst du dir Geschichten an? Wenn sie in deinem Leben keine Rolle spielen, versäumst du eine Chance, etwas zu lernen und dich weiterzuentwickeln.

Vor vielen Jahren bekleidete ich eine Führungsposition bei der Institution TAFE (Technical and Further Education) in New South Wales, in deren Rahmen ich unter anderem regelmäßig an Vorstandssitzungen teilnehmen musste. Nach einer dieser Sitzungen erzählte mir ein Kollege, was ein anderer Kollege bei meinem Anblick gesagt hatte: »Da kommt Paul. Bestimmt will er uns wieder eine Geschichte erzählen.« Für mich war das ein Kompliment.

Meine Angewohnheit, Informationen in Form von Geschichten weiterzugeben, scheint meinem beruflichen Vorwärtskommen keinen Abbruch getan zu haben (nicht dass ich besondere Karriereambitionen gehabt hätte …). Innerhalb kürzester Zeit wurde ich zum CEO eines TAFE-Instituts befördert, wo ich die Verantwortung für über 1200 Mitarbeiter und 23 000 Studenten an zehn verschiedenen Standorten trug. In meinem dritten Jahr in dieser Position wurde unser Institut mit dem Preis »Large Training Provider of the Year NSW« (»Große Ausbildungseinrichtung des Jahres in New South Wales«) ausgezeichnet und kam in die engere Wahl der drei besten australischen Bildungsinstitutionen. Daraus habe ich gelernt, dass das Erzählen von Geschichten ein sehr guter Weg sein kann, um Menschen miteinander in Verbindung zu bringen. Dadurch können wir besser mit Kollegen, Familie, Freunden und fremden Menschen in Kontakt treten. Und wenn wir den traditionellen Geschichten der Aborigines zuhören, können wir uns enger mit unserer Seele und mit dem Land verbinden.

In der Kultur der Aborigines ist das Land – die Mutter – das Schönste, was es im Universum gibt. Unsere Mutter gibt uns alles, was wir brauchen, um ein gutes Leben zu führen, so wie eine menschliche Mutter dem ungeborenen Kind im Mutterleib alles liefert, was es zum Leben und Wachsen braucht.

> Wenn ich so viel über meine Mutter lerne, wie ich kann ... wenn ich für sie singe ... wenn ich für sie tanze ... wenn ich sie liebe ... wenn ich für sie sorge ... wird sie mir immer alles geben, was ich brauche.

Als die Engländer im Jahr 1788 Australien zu besetzen begannen, hatten diese Menschen, die in ihren Schiffen übers Meer kamen, kein Verständnis für die enge Verbindung der Aborigines zum Land und für die vielen Systeme, die sie zur Erhaltung des Landes etabliert hatten; und sie wollten das alles auch gar nicht verstehen. Das Fehlen von Häusern und Farmen (oder zumindest von dem, was die Engländer als Häuser oder Farmen erkannt hätten) bestärkte sie in der falschen Vorstellung von einer *terra nullius* (einem Land, das niemandem gehört). Viele Neuankömmlinge sahen in den Aborigines nichts weiter als wilde Tiere und waren der Meinung: »Je eher sie aussterben, umso besser ist es.«

Hätten sie anstelle von Armeen Beziehungen aufgebaut – den Menschen zugehört, die in diesem Land zur Welt gekommen waren, und etwas von ihnen gelernt –, so sähen die vergangenen 230 Jahre australischer Geschichte und das heutige Australien ganz anders aus. Statt einer Geschichte von Invasion, Massakern und Morden, von Krankheiten, Vertreibung, Schmerz, Verlust, Traumata und Benachteiligung der Aborigines hätten wir eine Geschichte der Zusammenarbeit, des Lebens, Respekts und Wachstums, der Freude und Gleichberechtigung erlebt. Es ist noch nicht zu spät, um die nächsten Kapitel dieser Geschichte neu zu schreiben.

Die Schaffung neuer Beziehungen zwischen Aborigines und Nicht-Aborigines in Australien kann die Vergangenheit zwar nicht mehr ändern, aber zumindest aufarbeiten. So mag eine neue Plattform entstehen: eine Plattform gegenseitigen Verständnisses und Respekts, dank deren wir unseren zukünftigen australischen Weg gemeinsam gestalten können. Dadurch kann die australische Geschichte zu einer besseren Geschichte werden. Vielleicht wird sie sogar ein Beispiel für eine bessere Weltgeschichte liefern.

In der Weltgeschichte sind neben vielen schlechten auch viele gute Nachrichten zu vermelden: In manchen Gegenden gibt es technologische Fortschritte, bahnbrechende neue medizinische Erkenntnisse und weniger Armut, Hunger, Kindersterblichkeit, Kriminalität und Umweltverschmutzung. Doch in bestimmten Gruppen von Menschen sind Armut, Hunger, Obdachlosigkeit, Krankheit, Gefangenschaft und Kriminalität immer noch weit verbreitet, und wichtige Grundbedürfnisse werden nicht erfüllt. Und solange es diese soziale Ungleichheit gibt, wird es auch keine guten individuellen Geschichten und keine gute globale Geschichte geben; denn auf dieser Basis können solche Geschichten nicht gedeihen.

Damit Australien und die Welt die bestmögliche Geschichte schreiben können, brauchen wir ehrliche Überlegungen und den aufrichtigen Wunsch, Benachteiligungen in jeglicher Form zu überwinden. Wenn jede Nation sich dazu verpflichtete, für ihr Land und alles, was dort existiert, zu sorgen, gäbe es keine soziale Ungleichheit mehr und auch weniger Umweltzerstörung.

Manche Menschen werden jetzt vielleicht sagen, dass es im Leben schon immer Gewinner und Verlierer gegeben hat und dass soziale Benachteiligung eine bedauerliche gesellschaftliche Realität ist. Doch diese Denkweise ist weder liebevoll noch mitfühlend; darin spiegelt sich nicht unsere wahre Fähigkeit wider, Großes zu erreichen, wenn wir nur mutig genug sind, es erreichen zu *wollen.* Eine bessere Geschichte für uns und unseren Planeten schreiben zu wollen, ist kein Hirngespinst. Viele Experten sagen, dass es eigentlich genügend Ressourcen – Nahrung, Wasser, Wohnraum – für alle gibt. Die Ressourcen sind vorhanden; wir müssen nur bereit sein, sie anders zu verteilen. Veränderungen sind durchaus möglich; man muss sie nur wollen. Um eine bessere Welt für alle Menschen schaffen zu können, brauchen wir Veränderungen.

Wenn du – genau wie ich – an den vom Menschen verursachten Klimawandel glaubst, wirst du mir auch darin zustimmen, dass wir etwas an unserer Lebensweise ändern müssen. Wenn wir bereit sind, hinzuschauen, zuzuhören und ehrlich zu uns zu sein, wissen wir, dass unser jetziges Leben nicht in Ordnung ist. Als Kollektiv werden wir unserer Verantwortung füreinander und für die Erde nicht gerecht.

Alles, was uns am Leben erhält, kommt von der Erde. Die Mutter gibt uns weiterhin alles, was wir brauchen, auch wenn wir nicht mehr gemeinsam singen, tanzen, lieben oder für sie sorgen, so wie wir es früher getan haben.

Die spirituellen Überzeugungen und die spirituelle Lore der Aborigines sind ein Gesetz der Verantwortung gegenüber allen Dingen. Wenn wir uns unsere westlichen Gesetze anschauen, sehen wir, dass sie auf lauter Rechten beruhen. Die Menschen halten es für ihr Recht, zu tun, was sie wollen, solange ihr Handeln sich im Rahmen ihres westlichen Rechtssystems bewegt. Ich sehe immer wieder

Menschen, die irgendetwas tun, nur weil sie ein Recht dazu haben, ohne sich Gedanken über ihre Verantwortung zu machen. Handlungen, die nur auf Rechten basieren und nichts mit Verantwortung zu tun haben, untergraben die Lore. Und ein Verstoß gegen die Lore wird immer Konsequenzen haben.

Wenn wir das Land für ein Geschenk Gottes halten, warum kümmern wir uns dann nicht darum, dass es in dem Zustand bleibt, in dem Gott es uns geschenkt hat? Wenn wir einem Kind ein Spielzeug kaufen und das Kind es kaputt macht, sagen wir, dass dieses Kind etwas Falsches getan hat. Doch das Land ist viel wertvoller als ein Kinderspielzeug, und wir sollten uns alle dafür verantwortlich fühlen, gut dafür zu sorgen.

Menschen mit einer »Rechte«-Mentalität sagen, sie hätten das Recht, Bäume zu fällen, sie hätten das Recht, das Land zu roden, sie hätten das Recht, die Erde wie eine Ware zu behandeln – Land zu kaufen oder zu verkaufen und damit zu machen, was sie wollen. Aber wer hat ihnen dieses Recht gegeben? Und wo liegt die Verantwortung dafür?

Ich hatte das Privileg, im Lauf meines Lebens Zugang zu einer westlichen Schul- und Universitätsausbildung zu haben, gleichzeitig aber auch in der Kultur der Aborigines unterwiesen zu werden. Beide Systeme haben mir wichtige Erkenntnisse und Fähigkeiten vermittelt, die ich tagtäglich nutze.

Dank meiner kaufmännischen Ausbildung, zweier Diplome und eines Doktortitels verstehe ich Finanzsysteme, kann (als Vermessungsingenieur und technischer Zeichner) an technischen Projekten mitarbeiten, forschen, gründliche Analysen vornehmen und auf der Grundlage quantitativer und qualitativer Daten neues Wissen aufbauen.

Die mehr als zwanzig Jahre, die ich bei den Ältesten der Aborigines-Kultur verbrachte, haben mir einen unerschütterlichen Glauben daran vermittelt, dass das traditionelle kulturelle Wissen der Aborigines sich auf unsere moderne Welt anwenden lässt und für den modernen Menschen von großer Bedeutung ist. Eine Zusammenführung dieser beiden Welten wird uns allen zugutekommen und – was noch wichtiger ist – unseren Planeten in die Lage versetzen, sich zu desinfizieren und zu heilen, damit auch künftige Generationen sich noch in die Vielfalt und den Reichtum versenken können, den Mutter Erde uns zu geben hat.

Wenn wir die Maßnahmen ergreifen, die dringend notwendig sind, um besser für unseren Lebensraum zu sorgen, können wir verhindern, dass dem Planeten und uns selbst noch weiterer Schaden zugefügt wird. Und dazu sind wir besser in der Lage, als manche Menschen vielleicht denken.

Anfang 2020, als die Gefahr von COVID-19 in ihrer ganzen Tragweite erkannt wurde, hat die Welt sehr schnell reagiert, um die Ausbreitung des Virus einzudämmen. Grenzen wurden geschlossen, ganze Industriezweige stillgelegt und die Menschen aufgefordert, zu Hause zu bleiben. »Social Distancing«, Händedesinfektion und das Tragen von Masken wurden zur Norm.

Die Not und die Dringlichkeit dieser Maßnahmen waren so groß, dass Menschen aller Nationen – unabhängig von Alter, Rasse, Geschlecht und sozialem Status – sich zusammenschlossen, um die Übertragung von COVID-19 zu verringern und Leben zu schützen. Obwohl dieses Virus zu Krankheit, Tod und wirtschaftlicher Not geführt hat, konnten durch das Engagement, die Selbstlosigkeit und den guten Willen von Menschen auf der ganzen Welt viele Leben gerettet werden.

In dieser Zeit großer Not gab es auch viele positive Ereignisse:

Zum Beispiel nahm die CO_2-Emission ab, die Artenvielfalt nahm zu, es entstanden mehr Innovationen, Nationen rückten enger zusammen, und die Menschen gingen freundlicher und fürsorglicher miteinander um. Aus der Asche von COVID-19 hat sich ein potenzieller Phönix der Hoffnung erhoben. Eine Chance zum Nachdenken und zur Erneuerung. Wir haben bewiesen, dass wir als Kollektiv dazu in der Lage sind, alle nötigen Veränderungen zu bewirken – und zwar innerhalb kürzester Zeit, wenn das Bedürfnis danach nur groß genug ist. Wir können diese Dynamik nutzen, um die Welt zum Besseren zu verändern; wir müssen es nur wirklich wollen.

Egal, mit welchen Nöten und Schwierigkeiten du in deinem Leben zu kämpfen hast – du bist auch in der Lage, nachzudenken und innovativ zu denken und zu handeln. Du trägst die Kraft in dir, die nötigen Veränderungen zu bewirken, damit du nicht mehr das Gefühl hast, im Kreis herumzugehen. Wenn du mit der Natur in Kontakt trittst und dich um dein Lebensumfeld kümmerst, bist du genau auf dem richtigen Weg: So wirst du den Traumpfad finden.

In den nächsten Kapiteln wollen wir dir zeigen, wie du diesen Pfad so beschreiten kannst, dass er deinen besonderen Eigenschaften und Fähigkeiten entspricht – dass du dabei selbstständig und unabhängig bleibst und deinen Weg voller Zielstrebigkeit, Vertrauen und innerer Überzeugung gehst.

Botschaft Nr. 1

Kümmere dich um deinen Lebensraum und alles, was dort existiert.

Botschaft Nr. 2

Alle Menschen und Dinge haben eine Geschichte. Je mehr Geschichten wir einander erzählen, umso mehr lernen wir. Je mehr wir lernen, umso mehr wachsen wir innerlich. Und je mehr wir innerlich wachsen, umso näher kommen wir dem Wohlbefinden – auf individueller und universeller Ebene.

Kapitel 2

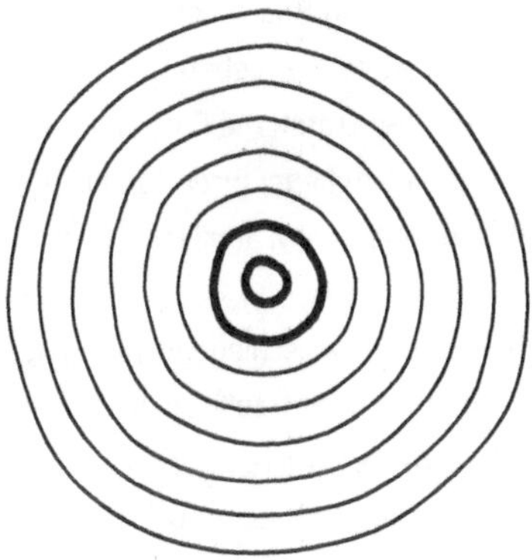

Beziehungen aufbauen, alles miteinander teilen und uns miteinander vereinen

Kurz nachdem die Emu-Küken (Diniwan) geschlüpft waren, nahm ihr Vater sie auf einen Spaziergang mit, um ihnen zu zeigen, was für Nahrung sie sammeln und essen sollten. Und er zeigte ihnen auch, was sie *nicht* essen sollten.

Damals war ihr Land noch unberührt von den weißhäutigen Menschen, die später mit weißen Segeln auf dem Meer auftauchten; daher wimmelte es im Busch von Bewegungen und Geräuschen aller Art. Alles war voller Leben.

Den ganzen Tag über trafen die Emu-Küken viele Angehörige ihrer Sippe. Sie trafen Mitglieder ihrer Bundar-(Känguru-)Familie, ihrer Thikarbilla-(Ameisenigel-)Familie und ihrer Googar-(Waran-) Familie.

Als der Emu-Vater auf verschiedene Tiere zuging und die Küken ihm dabei im Gänsemarsch folgten, hörten sie viele Tiere sagen: »Da kommt ja unsere Familie.« Dadurch hatten die Küken das Gefühl, etwas Besonderes zu sein. Aber gleichzeitig wunderten sie sich auch darüber.

Am Ende dieses aufregenden Tages fragte eines der Küken den Vater: »Warum gehören all dies159e Tiere zu unserer Familie? Sie sehen nicht so aus wie wir; aber sie fühlen sich so an, als seien sie wie wir.«

»Setzt euch hin und hört zu, Kinder«, antwortete der Vater. Sie fanden Zuflucht unter einem großen, schattigen Baum an einem Bach und setzten sich dorthin. Die Küken schauten zu ihrem Vater empor, und ihre flaumigen kleinen Flügel zitterten vor Aufregung.

»Vor langer Zeit, zu Beginn des Ngurrampaa, gab es zwei Regenbogenschlangen.«

Die Küken wurden immer aufgeregter. Sie hörten unheimlich

gern Geschichten – vor allem, wenn es darin um die Regenbogenschlangen ging.

»Die Regenbogenschlangen waren sehr schlau – viel schlauer als wir. Sie lachten oft über uns und unsere Lebensweise. Denn damals lebten wir noch nicht so wie heute, wo wir uns um unsere Umgebung und um alles kümmern, was es dort gibt. Damals kamen wir auch nicht besonders gut miteinander aus, weil wir nicht verstanden, wie wichtig Beziehungen sind.

Eines Tages sagte ein kleiner Junge zu den Regenbogenschlangen: ›Warum lacht ihr über uns und verurteilt uns? Wenn ihr irgendetwas wisst, was wir nicht wissen, warum teilt ihr uns dieses Wissen dann nicht mit? Bitte bringt es uns doch bei.‹

Die Schlangen waren sehr beeindruckt von den Worten dieses kleinen Jungen. ›Ja, das ist eine gute Idee. Wir wollen unser Wissen mit euch teilen. Wisst ihr, dass ihr alle gleich seid?‹, fragten sie. ›Ihr kommt alle vom selben Ort, vom Land – unserer Mutter. Ihr seid alle eine Familie. Wenn ihr euch alle hinsetzt und miteinander redet ... Wenn ihr euch alle hinsetzt und einander Geschichten erzählt ... werdet ihr feststellen, dass eure Geschichten zwar alle ein bisschen anders klingen, aber trotzdem irgendwie gleich sind.

In all diesen Geschichten heißt es, dass wir uns gegenseitig lieben sollen; wir sollen alles miteinander teilen und einander nicht bestehlen; und wir sollen die Wahrheit sagen und nicht lügen. Also setzt euch hin und erzählt euch Geschichten. Dann werdet ihr lernen, wie wichtig Familie ist und wie man füreinander sorgt. Ihr werdet lernen, wie wichtig Beziehungen sind.‹«

Die Emu-Küken nickten zu den Worten ihres Vaters. »Jetzt verstehen wir es«, riefen sie wie aus einem Mund.

»Aber es gibt noch mehr zu erzählen«, fuhr der Emu-Vater fort. »In den vielen tausend Jahren, seit die Schlangen uns erklärt hatten, wie wichtig Beziehungen sind, haben wir uns gegenseitig Geschichten erzählt, gegenseitig an unseren Zeremonien teilgenommen, einander geheiratet und uns umeinander gekümmert. Wir haben keine Armeen, keine Festungen, keine Schlösser und auch keine Zäune wie die neuen Leute, die in unser Land gekommen sind. So etwas brauchen wir nicht, denn wir sind alle eins miteinander und eins mit dem Land. Wir sind alle eine große Familie. Ihr alle habt Großmütter, Großväter, Mütter, Väter, Brüder und Schwestern. Und ihr werdet sie alle kennenlernen, sobald ihr ein bisschen größer seid.«

Im Busch war es still geworden. Andere Tiere hatten sich eingefunden, um dem Vater zuzuhören; und er freute sich über diese Gelegenheit, seine Geschichte mit allen Lebewesen zu teilen.

»Eines Tages, wenn ihr älter seid, werdet ihr jemanden heiraten, der nicht zu eurer Familie gehört; und durch diese Beziehung wird euer Lebenspartner mit der Zeit auch zu einem Teil eurer Familie. Aber das ist eine andere Geschichte. Alle gehören zu eurer Familie; also liebt sie, wenn ihr älter werdet, teilt alles mit ihnen und tut ihnen niemals weh; dann werden sie sich euch gegenüber genauso verhalten.«

An diesem Abend erzählten sich die Emu-Küken vor dem Schlafengehen, was sie an diesem Tag alles erfahren hatten. Sie waren sich einig, was für ein Glück es war, so viele Verwandte zu haben, und wie sehr sie sich darauf freuten, noch mehr Mitglieder ihrer Familie kennenzulernen. Aber auch das ist eine andere Geschichte. Es sind sogar viele verschiedene Geschichten.

In der psychologischen Fachliteratur heißt es, dass der Mensch ein Herdentier ist. Wir können nur in Gruppen überleben, die ihre Aktivitäten eng miteinander koordinieren. Jeder Einzelne ist darauf programmiert, soziale Signale von anderen Menschen aufzunehmen, sein Verhalten auf das der anderen abzustimmen und sich auf diese Weise in die Gemeinschaft einzufügen. Neueste Forschungsergebnisse sprechen für diese Prämisse: Sie deuten darauf hin, dass es beruhigend auf uns wirkt, wenn wir uns in unser Umfeld einfügen, während soziale Ablehnung die neuronalen Gefahren-Schaltkreise des Gehirns aktiviert und uns furchtbar aufregen kann. Beziehungen sind also eine wichtige Voraussetzung für unser Wohlbefinden.

Die Schaffung und Aufrechterhaltung von Beziehungen war schon immer ein Grundpfeiler der Kultur der Aborigines: Geschichten, Tanz, Gesang und Kunstwerke bestärken uns in dem Wissen, wie wichtig die Verbindung zwischen allen Dingen ist.

Die Schöpfungsgeschichte zu Beginn von Kapitel 1 erzählt uns, wie alle Dinge aus der Liebe der Mutter und des Vaters entstanden sind und von der einen Mutter geboren wurden. Alle Lebewesen – Vögel, Bäume, Pflanzen, Fische, Insekten, Tiere, Menschen und so weiter – bilden zusammen eine Familie.

Die Schöpfungsgeschichte sagt uns auch, dass der Mensch zuallerletzt erschaffen wurde. Wir sind die jüngsten Geschwister in der Familie der Lebewesen; und als Jüngste sollen wir daran denken, dass alles um uns herum älter und weiser ist als wir. Unsere Brüder und Schwestern sind unsere Lehrer; wir sollten uns niemals über sie erheben.

Die Ältesten sagen: Wer wahre Weisheit erlangen möchte, kann am meisten lernen, indem er sich in den Busch zurückzieht und Zeit mit seiner Familie verbringt. Sie sagen, dass wir mehr (bewusstes und unbewusstes) Wissen gewinnen können, als wir für möglich gehalten hätten, wenn wir einfach still dasitzen, zuschauen und zuhören, was um uns herum geschieht. (Das bedeutet: kein Telefon, keine Bücher und auch keine anderen Menschen, die uns ablenken.)

Die Kultur der Aborigines erkennt die Bedeutung zwischenmenschlicher Beziehungen an, sagt aber auch, dass unsere Verantwortung weit über unsere Beziehung zu anderen Menschen hinausgeht. Wir müssen auch eine Beziehung zu unserem Lebensraum und zu allem aufbauen, was es dort gibt.

Mit deinem Lebensraum in Verbindung treten (2)

Nimm ein leeres Blatt Papier und etwas zum Schreiben zur Hand.

Zeichne eine ungefähre Landkarte deines Lebensraums, wobei dein Zuhause den Mittelpunkt bilden sollte. Deine Zeichnung braucht nicht perfekt zu sein! Was auch immer du zu Papier bringst – für diese Übung reicht es völlig aus.

Zeichne einen halbwegs runden Kreis auf die Karte: Das ist der geografische Bereich, dem du dich besonders verbunden fühlst. Dieser Kreis kann einen Radius von einem, zehn oder hundert Kilometern haben. Es spielt keine Rolle, wie groß er ist. Wichtig ist nur, dass er die natürliche Landschaft umfasst, der du dich zugehörig fühlst.

Schließ die Augen, und lass die Landschaft, die in diesem Kreis liegt, an deinem inneren Auge vorüberziehen. Konzentriere dich dabei der Reihe nach auf die Elemente dieser Landschaft, die dich ganz besonders beflügeln: Vielleicht gibt es dort Bäche, Flüsse,

Parks, Berge, Wälder, grasbewachsene Ebenen, Wüsten oder andere Orte, die etwas Besonderes für dich sind. Lass dein inneres Auge der Reihe nach auf jeder dieser Landschaften ruhen, und zoome sie heran, bis sie dein ganzes Blickfeld ausfüllt. Tritt innerlich mit diesem Ort in Verbindung, und lass dich von ihm willkommen heißen. Spüre, wie die Freude dieses Ortes dich durchströmt, während du ein Teil von ihm wirst.

Bleib an jedem Ort so lange, wie du möchtest. Denn wenn du deiner Seele erlaubst, für eine Weile über den Dingen zu schweben, gibt es keine Zeit.

Sobald du genügend Orte besucht hast, die in diesem für dich besonders wichtigen Kreis liegen, und sobald du bereit dazu bist ... ganz behutsam und ohne besondere Eile ... löst du dich nun innerlich von deinem letzten Bild und kehrst ins Jetzt und Hier zurück.

Wie fühlst du dich? Und wie hast du dich während dieser Übung gefühlt?

Denk über die Orte nach, die du besucht hast, und bestimme drei Orte in deinem Umkreis, die du von nun an regelmäßig in physischer Gestalt besuchen möchtest. Sobald du dir darüber klar geworden bist, welche Orte das sind, erstellst du einen »Besuchsplan« mit genauen Terminen und nimmst dir fest vor, dich dann auch an diesen Plan zu halten.

Diese Kontaktaufnahme mit dem Land – sei es in Gedanken oder in physischer Gestalt – hat eine gewisse Ähnlichkeit mit der beliebten modernen Achtsamkeitspraxis, bei der es darum geht, präsent zu sein und sich voll und ganz darauf einzulassen, was man im jetzigen Augenblick wahrnimmt und erlebt. Doch sie ist viel mehr als das. Wenn wir mit dem Land und allem, was dort lebt, in Verbindung treten, können wir uns wieder mit unserer großen Familie verbinden und ihre Liebe und Fürsorge spüren.

Die Kontaktaufnahme mit dem Land gibt uns die Möglichkeit,

- uns Zeit für uns selbst zu nehmen,
- eine Zeit lang ganz ruhig und still zu sein,
- einfach *sein* zu dürfen,
- unsere Ängste loszulassen,
- neue Energie zu tanken und uns zu regenerieren,
- uns daran zu erinnern, dass wir etwas Besonderes sind,
- dankbar zu sein und
- allem um uns herum mit Liebe, Respekt und Demut zu begegnen.

Denk einmal an eine Situation zurück, in der du dich vielleicht gestresst oder überfordert gefühlt und intuitiv oder bewusst Trost in der Natur gesucht hast. Die innere Befreiung, die du bei dieser Rückkehr zur Natur empfunden hast, war viel mehr als eine rein körperliche Reaktion auf dieses Gefühl des Friedens und der Ruhe, nach dem du dich so sehr gesehnt hattest.

Wenn du in den organischen Fluss der Natur eintauchst und die allgegenwärtige mechanistische Hektik der westlichen Welt hinter dir lässt, trittst du aus unserer Sicht mit deinem »inneren Ich«, deinem »weisen Ich« und deinem »authentischen Ich« in Verbindung – lauter Persönlichkeitsanteilen, die sehr leicht vom Lärm jenes Ichs übertönt werden, das ständig irgendetwas zu erledigen hat.

Dadurch erlaubst du dir, mit etwas in Kontakt zu treten, was viel größer ist als du … viel älter als du … viel weiser als du. Du verbindest dich mit dem Geist und mit deiner Familie – deinen Verwandten, die Mutter Erde vor so langer Zeit geboren hat. Und indem du dich mit deiner spirituellen Familie verbindest, trittst du in einen symbiotischen Heilungsprozess ein – eine für beide Seiten heilsame Beziehung, die wenig kostet und große Vorteile bringt.

Wenn du die Augen schließt und dich von dem Gedanken durchströmen lässt, dass du und ein bestimmter Ort des Landes sich gegenseitig heilen, spürst du vielleicht, wie richtig sich diese Idee anfühlt. Wenn das so ist: herzlichen Glückwunsch! Dann bist du mit deinem »intuitiven Ich« in Verbindung getreten. Wenn du dein Leben auf dieser Verbindung aufbaust, wirst du vielleicht überraschende Einsichten und Erkenntnisse gewinnen. Wenn du auf die Ratschläge deines intuitiven Ichs vertraust, wird sich dein Leben von Grund auf verändern, und zwar in positiver Hinsicht. Der Aufbau einer solchen Beziehung zu dir selbst ist der erste Schritt auf dem Weg zu mehr Wohlbefinden.

Aus unserer Sicht ist unser »intuitives Ich« gleichzeitig auch unser »uraltes Ich«.

Wenn ein Baby auf die Welt kommt, ist seine Seele schon lange hier – vielleicht sogar schon seit einer Ewigkeit. Sie hätte auch beschließen können, als Geist oder als irgendetwas anderes zurückzukehren; aber sie hat sich dafür entschieden, wieder in Gestalt eines physischen Körpers auf die Erde zu kommen. Die Eltern und die Gemeinschaft tragen nun die Verantwortung dafür, diesem Baby die Unterstützung und Anleitung und die Lernmöglichkeiten zu geben, die es braucht, um seine Lebensaufgabe – seinen Traum – zu erfüllen.

Wenn ein Mensch stirbt, so wie wir alle eines Tages sterben müssen, ist dieser Tod der Beginn einer weiteren langen Reise zurück in die geistige Welt; und während sein Geist sich auf dieser Reise befindet, sprechen die Hinterbliebenen den Namen dieser

Person so lange nicht aus, bis sie ihre Reise abgeschlossen hat. Das kann bis zu einem oder zwei Jahren dauern.

Sobald die Reise des Geistes abgeschlossen ist, darf man seinen Namen wieder aussprechen. Das gibt dem Geist die Möglichkeit, in die physische Welt zurückzukehren, wenn er das möchte. Es ist ein Zyklus der Erneuerung, so wie alle Dinge einem Erneuerungszyklus unterworfen sind.

Nachdem wir in physischer Form gestorben sind, kehrt unsere Seele in den Geisterpool zurück, und unser Körper kehrt zurück zur Mutter, wo unser Fleisch und unsere Körperflüssigkeiten in die physische Umgebung aufgenommen werden. Unser Körper wird zu einem Teil der Nährstoffversorgung der Erde, während unser Wasser (das ungefähr 60 Prozent unseres Körpers ausmacht) unseren Körper verlässt und zu einem Teil des Wasserkreislaufs wird.

Im Lauf der Zeit wird das Wasser, das einst zu unserem Körper gehörte, durch Ausdünstung, Abfluss, Filtration und Niederschlag von Pflanzen aufgenommen und von Tieren verzehrt. Dadurch werden wir zu einem Teil dieser Lebewesen. Und da sich dieser Kreislauf ständig wiederholt, werden wir zu einem Teil aller Dinge. Wir sind zeitlos.

Wenn wir durch Aktivitäten wie beispielsweise die Übung »Mit deinem Lebensraum in Verbindung treten« mit unserer Umwelt Kontakt aufnehmen, verbinden wir uns nicht nur mit unserer Familie, sondern gleichzeitig auch mit unserem unendlichen Ich.

Die Kultur, die Geschichten und das Wissen der Aborigines umfassen auch den Himmel und die Sterne. Es gibt Geschichten über den Emu, Geschichten über den Truthahn, Geschichten über den bösen, klugen Mann, Geschichten über den tanzenden

Mann, Geschichten über die liebevolle Großmutter, Geschichten über das Kind, das auf die Erde fiel, und Geschichten über die sieben Schwestern. Es gibt Geschichten von Meteoriten, die auf die Erde gefallen sind, und vom Sternenstaub, der seit Anbeginn der Zeit auf die Erde niedergegangen und zu einem Teil der natürlichen Umwelt geworden ist, genau wie wir. Im Lauf der Zeit sind wir ein Teil des Universums geworden.

Wenn wir uns tagsüber auf dem Land umsehen, sind wir aus Sicht der Aborigines überall von Dingen umgeben, zu denen wir eine Beziehung haben. Und wenn wir nachts zum Himmel emporschauen, ist es genauso. Selbst in unseren düstersten Stunden, wenn wir uns einsam und ungeliebt fühlen, sind wir von einem Netz aus Beziehungen umgeben und in ein Universum der Liebe eingebettet. Diese Beziehungen sind eine wichtige Voraussetzung für unser Wohlbefinden, genau wie unsere Verbindung zu anderen Menschen.

In unserem täglichen Leben pflegen wir eine Reihe persönlicher Beziehungen in verschiedenen Bereichen, zum Beispiel in Familie, Gemeinschaft, Arbeit, Sport und sozialem Umfeld. Wie gut diese Beziehungen funktionieren, hängt von verschiedenen Faktoren ab:

- Engagement,
- Kommunikation,
- Vertrauen,
- Ehrlichkeit,
- Respekt,
- Vertrautheit,
- gemeinsamen Wertvorstellungen,
- realistischen Erwartungen,
- Verständnis,

- Gleichberechtigung und
- Einfühlungsvermögen.

Eine gute Beziehung aufrechtzuerhalten, erfordert also Engagement und Mühe. Das beginnt damit, dass man die Geschichte und die damit einhergehenden Bedürfnisse seiner Mitmenschen versteht.

Unsere Geschichten und Bedürfnisse sind natürlich sehr unterschiedlich. Aber je nachdem, in welcher Lebensphase wir uns gerade befinden, gibt es doch gewisse Gemeinsamkeiten. Wenn wir uns den traditionellen Lebenszyklus der Aborigines anschauen, sehen wir, aus welcher Perspektive die Kultur der Aborigines den Alterungsprozess und unsere Bedürfnisse auf dem Weg vom Baby zum Jugendlichen und jungen Erwachsenen, zum Eltern- und Großelternteil und schließlich zum alten Menschen betrachtete.

Geburt: Wenn wir im Mutterleib oder später als neugeborene Babys heranwachsen, liegt unsere ganze Lebensgeschichte noch vor uns. Die Befriedigung unserer Bedürfnisse hängt oft von unserer leiblichen Mutter ab, die uns mit Nahrung versorgt, und von unserer Familie, die uns Schutz und Fürsorge bietet. Unsere zwischenmenschlichen Beziehungen entscheiden also darüber, ob wir am Leben bleiben oder sterben.

In der traditionellen Gesellschaft der Aborigines war die Geburt ein wichtiges Ereignis, das mit heiligen Zeremonien und großen Festlichkeiten begangen wurde.

> Ab dem Tag der Geburt eines Babys wurden verwandtschaftliche Beziehungen geknüpft. Wenn es ein Junge war, erkannte man ihn vielleicht als Großvater, Vater, großen Bruder, kleinen Bruder oder Onkel. Wenn es ein Mädchen war, erkannte man es vielleicht als

Großmutter, Mutter, große Schwester, kleine Schwester oder Tante. Das geschah im Rahmen unseres sogenannten »Hautsystems«. Vom ersten Tag an kannte jeder, der alt genug war, um das alles zu verstehen, seine Verpflichtungen und Verantwortlichkeiten gegenüber diesem Kind aufgrund der Verbindung durch das Hautsystem.

Die Beziehung zwischen Mutter und Kind war nicht nur aus biologischen Gründen heilig, sondern wurde auch in spiritueller Hinsicht als heilig betrachtet, da wir alle Kinder von Mutter Erde sind. Sowohl die menschliche Mutter als auch das Land – Mutter Erde – zeugt, gebärt und nährt das Leben. Ohne unsere Mütter und ohne diese eine Mutter kann es kein Leben geben. Auf vielen jahrtausendealten Felszeichnungen der Aborigines sind Geschichten dargestellt, die uns diese beiden Grundsätze lehren und darauf hinweisen, wie wichtig es ist, respektvoll mit Frauen umzugehen.

Denk einmal an die Welt als Ganzes. Glaubst du, dass die ganze Welt sich darüber einig ist, dass man Respekt vor der Mutterschaft haben, Verantwortung für Mütter tragen und gut für neugeborene Kinder sorgen sollte?

Leider führt die spirituelle, universelle Heiligkeit neuen Lebens nicht unbedingt zu gleichen Überlebenschancen auf der ganzen Welt: Im Jahr 2018 starben zweieinhalb Millionen Kinder bereits im ersten Lebensmonat, viele davon aus Armutsgründen. Die Welt befindet sich in einem Zustand des Ungleichgewichts, wenn die Wahrscheinlichkeit, dass ein Kind fünf Jahre alt wird, von den sozioökonomischen Bedingungen abhängt, in die es hineingeboren wird. Dieser Zustand existierte in der traditionellen Gesellschaft der Aborigines nicht, denn dort gab es keine sozioökonomische Benachteiligung und somit auch keine armutsbedingte Kindersterblichkeit.

Wird die Geburt eines Kindes in der Gemeinschaft, in der du lebst, gefeiert? Welche Verantwortung trägst du deiner Meinung nach für ein Kind, das in deiner Familie oder erweiterten Familie geboren wird? Welche Verantwortung trägst du für ein Kind, das in deiner Straße oder deinem Vorort geboren wird? Welche Verantwortung trägst du für ein Kind, das am anderen Ende der Welt geboren wird?

Kindheit: Wenn ein Baby zum Kleinkind wird und weiter heranwächst, erweitern sich seine Bedürfnisse: Jetzt braucht es nicht mehr nur Sicherheit, Geborgenheit und Stabilität, sondern auch emotionale Bindung, Beziehungen, Liebe und Struktur. Der Lernprozess schafft den Raum, in den das Kind hineinwächst, und ist daher in dieser Lebensphase ganz besonders wichtig. Wenn wir das Richtige lernen, können unsere späteren Lebensjahre leicht und mühelos ablaufen. Wenn wir das Falsche lernen, können unsere späteren Lebensjahre extrem schwierig werden.

In früheren Zeiten war der Lernprozess bei den Aborigines eine Kombination aus Geschichten, Spiel und erlebnisorientierten Aktivitäten. Die Kindheit war eine Zeit der Neugier, Freude, Verbundenheit und Liebe, in der das Kind Beziehungen zu seinem ganzen Umfeld aufbaute.

Viele Geschichten, die man Kindern erzählte, enthielten fantasievolle, überlebensgroße Bilder, die unterhaltsam sein sollten, damit sie sich den Kindern möglichst gut einprägten. Die Geschichten wurden draußen erzählt, und die bedeutsamen Orte und Gegenstände, von denen man dabei umgeben war, verliehen diesem Lernprozess noch eine zusätzliche Dimension.

Es war einmal eine kleine Eidechse, die nicht aufhören konnte zu fressen. Sie wollte alles fressen. Sie fing an, kleine Dinge zu fressen, und als sie heranwuchs, fing sie an, größere Dinge zu fressen. Am Anfang war sie sehr klein – ungefähr so lang wie ein kleiner Finger. Aber sie fraß und fraß und fraß und fraß, bis sie eines Tages so groß war wie ein Wal.

Und sie fraß immer weiter. Eines Tages fraß sie eine Schlange, zwei Fische, eine Frau und ein großes Känguru. Als das Känguru im Bauch der Eidechse ankam und sah, dass die Schlange, der Fisch und die Frau noch lebten, fing das Känguru an, auf und ab zu hüpfen, und sagte: »Ich werde seitlich gegen den Bauch der Eidechse treten, um uns hier herauszuholen.«

Die Eidechse spürte die Schmerzen in ihrem Magen, genau wie wir, wenn wir zu viel gegessen haben, und begann, sich Sorgen zu machen. Das Känguru sprang und sprang und sprang, bis der Bauch der Eidechse aufplatzte und das Känguru, die Frau, die Schlange und die zwei Fische wieder frei waren.

Dann wurde die Eidechse bestraft und in einen großen Felsen verwandelt.

Dieser Felsen liegt neben einem Bach, und man kann zu ihm hinwandern und feststellen, dass er tatsächlich wie eine Eidechse aussieht. An der Seite des großen Felsens, die dem Bach zugewandt ist, liegt eine Höhle. Wenn man in die Höhle hineinschaut, sieht man Zeichnungen von den Fischen, der Schlange und der Frau. Diese Zeichnungen gibt es schon seit Jahrtausenden. Gegenüber der Höhle befindet sich ein kleinerer Felsen mit Spuren, die wie Känguru-Fußabdrücke aussehen. Dieser kleinere Felsen ist der Teil des Eidechsenbauchs, der vom Känguru herausgetreten wurde und am anderen Ufer des Bachs landete.

Diese Geschichte wird erzählt, um Kinder davon abzuhalten,

zu viel oder das Falsche zu essen, denn sonst bekommt man einen sehr kranken Bauch, so wie die Eidechse. Jetzt ist die Eidechse als Fels in der Landschaft zu sehen. Sie sagt uns, warum wir das Richtige tun sollten. Wir sollten immer nur das essen, was wir brauchen, und nicht mehr.

Die australische Landschaft ist voller Geschichten, aus denen wir etwas lernen können.

In vielen Kindergeschichten geht es um positive Themen wie Teilen, Respekt, Bescheidenheit und liebevolles Verhalten. Obwohl die ganze Gemeinschaft die Verantwortung für das Unterrichten der Kinder unter sich aufteilte, spielten die Großeltern dabei eine besonders wichtige Rolle.

Manchmal sollten diese Geschichten den Kindern Angst einjagen, damit sie auch wirklich gut zuhörten, sich alles genau merkten und sich das gewünschte Verhalten angewöhnten. Wenn sie abends am Feuer saßen, erzählten und spielten die Ältesten manchmal sehr anschauliche, furchterregende Geschichten, in denen mystische Wesen vorkamen.

Schon immer erzählte man Kindern vom Yurri. Man sagte ihnen, dass der Yurri ein kleines Wesen ist, nur ungefähr einen Meter groß und von Haaren bedeckt. Er läuft auf zwei Beinen, ist sehr stark und hat große Fangzähne. Abends sitzt er ein Stück weit vom Feuer entfernt in der Dunkelheit und wartet auf Kinder, die sich vom Lager wegstehlen.

Man erzählte ihnen viele Geschichten von Kindern, die von einem Yurri (manchmal auch »der behaarte kleine Mann« genannt) mitgenommen wurden. Wenn die Kinder im Schein des Feuers spielten, zählten die Ältesten sie oft und erklärten ihnen, sie würden darauf achten, dass keine zusätzlichen Kinder mitspielten, weil die Yurris sich manchmal unter die spielenden Kinder mischten, um sie leichter entführen zu können.

Die Kinder wussten also, dass sie sich im Feuerschein aufhalten mussten, damit die älteren Stammesangehörigen sie immer sehen konnten. Auf diese Weise brauchte sich niemand Sorgen darüber zu machen, dass die Kinder in der Dunkelheit verloren gehen oder verletzt werden könnten. Wenn die Kinder die Initiationszeremonie durchliefen und erwachsen wurden, erzählte man ihnen mehr Geschichten von den Yurris.

Die oben beschriebene Geschichte erzählt man Kindern, um für ihre Sicherheit zu sorgen. Während das Kind seine Initiation durchlief, fügte man dieser Erzählung weitere Dimensionen hinzu, sodass sie von einer Angstgeschichte zu einem Geschehen mit tieferer spiritueller Bedeutung wurde. Die Angst vor der Dunkelheit verwandelte sich in ein Verständnis für die Dunkelheit, und die Yurris wurden von schreckenerregenden zu heilenden Figuren.

Über 60 000 Jahre lang war die Kindererziehung eine Gemeinschaftsaufgabe, an der jedes Familienmitglied mitwirkte. Fehler machen zu dürfen, gehörte zum Lernprozess dazu. Das Leben eines Kindes war stets anregend und von Spielen und Lernprozessen geprägt. Es wurden viele Geschichten erzählt und fortwährend Beziehungen aufgebaut und gestärkt. Der Lernprozess sollte jedes Kind in die Lage versetzen, ein starkes Selbstbewusstsein zu entwickeln, und es auf ein Erwachsenenleben vorbereiten, in dem es alles hatte, was es brauchte, um seine Verpflichtungen zu erfüllen und zu geistigem, körperlichem und seelischem Wohlbefinden zu gelangen.

Werden unsere Kinder in unserer heutigen Gesellschaft auch so unterstützt, gefördert und geliebt, dass sie ein starkes Selbstbewusstsein entwickeln und alles lernen können, was sie für einen reibungslosen Übergang in eine Erwachsenenwelt der Verantwortung und des Wohlbefindens benötigen? Umfasst ihr Weg den Aufbau eines breiten Spektrums an Beziehungen, dank denen ihnen möglichst viele verschiedene Erfahrungen, Kenntnisse und Hilfestellungen zuteilwerden?

Wie können wir dafür sorgen, dass Kinder in einem Umfeld aufwachsen, das sie so gut wie möglich auf die vor ihnen liegende Lebensreise vorbereitet? Es gibt so viele Hindernisse, die das erschweren: der enge Rahmen schulischer Lehrpläne, die Zeit, die viele Kinder heutzutage mit modernen Technologien und Videospielen verbringen, die häufige Notwendigkeit, dass beide Elternteile berufstätig sind, die Abnahme der Beziehungen zur erweiterten Familie und die Schwierigkeiten beim Aufbau von Netzwerken innerhalb der Gemeinde, in der die Familie lebt.

Denk einmal an deine eigene Kindheit zurück. Wurde dir als Kind Förderung, Unterstützung, Anleitung, Liebe und Fürsorge zuteil? Wenn ja, wie hat sich das angefühlt und wie hat es sich auf deine bisherige Lebensgeschichte ausgewirkt? Falls nicht: Wie hat sich *das* angefühlt, und welche Auswirkungen hatte es auf dein Leben?

Wenn ich auf mein Leben zurückblicke, sind die Jahre meiner Kindheit für mich mit vielen schönen Erinnerungen verbunden. Dabei geht es hauptsächlich um das Spielen mit meinen Vettern und Cousinen im Aborigine-Reservat in Karuah (liebevoll »the Mish« genannt). Es waren unbeschwerte Tage voller Spiel und Gelächter, in denen es keine Zeit gab und mir die Zukunft als Konzept völlig fremd war.

Teenager/junger Erwachsener: Mein Übergang vom Kind zum Teenager und zum jungen Erwachsenen war nicht so angenehm. Die Narben, die ich davontrug, weil ich als Aborigine anders behandelt wurde, die Narben, die ich mir selbst zuzog, weil ich mich anzupassen versuchte, die Narben, die man mir zufügte, indem man mich als »Bimbo« oder »doofen Nigger« beschimpfte, die Narben, die ich erlitt, weil wohlmeinende Menschen bestimmte Erwartungen an mich stellten, die Narben, die dadurch entstanden, dass ich gemocht werden wollte, und die Traumata, die meine Seele aufgrund vieler Zurückweisungen (vor allem durch Mädchen) erlitten hatte, wurden zu Samen des Zweifels, die keimten und gediehen, als ich älter wurde, sodass ich im Alter von Mitte dreißig an einer akuten Angststörung und Depression erkrankte.

Ich bin überzeugt davon, dass die heutigen Teenager und jungen Erwachsenen (Aborigines ebenso wie Nicht-Aborigines) mit noch mehr Herausforderungen zu kämpfen haben und noch mehr Traumata erleben als damals zu meiner Zeit. In der unten stehenden Liste habe ich einige, aber längst nicht alle Probleme aufgezählt, mit denen junge Menschen heutzutage in ihrem täglichen Leben häufig konfrontiert sind:

- Selbstwertgefühl,
- Körperbild,
- Stress und Ängste,
- Mobbing,
- Depressionen,
- Cybersucht,
- Trinken,
- Rauchen,
- Drogen,
- Gruppendruck,

- Konkurrenzdruck,
- akademischer Druck,
- soziale Medien,
- Liebeskummer,
- Schlafstörungen,
- Konfrontation mit Gewalt (Fernsehen, Filme und Spiele),
- ungesicherte Arbeitsverhältnisse,
- hohe Arbeitslosigkeit sowie
- negative Beurteilung durch Angehörige älterer Generationen.

Eine Pflanze kann nur dann ihr volles Potenzial entfalten, wenn sie in den richtigen Boden gesetzt wird und die richtige Pflege erhält. Die obige Liste verdeutlicht, wie viele potenzielle Giftstoffe in den Nährboden eines jungen Menschen eindringen können, und wie wichtig es ist, dass junge Leute über ein möglichst großes Unterstützungsnetzwerk verfügen, das ihnen hilft, den für sie richtigen Boden zu finden. Denn wenn der Boden zu unfruchtbar oder vergiftet ist, wirkt sich das negativ auf ihr Wachstum aus, und dann haben sie es in ihrem späteren Leben als Erwachsene womöglich schwerer.

In traditionellen Zeiten gab es viele der oben geschilderten Probleme nicht. Damals war es viel einfacher als heute, junge Menschen so auf ihr Erwachsenenleben vorzubereiten, dass sie lernten, Verantwortung zu tragen, gleichzeitig aber auch ihr körperliches, geistiges und seelisches Wohlbefinden gefördert wurde.

Das heißt freilich nicht, dass wir nichts aus der Vergangenheit lernen können – auch dahin gehend, wie wichtig es ist, Menschen das richtige Wissen zu vermitteln und die richtige Unterstützung zuteilwerden zu lassen.

Von der Pubertät an nahmen die jungen Erwachsenen bei uns an vielen Zeremonien teil. Dadurch lernten sie ihre Verantwortung und ihre Verpflichtungen untereinander, gegenüber ihrem Land und den Lebewesen ihres Landes kennen und erfuhren, dass wir auf spiritueller Ebene mit allen Dingen verbunden sind.

Sobald sie das Geschenk des Wissens erhalten hatten, erwartete man von ihnen, dass sie dieses Wissen in Ehren hielten, und bestärkte sie immer wieder in dieser Verantwortung. Die kleinen Geschichten, die die jungen Erwachsenen in ihrer Kindheit gelernt hatten, kamen ihnen jetzt in ihrem Erwachsenenleben sehr zugute.

Den Übergangsritus zum Erwachsensein musste man sich verdienen – er wurde einem nicht einfach nur aufgrund seines Alters zuteil. Zum Beispiel habe ich mit achtzehn Jahren das Recht, in eine Kneipe zu gehen. Mit sechzehn Jahren darf ich einvernehmlichen Geschlechtsverkehr haben. Mit siebzehn Jahren bin ich berechtigt, einen Führerschein zu beantragen. Die Menschen können ihre Rechte einfordern; aber haben sie sich ein bestimmtes Recht auch *verdient*?

Die Lore der Aborigines beruht auf Verantwortung. Man hatte erst dann Rechte, wenn man dieses Geschenk der Verantwortung angenommen hatte. Geht ein Achtzehnjähriger verantwortungsbewusst mit seinem Alkoholkonsum um? Geht ein Sechzehnjähriger verantwortungsbewusst mit seinen sexuellen Praktiken um? Geht ein siebzehnjähriger Autofahrer verantwortungsbewusst mit seiner Fahrweise um?

Beim Tragen ihrer Verantwortung waren die jungen Erwachsenen niemals auf sich allein gestellt. Die ganze Gemeinschaft, einschließlich der Ältesten, war immer für sie da.

Obwohl Selbstständigkeit und die Fähigkeit, auf eigenen Füßen zu stehen, in der Kultur der Aborigines eine wichtige Rolle spielen (spätestens im Alter von zwölf Jahren besaß man alle Fähigkeiten, die man brauchte, um allein in der Natur zu überleben), hatte Unabhängigkeit nichts mit Isolation oder Entfremdung von der Gemeinschaft zu tun.

Wenn ein Aborigine in früheren Zeiten zu einem jungen Erwachsenen wurde, blieben die bereits existierenden Beziehungen bestehen und wurden in gewisser Weise sogar noch verstärkt, da der junge Erwachsene nun offiziell die Verantwortung trug, für alle Mitglieder seiner Gemeinschaft zu sorgen. Da es so etwas wie eine Vierzigstundenwoche (oder Hypotheken) nicht gab, hatte der Einzelne mehr als genug Zeit, um

- sein Alltagsleben zu bewältigen (Jagen, Kochen und andere überlebenswichtige Tätigkeiten kosteten höchstens ein bis zwei Stunden pro Tag),
- Beziehungen zu pflegen,
- sich um das Land zu kümmern,
- sich um alles zu kümmern, was es dort gab,
- sich um die Gemeinschaft zu kümmern,
- an Zeremonien teilzunehmen,
- sich seinem Lernprozess zu widmen,
- andere Verpflichtungen zu erfüllen und
- eine gute Selbstfürsorge zu praktizieren.

Das Prinzip lebenslangen Lernens war ein wichtiger Bestandteil unserer traditionellen Kultur und sorgte dafür, dass die jungen Erwachsenen ihr Wissen während ihres ganzen Lebens immer weiter ausbauten. Diese traditionelle Ausbildung umfasste eine Hierarchie von Fähigkeiten, die in gewisser Weise unserem heutigen Bildungssystem (Grundschule, Gymnasium, Hochschule, Universität) ähnelte, obwohl Lernziele, Lerninhalte, Unterrichtsstil und Bildungskontext ganz anders aussahen als in unserem westlichen Bildungssystem.

Ein wichtiger Bestandteil des traditionellen Lernprozesses war das Totemsystem. Totems sind verwandtschaftliche Verbindungen zwischen einer Person und einem Tier oder einer Pflanze, die einen spirituellen Symbolgehalt haben. Jedes Individuum hatte mehrere Totems und war dafür verantwortlich, über jedes Totem alles zu lernen, was es darüber zu wissen gab. Totems waren nicht nur ein wichtiges Beziehungssystem, sondern leisteten auch einen wichtigen Beitrag zur Erhaltung von Wissen und zum Umgang mit Wissen.

Viele Dinge prägten die Gesellschaft der Aborigines, darunter auch Totems. Totems können Tiere, Fische, Bäume, Pflanzen, Reptilien und überhaupt alles sein, woraus die Landschaft besteht. Die Menschen gehörten zu verschiedenen Totems. Spätestens bis zum Erwachsenenalter wusste jedes Kind über seine Verantwortung und seine Verpflichtungen gegenüber seinen Totems und gegenüber anderen Menschen im Rahmen des Totemsystems Bescheid.

Jeder Einzelne stand durch unser Totemsystem mit den Lebewesen seiner Umwelt in Verbindung. So konnte jeder sehr genaue Kenntnisse über das Totem erlangen, mit dem er verbunden war. Wenn man zum Beispiel eine totemische Beziehung zu einer bestimmten Baumart hatte, wusste man, ob dieser Baum als Medizin oder als Nahrung diente oder für andere Dinge verwendet wurde. Und man wusste auch, wo und wie er wuchs.

Wenn dieser Baum in einer bestimmten Bodenart wuchs, hatte er auch eine Verbindung zu der Person, deren Totem diese Bodenart war. Es gibt eine Beziehung zu allen Dingen im Umfeld dieses Baums, zum Beispiel zum Boden und zu den Pflanzen, die in seiner Nähe wachsen. Also sind alle Dinge miteinander verbunden.

Darin spiegelt sich eine lebendige Gemeinschaft wider. Egal, ob es sich um ein trockenes oder feuchtes Gebiet handelt: Dieses Ökosystem ist eine Gemeinschaft. Die Menschen, denen die Totems der Dinge innerhalb dieser Gemeinschaft zugeordnet sind, haben auch Verpflichtungen untereinander und gegenüber dieser lebendigen Gemeinschaft der Natur, dieser totemischen Gemeinschaft.

Wie gut bereiten wir junge Erwachsene in unserer heutigen Gesellschaft körperlich, geistig und seelisch auf die kommenden Lebensjahre vor? Überlassen wir das dem Schulsystem oder lassen wir den schulischen Lernstoff durch unsere erweiterte Familie ergänzen? Oder noch besser: Schaffen wir gemeinschaftliche Lernkooperativen, an denen Schulen, Familien, Schüler und andere Personen oder Institutionen mitwirken können?

Wenn ein junger Erwachsener in seinem Leben vor einem Problem steht, kann er dann problemlos auf Unterstützungsmechanismen zugreifen, bei denen er sich in kultureller, sozialer, geistiger und emotionaler Hinsicht sicher fühlt? Für viele Jugendliche ist der Weg zum Erwachsenwerden sehr viel schwieriger, als er eigentlich sein müsste. In traditionellen Zeiten war dieser Übergang ein fließender Prozess, bei dem man durch enge zwischenmenschliche Beziehungen unterstützt wurde. Heute stecken junge Menschen oft in einer Sackgasse fest, und ihre Fortschritte werden durch die Isolation des Konkurrenzkampfs untergraben.

Von jungen Menschen erwartet man, dass sie um Zensuren, um einen Studien- oder Arbeitsplatz, um Beachtung in den sozialen Medien und um Aufmerksamkeit miteinander konkurrieren. Sie leben in einer Welt, in der man konkurrenzorientiert denken und handeln muss, um Erfolg zu haben. Dieser Zustand ist meilenweit von der Welt der Aborigines entfernt, in der das Teilen ein Grundpfeiler des Wohlbefindens und unserer gemeinschaftlichen Werte ist.

In unserer heutigen wettbewerbsorientierten Welt kommen auf jeden Erfolg unzählige Ablehnungen, mit denen man fertigwerden muss. Denk nur einmal daran, um wie viele Stellen du dich bewerben musst, um irgendwann Erfolg zu haben (man geht von zehn bis fünfzehn Bewerbungen pro Woche aus). Denk daran, wie oft Schauspieler, Schriftsteller, Musiker, Unternehmer, Sportler oder auch ganz normale Menschen in ihrem Leben auf Ablehnung stoßen. Ablehnung ist eine alltägliche Erfahrung, mit der man von vornherein rechnet – so sehr, dass unsere Gesellschaft sie fast schon als edle menschliche Lebenserfahrung akzeptiert.

Obwohl Resilienz eine wichtige Eigenschaft ist, die in unserem Werkzeugkasten der Lebenskompetenzen einen festen Platz haben sollte, liegt der Schlüssel zum Wohlbefinden darin, ein harmonisches Gleichgewicht in unserem Leben aufrechtzuerhalten. Zu viel Ablehnung kann ein Ungleichgewicht schaffen und zu Versagensgefühlen führen. Ist das eine Art, unsere jungen Menschen – oder überhaupt irgendjemanden – zu behandeln?

Natürlich können wir nicht jede Bewerbung, jedes Buchmanuskript, jeden Song und jede Geschäftsidee akzeptieren; aber wir müssen uns überlegen, wie wir die Menschen besser in ihren Träumen und Bestrebungen unterstützen können. Statt ihnen einfach nur eine Tür vor der Nase zuzuschlagen, können wir ihnen vielleicht helfen, einen Korridor zu einer anderen Tür zu finden, die sich stattdessen für sie öffnet. Indem wir zur Kenntnis nehmen, was sie zu bieten haben, und unsere Netzwerke nutzen, um ihnen weiterzuhelfen, können wir eine Gemeinschaft des Teilens schaffen, statt uns gegenseitig auf Inseln der Ablehnung zu verbannen.

Für die meisten Menschen gibt es eine Grenze, bis zu der sie Ablehnung verkraften können. Sobald diese Grenze überschritten ist, geben wir vielleicht auf. Dann ist unsere Gesundheit in großer Gefahr; und dadurch entsteht unseren Familien, Gemeinwesen, Städten, Regionen, Staaten, Ländern und unserem ganzen Planeten ein enormer Schaden. Das müsste doch eigentlich nicht sein, oder?

Eltern: Mit dem Übergang vom jungen Erwachsenen- zum Erwachsenenalter verändern sich unsere Bedürfnisse: Inzwischen haben wir unsere Identität entwickelt und unser Lebensziel festgelegt und wollen das alles nun leben. Viele Menschen suchen jetzt nach einem festen Partner und einer gesicherten Existenz. Dadurch nehmen unsere Aufgaben zu. Oft verfolgen wir diese Pläne mit dem Ziel, Kinder zu bekommen.

Ich hatte das Glück, dreimal Vater zu werden. Als meine Frau Alison mir eröffnete, dass sie schwanger war, als ich die Tritte des Babys unter ihrer Bauchdecke spürte, als ich sah, wie Alisons Bauch immer größer wurde, und die Geburten von Rhys, Brianna und Liam miterlebte, waren das zweifellos die kostbarsten Erfahrungen meines Lebens. Jetzt, wo ich Vater bin, verstehe ich erst richtig, warum Frauen und Mutterschaft in der spirituellen Weltsicht der Aborigines mit so großer Ehrfurcht betrachtet werden.

Als ich unseren neugeborenen Babys zum ersten Mal das Fläschchen gab, spürte ich, wie eine unbeschreibliche Liebe mich durchströmte. Und nach ein paar Wochen wurde mein Leben zu einer Berg-und-Tal-Fahrt aus Höhen und Tiefen, denn der Schlafmangel, das scheinbar endlose Schreien, das Windelwechseln, Füttern und Baden und die Bewältigung der täglichen Hausarbeit wuchsen sich manchmal zu einer echten Überlastung aus.

In der traditionellen Gesellschaft der Aborigines wurden diese Herausforderungen durch die ständige Unterstützung der Großfamilie abgemildert. Der ganze Clan teilte sich in die Aufgaben der Elternschaft, sodass jedes Baby mehrere Mütter, Väter und Großeltern hatte.

Jeder, der einem Aborigine-Stamm angehörte, war Teil einer großen Familie und hatte irgendwelche Verpflichtungen gegenüber den anderen. Alle trugen Verantwortung füreinander. Im täglichen Leben einer Stammesgruppe wurde alles geteilt.

Die Bezeichnungen Vater, Mutter, Großvater, Großmutter, Bruder und Schwester hatten in der traditionellen Gesellschaft der Aborigines eine andere Bedeutung. In unserem Hautsystem stand jemand, den die westliche Gesellschaft als biologischen Großvater bezeichnen würde, durch seine »Haut« mit einer ganzen Reihe anderer Männer in Verbindung. Diese Männer wurden ebenfalls als Großväter des Kindes angesehen. Innerhalb eines Aborigine-Stammes gibt es also ein viel umfassenderes Netz aus Beziehungen und Verpflichtungen als einfach nur zwei Großeltern für ein Enkelkind.

Eine der Hauptaufgaben des Hautsystems bestand darin, dafür zu sorgen, dass Menschen, die eng miteinander verwandt waren, sich nicht gegenseitig heirateten. Dieser Prozess wurde von den alten Frauen beaufsichtigt. Das war eine sehr ernste Aufgabe, und Paare, die dieses System zu umgehen versuchten, mussten mit schwersten Strafen rechnen.

Dieses System, demzufolge die ganze Gemeinschaft an der Kindererziehung mitwirkte, hat sich in der Gesellschaft der Aborigines über Jahrtausende hinweg bewährt. Denn diese Vorgehensweise bringt viele Vorteile:

- Die Eltern haben mehr Zeit, sich um ihr persönliches Wohlbefinden zu kümmern.
- Die Eltern haben mehr Zeit, ihre Beziehung zueinander zu pflegen.
- Die Eltern haben mehr Zeit, Aufgaben innerhalb ihrer Gemeinschaft wahrzunehmen.
- Das Kind erhält Zugang zu einer größeren Vielfalt an Erfahrungen und Lernmöglichkeiten.
- Ältere Menschen haben die Möglichkeit, aktiv an etwas Wichtigem mitzuwirken.
- Ältere Menschen haben die Möglichkeit, ihren Erfahrungsschatz und alles, was sie im Lauf ihres Lebens gelernt haben, auf praktische und produktive Weise zu nutzen.
- Und außerdem führt dieses Vorgehen zu einer stärkeren Verbundenheit und zu engeren Beziehungen und Netzwerken innerhalb der Gemeinschaft.

Unterstützung bei der Kindererziehung zu bekommen, war schon immer wichtig und ist für Eltern in unserer heutigen Welt womöglich noch wichtiger. Andererseits kann mangelnde Unterstützung Stress verursachen, der sich negativ auf das individuelle Wohlbefinden auswirkt und Beziehungen untergräbt – zum Nachteil von Eltern, Kindern und der Gesellschaft im Allgemeinen.

Daher ist es sehr wichtig, lokale Unterstützungssysteme und -netzwerke für Eltern zu schaffen, wenn wir unser Wohlbefinden auf individueller, familiärer und gemeinschaftlicher Ebene verbessern wollen.

Ältere Menschen: Viele von uns, die sich jetzt im Herbst ihres Lebens befinden, blicken zurück und denken darüber nach, wie schnell die Zeit vergangen ist. Die Kinder sind erwachsen und haben das Haus verlassen, und wir haben jetzt ganz andere Bedürfnisse: Vielleicht müssen wir unseren Ruhestand planen, damit zurechtkommen, was wir in unserem Leben alles nicht erreicht haben, und mehr für unsere Gesundheit tun. Außerdem wollen wir reisen, uns sozialen Aktivitäten widmen und um unsere Enkelkinder kümmern.

Für manche Menschen ist der Übergang in dieses spätere Lebensalter ein spannendes Unterfangen. Für andere kann er eine schwierige Zeit der Einsamkeit und des Bedauerns sein. In vielen Gemeinschaften besteht eine ungute Distanz zwischen älterer und jüngerer Generation. In traditionellen Zeiten spielten die Ältesten für das Wohlergehen der Gemeinschaft eine wichtige Rolle. In gewisser Weise erfüllten die Ältesten die meisten und unterschiedlichsten Aufgaben innerhalb einer Gemeinschaft: Sie waren für die Weitergabe von Geschichten, Liedern oder Tänzen, für die Unterweisung der jüngeren Menschen, für die Führung und Verwaltung der Gemeinschaft, die Lösung von Konflikten und die Überwachung spiritueller Praktiken und Zeremonien verantwortlich.

Ein Ältester war (und ist auch heute noch) jemand, der Wissen angesammelt hat und dieses Wissen auf positive Weise einsetzt, um eine Gemeinschaft zu fördern.

Die Ältesten besaßen schon immer das Wissen über die Geschichten und teilten dieses Wissen mit den jungen Menschen, sobald diese sich das Recht verdient hatten, diese Geschichten kennenzulernen.

Bevor sie starben, gaben sie ihre Geschichten an die nächste Generation weiter.

In der traditionellen Gesellschaft der Aborigines genoss der Status des Ältesten hohes Ansehen. Um diesen Status zu erlangen, musste man viele Jahre lang bewiesen haben, dass man die Lore verstand und sich an sie hielt – was sich unter anderem darin zeigte, dass man sich liebevoll, respektvoll und bescheiden verhielt und zum Teilen bereit war.

Zu dem Zeitpunkt, an dem jemand zum Ältesten wurde, besaß dieser Mensch einen umfassenden »Werkzeugkasten« an Weisheit und Fähigkeiten, dank dessen er sich stets einfühlsam, fürsorglich, pragmatisch und vorausschauend verhielt und in der Lage war, andere Menschen strategisch klug und entschlossen zu führen. Dafür sorgte das System lebenslangen Lernens, das die Aborigines praktizierten und das sowohl technisches als auch akademisches und spirituelles Wissen umfasste.

Daher waren die Ältesten sowohl mit der geistigen als auch mit der physischen Welt, in der sie lebten, eng verbunden. Dank dieser zweifachen Fähigkeit konnte man mit ihnen sehr fundierte Gespräche über verschiedenste Themen führen, die das Wohlergehen des Stammes und benachbarter Stämme betrafen – beispielsweise Eheschließungen, Handel, Zeremonien und Bedrohungen aus der Umwelt wie Dürreperioden oder Überschwemmungen.

Die Ältesten hatten das Sagen, wenn es darum ging, wichtige Entscheidungen zu treffen. Diese Entscheidungen wurden immer zum Wohl der Gemeinschaft und im Einklang mit ihrer Verantwortung gegenüber dem Land getroffen. Das waren keine Mehrheitsentscheidungen, sondern sie mussten einstimmig getroffen werden: Alle mussten ihnen zustimmen, und wenn jemand nicht damit einverstanden war, wurde so lange diskutiert, bis sich alle einig waren.

Unsere Ältesten erkennt man bis heute an ihrer Freigebigkeit, Bescheidenheit und Gelassenheit. Älteste zeichnen sich oft durch folgende Eigenschaften aus:

- Sie mögen die Stille, und es macht ihnen nichts aus, wenn Schweigen herrscht.
- Sie sind ruhige, besonnene Denker,
- geduldig,
- fürsorglich,
- energisch (vor allem, wenn es darum geht, die Befolgung von Wertvorstellungen durchzusetzen) und
- neigen nicht zu Gefühlsausbrüchen.

Sie sind oft ein Fels in der Brandung für Menschen, die das Gefühl haben, den Halt zu verlieren. Älteste haben es nicht nötig, sich oder ihre Meinung irgendjemandem aufzudrängen. Sie sind gern bereit zu helfen, wenn man sie braucht; aber sie haben nicht das Bedürfnis, gesehen oder gehört zu werden, und streben auch nicht nach Macht.

Älteste sind in der Gemeinschaft der Aborigines nach wie vor hoch angesehen. Man fragt sie in vielen Angelegenheiten nach ihrer Meinung, und ihr Rat wird sehr geschätzt. Meiner Beobachtung und Erfahrung nach ist das bei älteren Menschen in der westlichen Welt nicht so sehr der Fall. Aus wirtschaftlicher und sozialer Sicht ist das ein sehr großer, bedauerlicher Verlust, da die Ältesten – und ältere Menschen an sich – eine reiche Quelle an Wissen und Weisheit für die Gemeinschaft sind.

Gibt es in deinem Leben Älteste oder ältere Menschen? Ist dir in deiner Gemeinde eine ältere Person aufgefallen, mit der du gern sprechen würdest? Warum ergreifst du dann nicht die Initiative? Schenk ihr ein Lächeln, grüß sie, und möglicherweise ergibt sich ja ein kurzes erstes Gespräch. Wenn es dir gelingt, eine Beziehung zu diesem Menschen aufzubauen, habt ihr beide eine Chance, mehr übereinander zu erfahren, und jeder kann die Geschichte des anderen kennenlernen. Das tun wir in unserem Leben viel zu selten. Jeder Mensch hat eine Geschichte, und in jeder Geschichte steckt Weisheit, Inspiration und die Möglichkeit, etwas zu lernen. Die meisten Menschen scheuen davor zurück, anderen ihre Geschichte zu erzählen, weil sie sich nicht für beachtenswert halten; dabei sind wir in Wirklichkeit alle beachtenswert. Also gib einem älteren Menschen die Chance, sich über seine Bedeutung klar zu werden! Du weißt gar nicht, wie viel ihr beide dabei lernen könnt.

Auch im Alter können wir noch eine wichtige positive Kraft sein. Vielleicht können wir nicht mehr so schnell rennen oder so hoch springen wie früher. Doch diese mangelnde körperliche Leistungsfähigkeit gleichen wir durch mehr Erfahrung und Weisheit aus, dank deren wir viele zwischenmenschliche Beziehungen ganz besonders zu bereichern vermögen.

Wir sind es uns selbst, unseren Kindern und unserer Gemeinschaft schuldig, den Kontakt zu dieser wertvollen Informations- und Weisheitsquelle zu suchen.

Sehr alte Menschen: Wenn wir uns dem Ende unserer Geschichte – unseren letzten Lebensjahren – nähern, haben wir wahrscheinlich nicht mehr so viel Energie wie früher, und auch unsere körperlichen Fähigkeiten haben nachgelassen. Wenn wir sehr alt werden, konzentrieren unsere Bedürfnisse sich vielleicht vor allem darauf, den Menschen, die uns wichtig sind, etwas zurückzugeben und das Leben, das wir gelebt haben, zu akzeptieren.

Für viel zu viele sehr alte Menschen werden soziale Isolation und Einsamkeit zur Norm … bis zu dem Punkt, an dem sie vielleicht das Gefühl haben, vergessen worden zu sein, und ihre Geschichte für unwichtig halten. In einer Lebensphase, in der zwischenmenschliche Beziehungen vielleicht immer mehr abnehmen, sind starke, liebevolle Verbindungen zu anderen Menschen wichtiger denn je.

In traditionellen Zeiten wurden die meisten Aborigines sehr alt (im Gegensatz zu heute, wo die Lebenserwartung eines Aborigine viel niedriger ist als die eines Nicht-Aborigine). Dafür gab es viele Gründe:

- gesunde Ernährung,
- regelmäßige Bewegung (Wandern durch das Land),
- Systeme zur Unterstützung einer Lebensweise, die sich positiv auf die psychische Gesundheit auswirkt,
- Einbettung spiritueller Praktiken ins tägliche Leben,
- kontinuierliches Engagement in der Gemeinschaft und das damit einhergehende Gefühl der Sinnhaftigkeit,
- eine Apotheke aus Buschmedikamenten, die gegen die meisten bei uns vorkommenden Krankheiten wirkten,
- viele aktive Beziehungen, die gegen Einsamkeit und Isolation halfen, und
- kontinuierliche Betreuung durch die ganze Gemeinschaft.

Hochbetagte Menschen wurden in allen Lebensbereichen betreut, da sie als die angesehensten Mitglieder des Stammes galten. Obwohl sie nicht mehr so aktiv waren wie früher, konnten sie immer noch an den Diskussionen der Ältesten teilnehmen, wenn sie es wollten oder wenn man sie darum bat.

Diese alten Menschen lebten ein wenig abseits vom Rest der Gemeinschaft und wurden wegen ihres heiligen Wissens verehrt. Es war ein Privileg, mit ihnen zusammenzusitzen und zuzuhören, wie sie dieses Wissen an jüngere Generationen weitergaben.

Als ich aufwuchs, sah ich diese alten Menschen sehr oft. Ich lernte, sie zu respektieren, weil ich durch ihr positives Verhalten viel über das Land lernte. Ich lernte, alle Dinge des Landes zu respektieren, weil mir all diese Dinge etwas zurückgaben. Und wenn ich für das Land sang und tanzte und Geschichten in meinem Herzen trug, war das Land immer für mich da.

Die Menschen, die älter waren als ich, hatten es nie nötig, Respekt einzufordern. Aufgrund ihres positiven, liebevollen, fürsorglichen Verhaltens und weil sie alles mit anderen teilten, wurden sie automatisch respektiert.

Wie behandeln wir sehr alte Menschen in unserer heutigen Gesellschaft? Werden sie hoch geachtet, verehrt und unterstützt? Hast du regelmäßig Kontakt mit sehr alten Menschen?

Sie können sehr unterhaltsam sein und uns innerlich aufbauen. Deshalb macht es so viel Freude, Altenpflegeeinrichtungen zu besuchen. In ihren Mauern befinden sich ganz besonders wertvolle Ressourcen unserer Gemeinschaft. Für die Jüngeren (im Alter von zwanzig bis vierzig Jahren) können ältere Menschen zu hochgeschätzten Ersatzgroßeltern, -onkeln und -tanten werden. Im Gegenzug können jüngere Menschen für diese Senioren zu geliebten Ersatzenkeln, -neffen und -nichten werden. Solche Beziehungen könnten das Leben vieler Menschen bereichern.

Vielleicht begegnest du manchmal einem alten Menschen, der übermäßig wütend wirkt oder eine sehr negative Einstellung zu haben scheint. Das ist eine wunderbare Gelegenheit, seine Geschichte zu hören und zu verstehen, warum ihm so zumute ist. Vielleicht kannst du ihm helfen, mehr Freude am Leben zu finden.

> Sterben unsere alten Menschen, bleiben ihre Geschichten bei uns, wenn wir uns daran erinnern und wenn sie eine eindrucksvolle Geschichte hatten. Und solange wir uns an ihre Geschichten erinnern und sie weitererzählen, leisten diese Menschen immer noch einen Beitrag zu unserer Gesellschaft. Sie sind wie Blätter, die von einem Baum fallen: Auch wenn die Blätter tot sind, tragen sie immer noch zum Leben des Baums bei. Erst wenn man diese Blätter unter dem Baum wegfegt und verbrennt, können sie keinen Beitrag mehr zu seinem Leben leisten und auch keine Rolle mehr darin spielen.
>
> Wenn man also die Geschichten der alten Menschen wegnimmt, können sie ihre Rolle nicht mehr spielen – deshalb müssen wir ihre Geschichten immer weitererzählen. Wir sollten uns bemühen, genauso zu sein wie die Menschen, an die wir uns erinnern. Hinterlasse eine gute Geschichte, an der andere sich ein Beispiel nehmen können.

Wenn du über die Wichtigkeit von Beziehungen und über den Lebenszyklus der Aborigines nachdenkst, den ich gerade beschrieben habe, solltest du versuchen, dir die Perspektive zu eigen zu machen, aus der Aborigines die Familie betrachten. Vielleicht wirst du feststellen, dass du dadurch ein umfassenderes Verständnis dafür gewinnst, was für Beziehungen du aufbauen könntest, um zu größerem Wohlbefinden zu finden und auch anderen Menschen dabei zu helfen.

Familie bedeutete mehr als nur Blutsverwandtschaft und biologische Bande. Aborigine-Familien waren – auch wenn sie nicht blutsverwandt waren – durch unser Verwandtschaftssystem trotzdem so miteinander verbunden, als wären sie Blutsverwandte. Alle Mitglieder einer Gruppe oder Nation waren irgendwie miteinander verwandt und hatten verwandtschaftliche Verpflichtungen und Verantwortlichkeiten untereinander und auch gegenüber allen Dingen, da das Verwandtschaftssystem über die Menschen hinausging:

Es erstreckte sich auch auf Sterne, Pflanzen, Steine, Berge, Tiere und Vögel. Das Verwandtschaftssystem umfasste alles. Wenn man von einem Ende Australiens zum anderen wandern wollte, hatte man auf seinem ganzen Weg durch das Land verwandtschaftliche Verpflichtungen und familiäre Verantwortlichkeiten zu erfüllen, und durch diese Verantwortung war man mit diesem Land verbunden.

Egal, ob man noch ein Baby, ein Kind, ein junger Erwachsener, gerade Mutter oder Vater geworden, ein älterer oder sehr alter Mensch ist: Persönliche Beziehungen sind für unser Wohlergehen sehr wichtig. Daher solltest du unbedingt Zeit in den Aufbau und die Pflege solcher Beziehungen investieren. Es ist auch wichtig, über deine Beziehung zum Land nachzudenken.

Mit unserer heutigen Lebensweise üben wir enormen Druck auf unsere Umwelt aus. Um die Bevölkerung zu ernähren und das Wirtschaftswachstum aufrechtzuerhalten, zerstören wir Wälder und Flüsse und graben große Löcher in den Boden. Wo sollen die Lebewesen hin, wenn die Wälder abgeholzt werden? Wo sollen die waldbewohnenden Völker leben, wenn man ihnen die Wälder

Übung: Beziehungen

Denk einmal über die Beziehungen nach, die du zurzeit in den unten aufgeführten Kategorien hast. Falls es dir weiterhilft, bewerte dich in jeder Kategorie mit fünf Punkten: Eine Eins bedeutet, dass du in der betreffenden Kategorie gar keine Beziehungen hast; die Fünf bedeutet, dass deine Beziehungen in diesem Lebensbereich fantastisch sind. Gibt es Kategorien, die für dich wichtig sind und an denen du noch arbeiten solltest?

- Kinder,
- junge Menschen,
- junge Erwachsene,
- Eltern,
- Großeltern/ältere Menschen,
- sehr alte Menschen,
- Arbeitskollegen,
- soziale Kontakte,
- Sportsfreunde und
- sonstige Kontakte.

wegnimmt? Die Wahrheit lautet, dass sie nirgendwo hingehen und nicht überleben: Sie sterben aus.

Wir müssen uns eingestehen, dass wir mit unserer Lebensweise die Existenz anderer Menschen, Tiere und Pflanzen auslöschen. An diesen besonderen Beziehungen wurde Verrat begangen. Wenn wir uns das nicht eingestehen, werden wir das Problem niemals lösen.

> Ich fordere also nicht nur große Unternehmen auf, über dieses Thema nachzudenken, sondern jeden Einzelnen. Und nachdem du darüber nachgedacht hast, bitte ich dich, etwas dagegen zu unternehmen. Denn wenn du es nicht tust, wer dann?
>
> Künftige Generationen von Menschen, Pflanzen, Tieren, Fischen, Bäumen, Insekten und so weiter werden nicht mehr existieren, wenn wir nichts unternehmen. Das System, das die Wälder und Flüsse zerstört und so viele Lebewesen ausgerottet hat, wird eines Tages auch vor deiner Haustür stehen, und du könntest das nächste Geschöpf sein, das vom Aussterben bedroht ist.

Noch vor nicht allzu langer Zeit hätten viele Menschen darüber gespottet, wenn irgendjemand auch nur angedeutet hätte, dass die Menschheit aussterben könnte. Die COVID-19-Erfahrung hat diese Überzeugung infrage gestellt. Zusammen mit dem Schreckgespenst der Klimakrise ist COVID-19 eine rechtzeitige Erinnerung an unsere Verletzlichkeit, an die Verletzlichkeit unseres Planeten und die Notwendigkeit, unseren Verpflichtungen und unserer Verantwortung für unseren Lebensraum und alles, was dort existiert, nachzukommen. Das können wir nicht schaffen, ohne die richtigen Beziehungen aufzubauen.

Je mehr Beziehungen wir aufbauen, umso mehr Geschichten können wir einander erzählen. Je mehr Geschichten wir einander erzählen, umso mehr Wissen können wir weitergeben. Je mehr Wissen wir weitergeben können, umso fundiertere Diskussionen können wir über Dinge führen, die für uns und unseren Planeten gleichermaßen wichtig sind. Und je mehr wir über Dinge diskutieren können, die für uns und unseren Planeten gleichermaßen wichtig sind, umso besser können wir uns darauf einigen, was getan werden muss. Je besser wir uns darauf einigen können, was getan werden muss, umso näher kommen wir einer gemeinsamen Vision. Und je näher wir einer gemeinsamen Vision kommen, umso leichter gelingt es uns, Veränderungen herbeizuführen, die für eine bessere Welt notwendig sind.

Der oben beschriebene Prozess ist nicht neu. Schon seit Jahrtausenden versammeln sich die Aborigines, um ihre Beziehung zueinander zu stärken, Wissen auszutauschen, über Prioritäten zu diskutieren, sich auf Maßnahmen zu einigen und Veränderungen zum Wohl aller herbeizuführen. Versammlungen in Südost-Queensland, wenn die Bunya-Nuss erntereif war, und in den Australischen Alpen zur Zeit der Migration der Bogong-Motte sind bekannte Beispiele für Anlässe, bei denen Stammesgruppen zusammenkamen, um Essen miteinander zu teilen, Zeremonien abzuhalten, Materialien zu tauschen, Ehen zu schließen und über Fragen der Lore zu diskutieren.

In den alten, traditionellen Zeiten, bevor uns die Lore weggenommen wurde, hatten wir Geschichten, die sich in ganz Australien verbreiteten. Diese großen Lore-Geschichten handelten von Vorfahren wie dem Waran und dem Ameisenigel, die über das Land wanderten, und der Regenbogenschlange, die durch das Land kroch und Flüsse und Bäche erschuf. Diese Schlange wusste sehr viel. Sie brachte uns die Regeln bei.

Wir alle kannten die Geschichten von diesen Tieren, und auch wenn diese Geschichten sich von Ort zu Ort vielleicht ein bisschen voneinander unterschieden, hatten sie doch viele Gemeinsamkeiten. Das verband uns miteinander.

Menschen aus verschiedenen Stämmen reisten quer durch das Land, folgten diesen großen Storylines und trafen sich mit anderen Menschen, die auf denselben Spuren wanderten, zuhörten, sich miteinander austauschten, tanzten, sangen und gemeinsam Zeremonien abhielten.

Als die ersten Boote ankamen, gab es in Australien über fünfhundert verschiedene Aborigine-Sprachen. Es könnte über 1500 Dialekte dieser Sprachen geben, und nach neuesten wissenschaftlichen Erkenntnissen sind wir seit über 200 000 Jahren hier. Denk einmal darüber nach: Wir sind seit über 200 000 Jahren hier und hatten danach immer noch fünfhundert verschiedene Sprachgruppen und 1500 Dialekte!

Wir lebten auf einer großen Insel. Wenn wir nicht ein und dieselbe große Geschichte gehabt hätten, wenn wir nicht den gleichen Respekt voreinander und die gleichen Verhaltensprotokolle gehabt hätten – wenn wir keine Einheit gebildet hätten –, dann hätte eine Aborigine-Nation (oder ein Bündnis aus mehreren Aborigine-Nationen) sämtliche anderen Nationen besiegen können, und dann hätten wir alle eine einzige Sprache gesprochen – so wie das englische, römische und griechische Imperium versucht hat, den Völkern auf der ganzen Welt ihre Sprache aufzuzwingen. Diese Menschen zogen aus, um die Welt zu erobern. Man bezeichnet sie als große Zivilisationen, aber was ist so großartig daran, was sie getan haben? Sie haben gestohlen, getötet, zerstört und andere beherrscht. Unser Volk hat niemals versucht, irgendjemanden zu besiegen oder andere Länder zu erobern, weil all diese Menschen ein und dieselbe Lore hatten, die ihnen Respekt voreinander einflößte.

Wenn man sich anschaut, wie die Aborigines vor 1788 gelebt haben, findet man deshalb auch keine einzige Burg. Wenn man dagegen nach Europa reist, sieht man überall Burgen: in Irland, Schottland, Frankreich und anderen europäischen Ländern. Denn dort hatten die Menschen jahrtausendelang Angst davor, sich abends schlafen zu legen, weil sie von Krieg und anderen Gefahren bedroht waren.

Aber in Australien hatten wir nie das Bedürfnis nach einer Burg; bei uns gab es niemals auch nur eine einzige Festung. Die Leute sagen: »Ach, das liegt doch nur daran, dass ihr Schwarzen nicht wusstet, wie man eine Burg baut.« Nein ... das liegt nicht daran, dass wir keine Festungen bauen konnten. In Brewarrina, einem Ort im Westen von New South Wales, gibt es meterhohe Steinmauern im Fluss, die wir errichtet haben, um Fische zu fangen. Diese Mauern gibt es seit über 35 000 Jahren: *Sie sind 30 000 Jahre älter als die ägyptischen Pyramiden*. Sie sind stabil gebaut, haben Flut um Flut überstanden und funktionieren immer noch. Wir waren also durchaus in der Lage, eine Burg zu bauen – aber wir hatten es nicht nötig.

Wir haben auch niemals Kriegswaffen hergestellt. Du wirst keinen einzigen Ort finden, an dem es massenhaft Gräber von Aborigines gibt, die durch den Speer gestorben sind. Wir bauten Werkzeuge oder Waffen, um zu jagen und Nahrung zu sammeln, denn so lebten wir. Aber wir haben uns immer nur das genommen, was wir brauchten. Alle Völker im ganzen Land waren sich einig. Es gab zwar Kämpfe zwischen einzelnen Personen; doch aufgrund der zeremoniellen Verbindungen, die zwischen uns herrschten, kam es niemals zu Stammeskriegen.

Damals gehörte jeder Mensch einer Lore an. Jeder hatte eine Lore, und alle hatten Respekt voreinander. Als die erste Flotte in Australien eintraf, dachten die Aborigines wahrscheinlich: »Diese Leute sind hergekommen, um uns zu besuchen. Wahrscheinlich haben sie eine Lore wie jeder andere auch. Sie werden alles mit uns teilen und gemeinsam mit uns Zeremonien abhalten. Wir werden ihnen zu essen geben und eine schöne Zeit miteinander verbringen.

Und dann werden sie wieder nach Hause fahren und uns gute Geschichten hinterlassen, die wir weitererzählen können.«

Doch das geschah nicht. Die Leute, die in ihren Booten über das Meer kamen, hatten nicht die gleichen Werte oder die gleiche Lore wie die Aborigines, und sie begannen die Landschaft zu zerstören. Da die Landschaft voller Geist und voller Leben war, töteten die Bootsleute, als sie anfingen, Felsen zu zerhacken und Sandsteinhäuser zu bauen, einige unserer Vorfahren; denn manche unserer Leute waren mit Steinen oder Felsen verwandt. Als sie anfingen, Bäume zu fällen, töteten sie weitere Vorfahren; denn manche von uns waren mit Bäumen verwandt. Und so geschahen Dinge, die eine Menge unguter Gefühle zwischen schwarzen und weißen Menschen in Australien hervorriefen.

Einst hatten alle Menschen an unserer Lore – der Lore der Aborigines – teil. Es ist höchste Zeit, das wieder zu praktizieren.

Man könnte sagen, dass die Welt noch nie so eng miteinander vernetzt war wie heute. Durch die Fortschritte in der Computer-, Satelliten- und Kommunikationstechnologie hat sich vieles verändert: unsere Kommunikation (über verschiedene Geräte und Medien), die Geschwindigkeit, mit der Informationen ausgetauscht werden (fast in Sekundenschnelle), und das Wachstum des Wissens (das sich alle dreizehn Monate verdoppelt).

Dieser technologische Fortschritt hat sich auf internationaler Ebene noch nicht in einer Verbesserung der Beziehungen oder der Einigkeit, des Wohlwollens und der Bereitschaft zum Teilen niedergeschlagen, die durch gute Beziehungen gefördert werden. Statt größerer Einheit erleben wir nach wie vor Spaltung, Misstrauen und Abschottung.

Wenn man sich anschaut, wie die Menschen in der westlichen

Welt ihr Alltagsleben gestalten, ist das in vielen Fällen genau das Gegenteil von der Lebensweise der Aborigines. Für die meisten besteht der Tag aus Einzelaktivitäten wie Essen, Arbeit, Lernen, Freizeit, Sport und Hausarbeit. Obwohl man bei vielen dieser Aktivitäten mit anderen in Kontakt steht, bleibt oft nicht genügend Zeit, um sinnvolle Beziehungen zueinander aufzubauen und zu pflegen.

Das moderne Leben ist oft ein Wettlauf mit der Zeit, bei dem wir versuchen, alles abzuhaken, was auf unserer To-do-Liste steht, um für den nächsten Tag gerüstet zu sein, an dem der gleiche Kreislauf wieder von vorn beginnt. Die Menschen sprechen nur selten mit Fremden, und ihre Häuser sind Festungen mit Schlössern, Riegeln und Zäunen. Unsere genetisch verankerte Neigung, Kontakte zu unseren Mitmenschen zu knüpfen, wird durch einen Lebensstil der Distanzierung, Isolation und Einsamkeit untergraben, da wir verständlicherweise einen Rückzugsraum von der Hektik suchen, die uns ständig umgibt.

Bei den Aborigines dagegen bildeten alle Aktivitäten eine Einheit, die auf spirituellen Überzeugungen und kulturellen Werten beruhte, sodass jede Minute des Lebens einen Sinn hatte: Sammeln von Nahrung, Essen, Fürsorge für unsere Gemeinschaft und unseren Lebensraum, Lernen, Spielen, Geselligkeit, körperliche Aktivität und Pflege zwischenmenschlicher Beziehungen.

Das traditionelle Leben war keine Abfolge von Ereignissen mit festen Anfangs- und Endpunkten, sondern ein Fluss ineinander integrierter Aktivitäten, bei denen der Zeit nur begrenzte Bedeutung zukam. Es gab keine Fremden, da auf die eine oder andere Weise jeder mit jedem verwandt war; und die Wohnstrukturen erleichterten die Integration und Kommunikation innerhalb der Gemeinschaft. Die Sozialisation innerhalb der Familie, der Großfamilie, des Clans, des Stammes, benachbarter Stämme und des ganzen Kontinents spielte für die Aufrechterhaltung der Lore eine sehr wichtige Rolle.

Die westliche Welt könnte von der traditionellen Lebensweise der Aborigines profitieren, bei der man sich mehr Zeit nimmt, um über das gesamte demografische Spektrum hinweg miteinander in Kontakt zu treten und Beziehungen zueinander aufzubauen. Je mehr Beziehungen wir aufbauen, umso enger sind wir miteinander verbunden. Und je enger wir miteinander verbunden sind, umso mehr teilen wir miteinander.

In der traditionellen Gesellschaft der Aborigines beruhte alles auf der Bereitschaft zum Teilen. Nicht nur auf Geben oder Nehmen, sondern auf dem Teilen.

Auf dem Lebensweg unserer Vorfahren ging es darum, Dinge zum Land zu bringen und manchmal auch Dinge vom Land wegzunehmen. Wenn man gibt und nimmt, ohne dabei eine genaue »Strichliste« zu führen, dann teilt man. Wenn ihr Dinge miteinander teilt, zeigt ihr dadurch, dass ihr euch umeinander kümmert.

Geht es auf der Lebensreise, auf der du dich befindest, nur um dich selbst und um das, was du willst, oder geht es um das Teilen, so wie auf den Lebenswegen unserer Vorfahren? Geht es darum, manchmal etwas zu geben, manchmal etwas zu empfangen und Dinge mit anderen Menschen zu teilen, die sich auf demselben Weg befinden wie du? Oder geht es bei deinem Lebensweg nur um dein »egoistisches Ich«, ohne dass du einen Gedanken an andere Menschen verschwendest?

Wirst du ein »Teiler« sein, damit die Menschen um dich herum auch »Teiler« werden können? Auf diese Weise werden wir alle fürsorglich. Hast du dich von anderen auf deinem Weg begleiten lassen, oder hast du sie von dir weggeschoben? Wenn du auf dein Leben zurückblickst, siehst du dann nur eine einzige Fußspur oder viele Spuren neben deiner eigenen?

Für die meisten von uns bedeutete die Anfangsphase der COVID-19-Pandemie eine obligatorische Isolation in unseren Wohnungen. Für viele Menschen war die Unmöglichkeit, sich mit Freunden oder Angehörigen zu treffen, nach draußen zu gehen und die Natur zu genießen oder an Gruppentreffen teilzunehmen, eine sehr schwierige Erfahrung, die ihre emotionale und geistige Gesundheit gefährdete. Obwohl sich durch unsere modernen Technologien eine willkommene Verbindung zu anderen Menschen herstellen ließ, die uns etwas bedeuteten, war das doch nicht ganz dasselbe.

Als der Lockdown wieder aufgehoben wurde (und bevor Gesundheitsexperten Befürchtungen im Hinblick auf eine zweite COVID-Welle zu äußern begannen), freuten sich die Menschen über ihre neu gewonnene Freiheit und die Möglichkeit, wieder mit anderen und mit dem Land in Kontakt zu treten, sich sozialen Aktivitäten und Freizeitbeschäftigungen zu widmen. Oft wissen wir das, was wir haben, erst dann zu schätzen, wenn es weg ist. Die Möglichkeit, mit geliebten Menschen zusammen zu sein, ist ein Privileg, dessen wir uns bewusst sein und für das wir auch dann noch dankbar sein müssen, wenn die Erinnerung an COVID-19 längst verblasst sein wird.

Während des Höhepunkts der Krise starrten wir ängstlich auf unsere Fernsehgeräte, da die erschreckenden Statistiken uns an unsere Sterblichkeit erinnerten. Doch gleichzeitig beobachteten wir auch inspirierende Taten von Menschen, die sich mutig, liebevoll und selbstlos verhielten (Mitarbeitern des Gesundheitswesens, Verkäuferinnen oder Kassiererinnen im Supermarkt, anderen

Menschen in systemrelevanten Berufen), und ermutigende Videoaufnahmen, in denen Menschen ihre Einheit demonstrierten (Italiener, die auf Balkonen sangen, virtuelle Konzerte). All das erinnerte uns an die Macht der Verbundenheit zwischen uns Menschen.

Aus jeder Krise kann man wichtige Lehren ziehen, die man nie wieder vergisst. Hoffen wir, dass dazu auch die Wichtigkeit von Beziehungen gehört!

Botschaft Nr. 3

Es ist für uns alle ungeheuer wichtig, Beziehungen aufzubauen, zu pflegen und aufrechtzuerhalten: zum Land, zu Babys, Kindern, Jugendlichen, jungen Erwachsenen, Erwachsenen, Eltern, älteren und sehr alten Menschen.

Botschaft Nr. 4

Unsere Freude an der Vielfalt muss auf einer Plattform der Einheit beruhen.

Botschaft Nr. 5

Sei stets bereit zum Teilen.

Kapitel 3

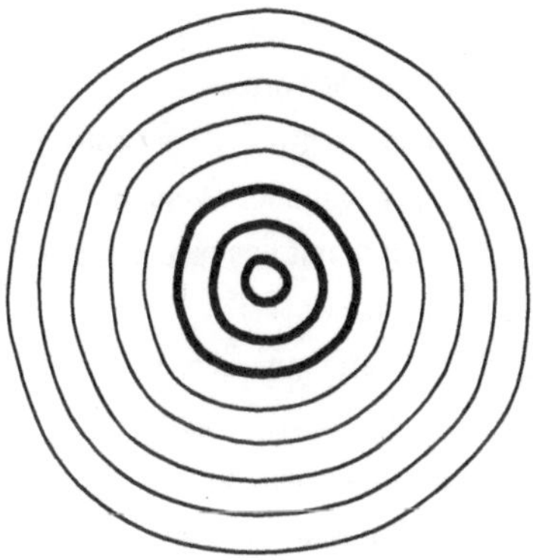

Liebe, Dankbarkeit und Bescheidenheit

Vor langer Zeit im Ngurrampaa, zu Anbeginn der Zeit, hatte der Ameisenigel (Thikarbilla) noch keine Stacheln auf dem Rücken. Er war einfach nur ein kleines Tier mit Fell, so wie ein Kaninchen. Es gab einen alten Mann, der unheimlich gern Thikarbilla-Fleisch aß.

Eines Tages holte er seine beiden Enkel und sagte: »Kommt, Jungs, wir gehen auf Thikarbilla-Jagd. Hört zu. Ihr wisst, dass ich euer Großvater bin, und ihr müsst mitkommen und tun, was euch gesagt wird, denn das ist die Lore.«

Und die beiden Jungen sagten: »Aber Großvater, du hast auch eine Verpflichtung uns gegenüber. Wenn wir Thikarbillas erbeuten, solltest du das Fleisch mit uns teilen; doch du bist immer zu gierig und isst alles allein.«

Der Großvater sagte: »Na gut ... diesmal werde ich es mit euch teilen. Kommt mit.«

Und so gingen sie gemeinsam auf die Jagd und suchten nach Thikarbillas, und der alte Mann wurde müde, denn er war dick und ermüdete leicht. Also setzte er sich auf den Boden und sagte: »Lauft los, ihr zwei, und sucht nach Thikarbillas.«

Und die Jungen gingen in die Wildnis, fanden einen Thikarbilla und brachten ihn dem Großvater. »Lasst den Thikarbilla hier bei mir, und geht Holz holen«, sagte er.

Also zogen sie wieder los, holten Holz, brachten es ihrem Großvater, und er sagte: »Das ist nicht genug Holz. Geht und holt noch mehr.«

Also liefen die Jungen wieder los, um mehr Holz zu holen, und während sie weg waren, zündete der alte Mann ein Feuer an, briet den Thikarbilla und aß ihn.

Als die Jungen zurückkamen, fragten sie ihren Großvater: »Wo ist der Thikarbilla?«

»Tja ... ihr habt zu lange gebraucht«, sagte er. »Da habe ich zu großen Hunger bekommen.«

»Und wo ist unser Anteil von dem Fleisch?«, fragten die Jungen.

Und der Großvater sagte: »Ihr müsst losgehen und noch einen Thikarbilla suchen. Geht und jagt noch einen.«

Während sie weg waren, holte der alte Mann das Holz, das sie beim zweiten Mal mitgebracht hatten, und versteckte es hinter seinem Rücken. Als sie zurückkamen, legten sie den Thikarbilla auf den Boden, und er sagte: »Oh ... es ist kein Holz mehr da. Ich musste alles verbrennen, weil ihr zu lange gebraucht habt. Ihr solltet lieber noch einmal losgehen und mehr Holz holen. Lasst den Thikarbilla hier bei mir, und holt noch mehr Holz.«

Also ließen die Jungen den Thikarbilla liegen und liefen los, um Holz zu suchen; und während sie weg waren, holte der alte Mann das Holz hinter seinem Rücken hervor, briet den Thikarbilla und aß ihn. So ging es immer weiter. Und der alte Mann wurde immer dicker. Und die beiden Jungen bekamen allmählich sehr, sehr großen Hunger, weil der alte Mann das Essen nicht mit ihnen teilen wollte.

Damals im Ngurrampaa, zu Anbeginn der Zeit, besaßen Schmetterlinge magische Fähigkeiten. Als sie vorbeiflogen, sahen sie den alten Mann, und sie sahen auch, was er falsch gemacht hatte. Und sie sagten: »Dieser alte Mann verstößt gegen die Lore. Statt sich liebevoll und dankbar zu verhalten, ist er gierig. Statt bescheiden zu sein, benimmt er sich wie ein Tyrann. Er teilt nicht, und er erfüllt seine Verpflichtung gegenüber der Lore nicht. Er kümmert sich nicht um die Jungen, so wie er es eigentlich tun sollte. Sie kümmern sich um ihn, aber er kümmert sich nicht um sie.« Die Schmetterlinge schlugen wütend mit den Flügeln. »Lasst uns zu unserem Baum zurückfliegen«, sagten sie.

Es gab einen Baum namens Waria-Busch, zu dem die Schmetterlinge gehörten. Auf diesem Baum wuchsen spitze Stöcke. Die Schmetterlinge flogen zu ihrem Baum zurück und sammelten zahlreiche von diesen Stöcken. Inzwischen hatte der alte Mann so viele Thikarbillas gegessen, dass er allmählich selbst wie einer aussah. Die Schmetterlinge flogen zu dem alten Mann zurück, und weil er gegen die Lore verstoßen hatte und anfing, wie ein Thikarbilla auszusehen, beschlossen sie, ihn tatsächlich in einen zu verwandeln; und danach durchbohrten sie ihn mit ihren scharfen Stöcken, weil er seine Pflicht gegenüber den Jungen nicht erfüllt hatte. So kam der Thikarbilla zu seinen Stacheln.

Als die Jungen zurückkehrten, sagten die Schmetterlinge: »Seht her, Jungs, was aus eurem Großvater geworden ist. Er ist ein Thikarbilla. Er ist mit Stöcken durchbohrt worden und hat auf dem ganzen Rücken Stacheln, weil er gegen die Lore verstoßen hat. Genau das passiert mit Leuten, die gegen die Lore verstoßen. Sie werden aufgespießt.

Aber ihr zwei braucht euch keine Sorgen zu machen. Wir werden uns um euch kümmern. Ihr könnt zu unserem Baum zurückgehen ... dem Baum, wo wir schlafen und leben. An diesem Baum wachsen Früchte. Und diese Früchte sind für euch Kinder da. Nur Kinder dürfen sich diese Früchte holen. Kein Erwachsener darf sie essen.«

Die meisten Menschen würden mir wohl darin zustimmen, dass Liebe für uns lebensnotwendig ist. Im Lauf der Jahrhunderte hat man die verschiedensten Beschreibungen für die Liebe gefunden: zum Beispiel romantische, zärtliche, bedingungslose, beständige, spielerische, unerwiderte, leere und vollkommene Liebe, blinde Verliebtheit, Liebe zwischen Familienangehörigen und Liebe zu sich selbst. Ist es da ein Wunder, dass die Liebe eine so verwirrende Erfahrung sein kann?

Obwohl Liebe schwer zu beschreiben ist, kann man sie in einfachen Worten als ein komplexes Gemisch aus Emotionen, Verhaltensweisen und Überzeugungen bezeichnen, das mit starken Gefühlen der Zuneigung, der Herzlichkeit und des Respekts und mit Beschützerinstinkten gegenüber einer Person, Sache oder Verhaltensweise einhergeht. Liebe ist also etwas, was wir fühlen.

Nachdem du viele Geschichten gehört hast, lernst du, deinen Lebensraum zu lieben, weil er dir alles gibt, was du brauchst. Liebe ist ein sehr wichtiger Bestandteil der Gesellschaft der Aborigines.

In manchen Religionen heißt es, die Menschen seien Sünder, die in eine sündige Welt hineingeboren worden sind. Wir sehen das anders. Wir glauben, dass wir in Liebe gezeugt und in Liebe geboren werden.

Wir werden in eine Welt der Liebe hineingeboren und sind unser ganzes Leben lang von Liebe umgeben: zum Beispiel von der Liebe unserer Familie, der Liebe unseres Landes und der Liebe unserer spirituellen Vorfahren. Wenn wir sterben, verlassen wir diese Welt in Liebe und kehren zur Liebe zurück. Wir sind ständig von Liebe umgeben.

Die Spiritualität der Aborigines ist in Liebe verwurzelt. In der Schöpfungsgeschichte, die wir zu Beginn von Kapitel 1 erzählt haben, spiegelt sich die Liebe der Mutter und des Vaters wider. Ihre Liebe zueinander hat dazu geführt, dass die Mutter schwanger wurde und alle Dinge zur Welt brachte – auch uns. Wir wurden aus Liebe gezeugt und aus Liebe geboren.

Auf dem ganzen australischen Kontinent gibt es Tausende von Geschichten über den Vater. Einige dieser Geschichten beschreiben, wie er im Himmel lebt und über uns wacht, uns liebt und will, dass wir eine gute Geschichte leben.

Die traditionellen Geschichten meines Landes beschreiben, wie der Vater in menschlicher Gestalt auf die Erde kommt, um sein Volk zu besuchen und uns beizubringen, dass wir uns gegenseitig und alles um uns herum lieben und uns umeinander kümmern sollen. An vielen heiligen Stätten in meinem Land gibt es Fußabdrücke in Stein und Fels, die Zehntausende von Jahren alt sind. Das sind die Fußabdrücke des Vaters. Sie zeigen uns, wo er einst stand und uns die Lore erklärt hat.

Ein Stück landeinwärts an der Zentralküste von New South Wales liegt ein Berg namens Mount Yengo. Dieser Berg spielt in unserem Glaubenssystem eine sehr wichtige Rolle. Ursprünglich war dieser oben abgeflachte Berg ein echtes lebendes Tier namens Ameisenigel. In meiner Sprache nennt man es Thikarbilla. Wie viele andere Schöpfungstiere wanderte es durch das Land und gestaltete verschiedene Landschaften, je nachdem, was Biamii, der Vater, ihm aufgetragen hatte.

Auf ihrer Reise wurden Thikarbilla-Kinder geboren. Diese Kinder schliefen ein und wurden zu kleineren Bergen in der Landschaft. Als Mutter Thikarbilla sich anschließend ausruhte, schlief auch sie ein und wurde zum Mount Yengo. Am Anfang war der Mount Yengo viel höher und runder als heute. Er hatte genau die gleiche Form wie ein Ameisenigel.

Eines Tages, nachdem er einige Zeit im Land verbracht hatte, um sein Volk in der Lore zu unterweisen, war es für unseren Himmelsvater Biamii an der Zeit, wieder nach Hause zurückzukehren. Als Biamii sah, wie hoch Mutter Thikarbilla war, benutzte er sie als Trittstein, um in den Himmel aufzusteigen. Deshalb hat der Berg jetzt einen abgeflachten Gipfel. Von da an nutzte Biamii, wenn er von diesem Land aus in den Himmel aufsteigen wollte, dazu immer den Mount Yengo. Dieser Berg wurde zum Trittstein Gottes.

Viele Felszeichnungen in der Umgebung des Mount Yengo wurden von Biamii dort hinterlassen, um uns in die Lore einzuweihen.

Die Geschichte von Mount Yengo ist nur eine von vielen Geschichten über unsere Tierahnen, die kreuz und quer durch Australien wanderten und uns miteinander verbanden.

Egal, was ich in diesem Leben tue, egal, welche Enttäuschungen und traurigen Dinge ich im Bereich der zwischenmenschlichen Liebe erleben werde – ich weiß, dass der Vater mich immer lieben wird.

Obwohl die Liebe des Vaters zur Mutter unendlich groß ist, kann er nicht so bei ihr sein, wie er es gern möchte. Seine Aufgaben verlangen von ihm, dass er sich im Himmel aufhält. Er hat seine Liebe zur Mutter geopfert, damit er seine Liebe zu uns aufrechterhalten kann.

Die Mutter ist so wunderschön, dass unser Geist, wenn wir in die Geisterwelt hinübergegangen sind, nach einer gewissen Ruhezeit vielleicht beschließt, zum Land zurückzukehren, um sich weiterhin um die Mutter und alle Dinge, die auf ihr existieren, zu kümmern.

Genau wie eine menschliche Mutter liebt die Mutter alle ihre Kinder, egal, ob es sich dabei um Säugetiere, Reptilien, Vögel, Fische, Insekten oder Menschen handelt. Sie möchte, dass sie alle eine gute Geschichte leben. Aber genau wie eine menschliche Mutter weiß auch diese Mutter, dass sie ihre Kinder eigene Entscheidungen treffen und Fehler machen lassen muss, damit sie lernen und sich weiterentwickeln können. Ihre Liebe ist so selbstlos, dass sie ihre Kinder auch dann noch liebt, wenn sie ihr wehtun.

Menschen, die noch an die alten Werte glauben, sind sehr traurig, wenn sie sehen, wie das Land zerstört wird, Flüsse durch Dämme gestaut und Bäume gefällt werden und der Boden umgegraben wird. Für sie ist das nichts anderes, als wenn du zu deiner Mutter nach Hause kämest und sie vergewaltigt, erstochen und verstümmelt vorfändest. Genau so, wie dir in solch einer Situation zumute wäre, fühlen sich auch die Alten, wenn sie sehen, dass die Mutter – das Land – diesen Schmerz und diese Demütigung erleiden muss.

Die Alten sagen uns, dass die Menschheit die Mutter mehr braucht als sie uns. Während wir sie weiterhin verletzen, weint die Mutter um uns. Sie liebt uns bedingungslos, aber sie ist verzweifelt darüber, dass wir von unserem Weg abgekommen sind. Ein Grundpfeiler der Lore ist die Verantwortung. Die Menschen als Kollektiv verstoßen auf der ganzen Welt gegen die Lore. Aus unserer spirituellen Perspektive sehen wir, dass das Konsequenzen haben wird. Zuerst wird es Warnungen geben … und dann werden die Menschen dafür bestraft.

Die Geister unserer Vorfahren leben überall in unserem Land. Die Veränderungen, die der Landschaft in den letzten 230 Jahren aufgezwungen geworden sind – Städte, Dörfer, Zäune, Bergwerke und Dämme –, haben diese geistigen Ahnen nicht vertrieben. An Orten, an denen es noch Geschichten, Lieder und Tänze gibt, sind die Geister aktiv. An anderen Orten warten sie. Sie warten auf die Zeit, in der die Geschichten wieder erzählt werden, in der die Stimmen wieder für sie singen, in der die Menschen wieder für sie tanzen. Sie beobachten und warten auf den Zeitpunkt, an dem die richtigen Menschen bereit sind, ihnen zuzuhören.

Wenn man über die Liebe nachdenkt, ist es wichtig, sie nicht als für sich allein stehendes Konzept zu betrachten. Man kann Liebe nicht richtig verstehen und auch anderen Menschen keine Liebe schenken, ohne die Bedeutung der Lore und die damit einhergehende Verantwortung zu verstehen.

Aus unserer Sicht sollte die Liebe sich stets an der Lore orientieren. Viele Menschen, die anderen Religionen anhängen als ich, sagen zu mir: »Ich glaube, Sie haben das falsch verstanden. Ich finde, die Liebe sollte an erster Stelle stehen.« Und dann antworte ich ihnen: »Unter dem Banner der Liebe ist schon viel Zerstörerisches passiert. Menschen sind in die Welt hinausgegangen und haben gedacht, dass andere ihre Liebe brauchen. Doch statt die Welt zu verbessern, haben sie einige gute Dinge zerstört.«

Genau das ist im Grunde auch mit den Aborigines passiert, als die fremden Menschen in ihren Booten über das Meer kamen. Diese Menschen dachten, wir bräuchten ihre Hilfe, ihre Anweisungen und Erkenntnisse – ihre Gesellschaft und ihre Regeln und Vorschriften. Vielleicht sind sie in liebevoller Absicht zu uns gekommen; aber sie kannten unsere Geschichte nicht.

Das Erste, worüber wir Bescheid wissen müssen, bevor wir jemandem helfen können, ist seine Geschichte. Wir müssen die Lore kennen, die mit seiner Geschichte zusammenhängt; das heißt, wir müssen die Regeln, Verantwortungen und Verpflichtungen kennen, die mit seiner Geschichte einhergehen. Sobald wir seine Geschichte kennen, können wir mit Liebe handeln, denn dann werden wir seine Geschichte respektieren und darauf achten, dass alles, was wir tun, zu dieser Geschichte passt. Und dann wird das, was wir tun, auch richtig sein.

Aber wenn wir die Geschichte unserer Mitmenschen nicht kennen, handeln wir nicht wirklich aus Liebe, denn zur Liebe gehören Respekt, Toleranz, Akzeptanz und Verständnis. Wenn wir ihre Geschichte nicht kennen, werden wir ihnen vielleicht mehr Schaden zufügen als Gutes tun.

Die Liebe des Vaters, der Mutter und der Geister unserer Vorfahren ist für jeden von uns da, der bereit ist, die Lore kennenzulernen und der damit einhergehenden Verantwortung gerecht zu werden. Vielleicht hast du inzwischen schon einen kleinen Vorgeschmack auf diese Liebe bekommen. Immer wenn du draußen in der Natur sitzt, ganz still bist und fühlst, wie Freude und Frieden dich durchströmen, trittst du mit der Liebe der Mutter in Verbindung.

Übung: Mit deinem Lebensraum in Verbindung treten (3)

Diese Übung soll dir helfen, mit deinem Lebensraum in Kontakt zu treten. Vielleicht solltest du diesen Text aufnehmen und ihn dir dann mit geschlossenen Augen anhören; du kannst aber auch jemanden bitten, ihn dir vorzulesen.

Suche dir einen bequemen Ort im Freien, an dem du mit der Natur in Kontakt treten kannst. Das kann zum Beispiel ein Plätzchen in deinem Garten sein, falls du einen hast. Es kann aber auch ein Ort in deiner Nähe sein, mit dem du dich verbunden fühlst; oder vielleicht ist es ein ganz besonderer Ort fernab aller menschlichen Spuren.

Suche dir an dieser Stelle einen Platz, wo du bequem sitzen kannst.

Lass das ständige Geplapper deiner Gedanken in den Hintergrund treten. Im Jetzt und Hier gibt es immer irgendetwas, worüber man nachdenken muss; doch für kurze Zeit kannst du all diese Gedanken aus deinem Kopf verbannen.

Schau dich an diesem Ort um, als hättest du alle Zeit der Welt.

Was siehst du?

Was hörst du?

Und nun schließe die Augen und konzentriere dich auf den Boden unter dir. Nimm wahr, wie deine nackten Füße mit dem Boden verbunden sind und wie gut sich das anfühlt. Nimm wahr, wie du dasitzt – dass du dich dadurch so stark und so sehr mit der Erde verbunden fühlst, als könnte dich nichts umwerfen.

Sobald du bereit dazu bist, stell dir vor, wie sich rund um deinen Bauchnabel eine Lichtkugel bildet. Diese Energie steht für deine Liebe und deinen Dank für alles, was die Mutter dir gibt. Lass diese Kugel immer größer werden ... spüre, wie freudig sich das Licht in deinem Bauch anfühlt.

Wenn es sich für dich richtig anfühlt, sende dieses Licht in einem sanften Fluss durch deinen Körper in die Erde hinunter – mit so viel Liebe, wie du aufbringen kannst. Lass es immer tiefer in die Erde fließen, bis in ihr Zentrum hinein.

Sobald du das Licht aus deinem Bauch ausgeleert hast, danke der Erde und allem, was die Erde dir gibt und was dich am Leben erhält ... Nahrung, Sauerstoff, Wasser, Unterkunft ... all das kommt von der Mutter.

Wenn du das Gefühl hast, dass der richtige Zeitpunkt dafür gekommen ist, stell dir einen Energiestrahl vor, der aus dem Mittelpunkt der Erde kommt. Diese Energie ist nur für dich da, für niemanden sonst. Auch dieser Zeitpunkt ist nur für dich da, für niemanden sonst. Du hast diese Zeit verdient ... also entspanne dich und genieße sie.

Stell dir vor, wie das Licht sanft aus der Erde aufsteigt und durch dich hindurch in die Gegend deines Bauchnabels fließt. Während das Licht sich immer weiter aufbaut, spürst du Freude und inneren Frieden, die einen warmen Schimmer in der Mitte deines Körpers erzeugen.

Lass die Energiekugel sanft durch deinen ganzen Körper hindurchfließen ... achte darauf, was du dabei fühlst ... vielleicht spürst du ein Kribbeln ... vielleicht ein Gefühl der Zufriedenheit ... vielleicht spürst du auch andere Dinge ... oder gar nichts. Falls du nichts spürst, mach dir keine Sorgen darüber ... Vertraue einfach darauf, dass diese Energie tatsächlich existiert und dass sie für dich da ist.

Und sobald du bereit dazu bist ... ganz behutsam und ohne besondere Eile ... löst du dich nun wieder von dieser Verbindung und kehrst ins Hier und Jetzt zurück.

Wie fühlst du dich jetzt? Und wie hast du dich während dieser Übung gefühlt? Wenn du ein Gefühl des inneren Friedens, der Freude oder Liebe – oder vielleicht sogar alle drei Empfindungen auf einmal – gespürt hast, dann bist du mit der Liebe der Mutter in Kontakt getreten. Falls du kein Gefühl inneren Friedens empfunden hast – kein Problem! Mach die Übung einfach immer weiter, ohne dich dabei unter Druck zu setzen in dem Gedanken, ein bestimmtes Ergebnis erreichen zu müssen. Es kann sein, dass du in Wirklichkeit große Fortschritte machst, aber nichts davon merkst – also vertraue auf diesen Prozess, und versuche, dich innerlich vom Ziel der Übung zu lösen. Bei mir hat es auch eine Weile gedauert, bis ich diese Verbindung richtig herstellen konnte; aber am Ende hat es sich doch gelohnt.

Falls du bei der obigen Übung etwas gespürt hast: gut gemacht! Das ist eine Erfahrung, auf der du aufbauen kannst. Da ich seit vielen Jahren meine Verbindung zur Liebe des Vaters, der Mutter und unserer geistigen Ahnen praktiziere, bin ich in der Lage, diesen grenzenlosen Quell der Liebe anzuzapfen, wann immer ich das Bedürfnis danach habe. Mein Glaube und meine Überzeugung haben mir schon durch einige sehr schwierige Zeiten hindurchgeholfen.

Der Glaube an den Vater, die Mutter und die Geister unserer Vorfahren gibt den Aborigines schon seit Langem Kraft und innere Führung.

Uncle Paul und ich erwarten nicht, dass du an das Gleiche glaubst wie wir … aber wir erwarten, dass du unseren Glauben respektierst … genau wie wir deinen Glauben respektieren.

Spiritualität ist kein Wettbewerb, bei dem es nur einen einzigen Gewinner gibt. Wir können vieles miteinander teilen und voneinander lernen. Das Wichtigste ist, eine Verbindung zu etwas zu haben, was größer ist als wir selbst, und zwar so, dass wir daraus einen Sinn für unser Leben, den Tod und das Wesen der Realität ableiten können. Diese Verbindung kann man als eine Art spiritueller Liebe betrachten.

Wenn du dieses Buch liest und eigentlich nicht an spirituelle Liebe glaubst, wird es dir schwerfallen, mit der Liebe der Mutter, des Vaters oder deiner geistigen Ahnen in Kontakt zu treten oder an sie zu glauben; und das ist auch gar nicht so schlimm. Dieses Buch enthält trotzdem immer noch viele Informationen, die für dich sehr nützlich sein werden.

In der Kultur der Aborigines spielt die spirituelle Liebe eine sehr wichtige Rolle für unser Wohlergehen; aber sie ist nur eine von vielen verschiedenen Formen der Liebe. Es gibt zum Beispiel auch unpersönliche Liebe (also Liebe zu einem Objekt, Prinzip oder Ziel) und zwischenmenschliche Liebe (Liebe zwischen Menschen): Auch diese Arten von Liebe sind wichtig, damit wir eine gute Geschichte leben können.

Was die unpersönliche Liebe betrifft, so empfinde ich eine große, liebevolle Zuneigung zu vielen Dingen, zum Beispiel Reisen, Essen, Sport, Filmen und dem Schreiben; außerdem wandere ich gern durch das Land und liebe heiße Bäder. Das ist natürlich noch lange nicht alles; aber ich denke, damit habe ich dir einen ungefähren Eindruck davon vermittelt, wie viele Dinge ich liebe. Uncle Paul wiederum macht es Freude, auf seinem abgelegenen Grundstück fernab von aller Hektik zu leben, durch das Land zu wandern, am Lagerfeuer zu kochen und andere Menschen in seine Kultur einzuweihen; außerdem hat er eine Vorliebe für

Sonnenenergie, Autos und Bitterschokolade (wenn man seine sofortige Aufmerksamkeit wecken will, ist Bitterschokolade der beste Weg dazu).

In unseren persönlichen Beziehungen ist es wichtig, den Menschen, die wir lieben, zu sagen oder zu zeigen, dass sie etwas Besonderes für uns sind. Wenn wir ihnen unsere Gefühle nicht vermitteln, werden sie vielleicht nie erfahren, wie besonders sie sind. Uncle Paul und ich sind in der glücklichen Lage, eine große Gruppe von Männern als Mentoren zu betreuen. Würdest du uns bei einem unserer Treffen beobachten, könntest du feststellen, dass es uns nicht peinlich ist, einander unsere Liebe zu zeigen, indem wir uns zunächst einmal umarmen, egal, wo wir uns befinden (in Einkaufszentren, auf belebten Straßen und in Parkhäusern ernten wir dann oft verwirrte Blicke von Passanten). Wir haben auch kein Problem damit, uns verbal oder per SMS mitzuteilen, dass wir uns lieben.

Stell dir einmal vor, wie wunderbar es wäre, wenn so etwas in unserer Gesellschaft öfter passierte. Je mehr wir uns gegenseitig unsere Liebe zeigen, umso mehr Raum schaffen wir für liebevolle Handlungen. Je mehr die Liebe wächst, umso mehr teilen wir miteinander. Je mehr wir miteinander teilen, umso mehr wird liebevolle Fürsorge zur Norm. Je mehr liebevolle Fürsorge zur Norm wird, umso mehr Wohlwollen breitet sich auf der Welt aus. Und je mehr Wohlwollen sich auf der Welt ausbreitet, mit umso größerer Wahrscheinlichkeit wird diese Welt zu einem besseren Ort.

Zwischenmenschliche Liebe gehört zu unserer Natur. Vielleicht lieben wir unsere Familienmitglieder, Freunde und Partner; aber es fällt uns schwer, ihnen das zu sagen. Jetzt ist genau der richtige Zeitpunkt, um über deinen Schatten zu springen und diesen Schritt zu wagen!

Zwischenmenschliche Liebe kann aber auch eine sehr schwierige Erfahrung sein, vor allem, wenn es um Liebesbeziehungen geht. Der innere und äußere Druck, den die Suche nach romantischer Liebe mit sich bringt und der schon im Teenageralter beginnt, wird bei den meisten von uns zwangsläufig zu irgendeiner Form von seelischem Schmerz führen, denn bis zu siebzig Prozent aller Beziehungen gehen im ersten Jahr wieder in die Brüche. Wenn jemand uns das Herz gebrochen hat, ist es wichtig, uns genügend Zeit für die Heilung zu nehmen, damit die Narben unsere künftige Liebesfähigkeit nicht beeinträchtigen.

Unabhängig von der niederschmetternden Erfahrung eines gebrochenen Herzens vernarren Menschen sich manchmal so sehr in irgendeine Sache oder Person, dass sie ständig in der Angst leben, diesen Gegenstand ihrer Liebe wieder zu verlieren. Statt sich daran zu freuen, geraten sie in einen Teufelskreis der Angst.

Die Lore lehrt uns, dass alles vergänglich ist. Statt also den Dingen oder Menschen nachzutrauern, die wir verloren haben, oder uns Sorgen darüber zu machen, was wir in Zukunft noch alles verlieren könnten, sollten wir einfach den Augenblick genießen. In traditionellen Zeiten bestand ein Teil des täglichen Lebens darin, immer wieder für alles, was uns gegeben wurde – Nahrung, Obdach, Wald, Tiere, den Himmel und unsere Beziehungen –, Dankbarkeit und Liebe zu zeigen.

Obwohl wir uns an den vielen Gaben, die der Vater, die Mutter und die Geister unserer Vorfahren uns geschenkt haben, erfreuen können, ist es wichtig, sie nicht im Übermaß zu genießen. Die Lore sagt uns, dass wir niemals gierig sein und uns auch niemals etwas nehmen dürfen, wenn wir dadurch jemand anders missachten oder ihm etwas wegnehmen. Außerdem lehrt die Lore uns auch, dass wir niemals stehlen dürfen.

Manchmal gibt es bei uns verschiedene Geschichten über ein und dasselbe Thema. Hier kommt noch eine zweite Geschichte über den Ameisenigel: Thikarbilla hatte Hunger. Er steckte seine Nase hierhin und dorthin. Der Ameisenigel war kleiner als ein neugeborenes Baby und hatte einen dichten Pelz, der ihn vor Insektenstichen schützte, was sehr praktisch war, weil er so gern Insekten fraß. Ab und zu fand er einen Leckerbissen, den er schnell verschlang; doch so viel er auch fraß – er hatte trotzdem immer noch Hunger.

Gerade hatte er sich die Nase vom Schmutz eines Ameisenhügels gesäubert, als ihm ein Geruch in die Nase stieg, bei dem er genüsslich die Augen schloss und lächelte. Es war der Geruch von frisch gebratenem Kängurufleisch. Thikarbilla musste ganz einfach herausfinden, woher dieser Geruch kam.

Er lief so schnell, wie seine Beinchen ihn tragen konnten, kleine Hügel hinauf und wieder hinunter, durch ein ausgetrocknetes Bachbett und durch hohes Gras, bis er sein Ziel endlich erreicht hatte: Thikarbilla entdeckte ein frisch gebratenes Känguru auf einem Ast, der für die meisten Tiere unerreichbar war.

Er schaute nach links und nach rechts und drehte sich im Kreis herum, um zu sehen, wer das Känguru dort hingelegt haben könnte. Er sah zwar keine Menschen, aber dafür viele Fußspuren, die zum Fluss führten.

»Aha«, sagte er sich. »Diese Leute haben das Känguru gebraten und in den Baum gehängt, damit es abkühlt, während sie am Fluss Gemüse sammeln gehen.« Er ging zum Rand des Hügels, der zum Fluss hinunterführte, und sah in der Ferne Leute, die Essbares sammelten und sich dabei unterhielten und lachten.

»Gut«, dachte er, als er zu dem Baum zurückkroch und hinaufkletterte. »Ich habe solchen Hunger. Das ist genau das, was ich jetzt brauche«, dachte er, während er das gebratene Känguru vom Baum herunterschubste und zu dem immer noch brennenden Lagerfeuer schleppte.

Beim ersten Bissen stöhnte Thikarbilla genießerisch auf. »Das ist das Beste, was ich je gegessen habe«, sagte er laut, und dann nahm er noch einen Bissen und noch einen und noch einen.

Thikarbilla genoss sein Essen so sehr, dass er die Menschen unten am Fluss vergaß. Bald hatte er so viel in sich hineingestopft, dass er sich kaum noch bewegen konnte; aber das hielt ihn nicht vom Weiterfressen ab. »Ich habe solchen Hunger«, dachte er, während er weiterfutterte.

»Hey, schaut mal. Da drüben ist ein Thikarbilla, und er frisst unser Känguru!«, schrie eine Frauenstimme. »Er ist ein Dieb.«

Thikarbillas voller Bauch wabbelte hin und her, als er sich langsam umdrehte und eine alte Frau sah, die drohend einen Grabstock schwang und dabei sehr wütend aussah.

»Aber nein. Ihr habt das ganz falsch verstanden«, sagte Thikarbilla mit seiner fröhlichsten Stimme. »Ich habe euch da unten am Fluss Gemüse sammeln gesehen, und da habe ich mir gedacht: Ich hole das Känguru vom Baum und lege es neben das Feuer, damit ihr es gleich essen könnt, wenn ihr zurückkommt.«

Die alte Frau kam einen Schritt näher. Wieder schwang sie ihren Grabstock drohend in seine Richtung und sah noch wütender aus. »Dieser Thikarbilla ist nicht nur ein Dieb, sondern auch ein Lügner!«, schrie sie. »Er hat gegen die Lore verstoßen.« Sie schaute zu ein paar jüngeren Männern hinüber. »Er hat gegen die Lore verstoßen. Los, Jungs … durchbohrt ihn.«

Die jungen Männer stachen mit ihren Speeren auf Thikarbilla ein, aber er redete trotzdem weiter und wiederholte seine Geschichte immer wieder.

»Er gibt nicht einmal zu, dass er etwas Falsches getan hat. Er weigert sich, uns die Wahrheit zu sagen. Stecht weiter nach ihm«, sagte die alte Frau.

Die jungen Männer durchbohrten Thikarbilla immer wieder, bis sein ganzer Körper von vorn bis hinten mit Speeren bedeckt war ... aber er log trotzdem weiter.

»Seht ihr? Er hält immer noch nicht den Mund«, rief die alte Frau. »Jagt eure Speere in seinen Kopf. Vielleicht hört er dann endlich auf.«

Die jungen Männer folgten ihrer Aufforderung, doch Thikarbilla leugnete seine Tat trotzdem weiter.

»Oje ... Jetzt redet er aus seinem Hintern heraus. Jagt eure Speere dort hinein. Das wird ihn zum Schweigen bringen.«

Da durchbohrten die jungen Männer Thikarbillas Hintern, und daraufhin hielt er endlich den Mund.

Und weil Thikarbilla ein Dieb und Lügner war, stecken die vielen Speere auch heute noch in ihm drin als Erinnerung daran, dass wir nicht gierig sein und immer die Wahrheit sagen sollen.

Meine Großmutter hat mir diese Geschichte immer gern erzählt. Und wenn sie das tat, lachte sie am Ende und sagte: »Siehst du, Paully, es gibt viele Leute, die so sind wie Thikarbilla. Sie reden und reden hinten herum und bilden sich ein, dass wir ihnen glauben.«

Die Lore sagt uns, wie sehr wir geliebt werden und dass wir alles, was um uns herum existiert, ebenfalls lieben müssen. Außerdem sagt die Lore, dass wir unsere Liebe durch unser Verhalten zeigen müssen.

Übung: Gelebte Liebe

In dieser Übung beschreiben wir ein paar Möglichkeiten, wie du dir selbst und anderen Menschen Liebe zeigen kannst. Gib dir für jede dieser Verhaltensweisen eine Note von eins bis fünf. Eine Eins bedeutet, dass du das überhaupt nicht gut kannst; eine Fünf bedeutet, dass du sehr, sehr gut darin bist:

- Ich bin lieb und freundlich zu anderen Menschen.
- Ich bin lieb und freundlich zu mir selbst.
- Ich akzeptiere die Menschen so, wie sie sind, und verurteile sie nicht.
- Ich akzeptiere und liebe mich selbst (mit meinen Fehlern).
- Ich versuche bei allem, was ich tue, Einigkeit statt Uneinigkeit zu schaffen.
- Ich sage den Menschen, die mir wichtig sind, dass ich sie liebe.
- Ich helfe anderen Menschen regelmäßig.
- Die Erde und alles, was darauf existiert, ist mir sehr wichtig.
- Ich bin gut im Teilen (Zeit, Wissen, Güte, Materielles).
- Ich kümmere mich liebevoll um meine Mitmenschen.
- Ich kümmere mich liebevoll um mich selbst.

Alle Verhaltensweisen, bei denen du dir eine Eins oder Zwei gegeben hast, sollten dich zum Nachdenken darüber anregen, was für Veränderungen du in deinem Leben vornehmen könntest. Auch bei Verhaltensweisen, bei denen du dich mit einer Drei benotet hast, solltest du dir vielleicht über mögliche Verbesserungen Gedanken machen.

Im Grunde geht es in diesem Buch darum, eine liebevolle Lebenseinstellung zu praktizieren. Wenn wir gut für unseren Lebensraum sorgen, möglichst vielfältige Beziehungen aufbauen und pflegen, alles, was wir haben, mit anderen Menschen teilen, uns für Einigkeit einsetzen, uns immer wieder in Dankbarkeit üben, uns bescheiden verhalten, uns fest vornehmen, ein Leben lang weiter zu lernen, ehrlich sind, unsere Mitmenschen inspirieren, im Jetzt und Hier leben, Verletzungen aus unserer Vergangenheit heilen, nach Zufriedenheit streben und andere Menschen auf authentische Weise führen, erweisen wir der Liebe, durch die wir gezeugt und in die wir hineingeboren worden sind, damit unseren Respekt. Wenn wir die Liebe, die uns umgibt, annehmen und an andere Menschen und Dinge weitergeben, wird es uns eher gelingen, unsere Verantwortung der Lore gegenüber zu erfüllen, dem Traumpfad zu folgen und einen Zustand des Wohlbefindens zu erreichen.

Überall auf der Welt sehen wir Beispiele für gelebte Liebe, die uns zu Tränen rühren. Während der letzten Buschbrände in Australien arbeiteten Feuerwehrleute, deren eigene Häuser teilweise bis auf die Grundmauern niedergebrannt waren, unermüdlich daran, andere Menschen vor dem gleichen Schicksal zu bewahren. Während der COVID-19-Pandemie begaben Mitarbeiter des Gesundheitswesens sich in große Gefahr, um andere zu retten. In beiden Fällen kamen bei diesem selbstlosen Einsatz auch Menschen ums Leben. Es gibt kein größeres Zeugnis der Liebe. Wir müssen darüber nachdenken, wofür diese Helden standen, und uns ihre Selbstlosigkeit zum Vorbild nehmen. Wir müssen ihre Geschichten dazu nutzen, uns enger zusammenzuschließen.

Die Geschichten dieser Menschen sollten niemals in Vergessenheit geraten. Sie erinnern uns an die erstaunliche Macht der

Liebe und ermutigen hoffentlich jeden von uns dazu, sich liebevoller und fürsorglicher zu verhalten und für alles dankbar zu sein, was wir im Hier und Jetzt haben.

Selbst wenn die meisten Leute tief bewegt sind, wenn sie von den inspirierenden selbstlosen Taten anderer Menschen hören – wie oft handeln wir auch tatsächlich nach diesem Gefühl? Was glaubst du: Wie gut gelingt es uns als Kollektiv, in unserem täglichen Leben liebevoll miteinander umzugehen?

An jedem Tag gibt es viele Gelegenheiten, anderen Menschen Güte und Wohlwollen entgegenzubringen – aber wie oft geschieht das auch tatsächlich? Wir können uns jederzeit dafür entscheiden, einem Nachbarn oder Fremden mit Güte oder Wohlwollen zu begegnen – zum Beispiel wenn wir zu Fuß, im Straßenverkehr oder mit öffentlichen Verkehrsmitteln unterwegs sind, durch ein Einkaufszentrum schlendern, aber auch an unserem Arbeitsplatz oder sogar zu Hause in unserem eigenen Wohnzimmer.

Wir können auch Menschen Güte und Wohlwollen entgegenbringen, denen wir vielleicht nie persönlich begegnen werden, indem wir uns Zeit nehmen, um zu verstehen, was diese Mitmenschen durchmachen, und vielleicht sogar bei Online-Petitionsgruppen oder Spendenaktionen mitmachen. Jeder Tag bietet uns unzählige Gelegenheiten, uns freundlich und liebevoll zu verhalten und für das, was wir im Vergleich zu anderen haben, dankbar zu sein.

Als ein australischer Schriftsteller und Künstler zu Spenden für die australische Buschfeuerhilfe aufrief, folgten Menschen aus der ganzen Welt diesem Aufruf, und es kamen 51 Millionen Dollar zusammen. Das ist ein überwältigender Beweis für die Plattform der Güte und des Wohlwollens, die es global bereits gibt. Es ist sehr erfreulich, dass wir mit unserem Bestreben, mehr Liebe auf der Welt entstehen zu lassen, wenigstens nicht bei null anfangen müssen.

Wenn wir das Positive ringsumher entdecken, fällt es uns viel leichter, Liebe zu praktizieren. Natürlich wird es immer Dinge geben, die uns niederdrücken; doch sich allzu sehr auf das Negative zu konzentrieren, kann eine sehr ungesunde und süchtig machende Erfahrung sein. Das bedeutet nicht, dass wir Probleme ignorieren sollen; aber andererseits dürfen wir auch nicht zulassen, dass der graue Mantel der Verzweiflung die bunten Farben verdeckt, die uns in Hülle und Fülle umgeben. Eine gute Möglichkeit, an jedem Tag das Positive zu erkennen, besteht in einer Haltung der Dankbarkeit.

Vielleicht sehen wir sie erst, wenn wir hinschauen – aber es gibt vieles in unserem Leben, wofür wir dankbar sein können. Ein guter Ausgangspunkt ist die Dankbarkeit dafür, am Leben zu sein, denn die Wahrscheinlichkeit, geboren zu werden, liegt bei 1 geteilt durch 6 × 10 hoch 100. Das heißt, deine Chance, auf die Welt zu kommen, beträgt:

1 zu 60 000 000 000 000 000 000 000 000 000 000 000 000 000 000 000 000 000 000 000 000 000 000 000 000 000 000 000 000 000 000 000 000 000.

Die Tatsache, dass du überhaupt hier bist, ist also ein Wunder!

Aus der spirituellen Perspektive der Aborigines ist die Empfängnis jedoch keineswegs ein zufälliges biologisches Wunder, sondern das Ergebnis einer heiligen Verbindung, die einer Seele die Möglichkeit bietet, aus dem Geisterpool wieder auf die Welt hinabzusteigen. Die Seele tritt aus einem ganz bestimmten Grund wieder in diese Welt ein. Auch du bist zu einem ganz bestimmten

Zweck hier. Es ist gut, dir das in Zeiten des Zweifels vor Augen zu halten, wenn du dich vielleicht verloren fühlst und dich zu fragen beginnst: »Was hat das alles für einen Sinn?«

Quält uns diese Frage, können wir uns dafür entscheiden, im Jetzt und Hier zu leben, statt uns über die Zukunft Sorgen zu machen. Wir können darüber nachdenken, wofür wir dankbar sein könnten. Wenn wir uns um eine Haltung der Demut und Bescheidenheit bemühen, erkennen wir vielleicht, dass es vieles gibt, worüber wir uns freuen können. Vielleicht bist du für ein paar der folgenden Gegebenheiten dankbar:

- ein Dach über dem Kopf zu haben,
- Menschen, die sich um dich kümmern,
- unter keinen größeren gesundheitlichen Probleme zu leiden,
- Parks und Gärten, die du besuchen kannst,
- Bibliotheken, in denen du Wissen oder Bücher findest,
- freie Natur, in der du dich aufhalten kannst,
- Gebirgsketten, die man aus der Ferne bewundern mag,
- Wolken, die langsam vorüberziehen und ihre Form dabei ständig verändern,
- die Strahlen der Sonne,
- eine Brise an einem warmen Tag, die dich belebt,
- eine Brise an einem kalten Tag, die dich belebt,
- der Geruch von frisch gebrühtem Kaffee oder gebratenem Speck,
- Schokolade, Eis oder andere Köstlichkeiten, mit denen man sich ab und zu verwöhnen kann,
- Musik, die man im Auto oder unter der Dusche hört oder laut singt,
- heißes Wasser und/oder
- Lachen.

Es gibt unendlich viele Möglichkeiten. Wenn wir unsere Dankbarkeit zum Ausdruck bringen, hebt sich unsere Stimmung; außerdem können wir andere Menschen, denen es vielleicht nicht so gut geht, dadurch innerlich aufbauen und ihnen wieder neue Kraft geben.

Dankbarkeit zu empfinden, kann schwierig sein, wenn der ständige Druck des Lebens uns zermürbt und das Dasein zu einer lästigen Pflicht wird. Täglich wiederkehrende Aktivitäten – wie arbeiten, das Schulbrot für die Kinder einpacken, Geschirr spülen, Wäsche waschen, einkaufen, kochen und putzen – können sich wie unangenehme und kräftezehrende Zwänge anfühlen, die uns in unserer Freiheit einschränken. Statt auf einen Lottogewinn zu hoffen (die Chancen dafür stehen schlecht), können wir Abhilfe schaffen, indem wir unsere Denkweise ändern (die Chancen dafür stehen sehr gut).

Für die traditionelle Gesellschaft der Aborigines war nichts im Leben eine lästige Pflicht, denn alle Aufgaben waren von Spiritualität erfüllt und wurden in einer Haltung des Respekts und der Dankbarkeit erledigt.

Wenn eine Aufgabe sich wie eine lästige Pflicht anfühlt, liegt das daran, dass wir sie als lästige Pflicht *betrachten* und nicht als Chance, Wohlwollen und Liebe praktizieren:

- Wenn du arbeitest, generierst du dadurch ein Einkommen, das dir hilft, deine Rechnungen zu bezahlen.
- Wenn du das Schulbrot für deine Kinder einpackst, kümmerst du dich auf diese Weise um sie und sparst außerdem auch noch Geld.
- Wenn du das Geschirr spülst, entlastest du dadurch ein Mitglied deines Haushalts, sodass dieser Mensch Zeit hat, etwas anderes zu tun.

- Wenn du Lebensmittel einkaufst, beschaffst du dir Dinge, die du zum Leben brauchst.
- Wenn du kochst, versorgst du deinen Körper mit Nährstoffen.
- Wenn du putzt, erhältst du dein Lebensumfeld gesund – und so weiter.

All das sind Dinge, für die man dankbar sein sollte, statt sie als lästige Pflichten zu betrachten. Im Grunde geht es darum, deine Sichtweise der Welt zu ändern. Wenn du das Leben als einen nicht enden wollenden mühseligen Kampf betrachtest, wirst du auch entsprechende Erfahrungen machen.

Übung: Dankbarkeitstagebuch

Nimm einen leeren Notizblock, ein Schulheft oder Tagebuch zur Hand. Es braucht nichts Ausgefallenes oder Teures zu sein. Wenn du unsere modernen Technologien bevorzugst, kannst du diese Übung auch am Computer oder Laptop durchführen; ich rate dir jedoch, wenn möglich wie in alten Zeiten Stift und Papier zu benutzen.

Du wirst nun eine wertvolle persönliche Informationsquelle namens »Dankbarkeitstagebuch« erstellen.

Schreibe jeden Tag ungefähr um die gleiche Zeit (damit es dir zur festen Gewohnheit wird) einen Eintrag in dein Dankbarkeitstagebuch, und setze das Datum des Vortags darüber. Beschreibe in höchstens zehn Worten irgendetwas Gutes, was an dem betreffenden Tag (dem Vortag) geschehen ist. Du musst dir nicht unbedingt den Kopf nach dem Besten zerbrechen, was gestern passiert ist (die Übung soll keinen Stress erzeugen); überleg dir einfach irgendetwas Gutes, was du an diesem Tag erlebt hast.

Trage jeden Tag etwas in dein Tagebuch ein. Wenn du das einmal vergessen haben solltest, versuche, dich an den Tag oder die Tage, die du versäumt hast, zurückzuerinnern, und hole deinen Eintrag nach. (Normalerweise wird es dir auch im Nachhinein noch gelingen, dich an irgendetwas besonders Schönes zu erinnern.)

So entsteht im Lauf der Zeit ein Bericht über die positiven Ereignisse deines Lebens. Lies deine Einträge immer wieder durch. Dabei wirst du hoffentlich feststellen, dass dieses Tagebuch dir zu mehr Lebenszufriedenheit verhilft. Und hoffentlich wird dir dabei auch klar, dass du verschiedene Gründe zur Dankbarkeit hast. Deine Einträge werden sich also nicht nur auf ein bis zwei positive Aspekte deines Lebens beschränken.

Sobald du das ein Jahr lang praktiziert hast, hältst du eine interessante nostalgische und eindrucksvolle Quelle positiver Erinnerungen in den Händen, über die du nachdenken und an denen du dich freuen kannst.

Um dir einen Eindruck davon zu vermitteln, wie so etwas aussehen kann, habe ich an dieser Stelle die Notizen aus meinem persönlichen Dankbarkeitstagebuch zusammengetragen, und zwar zwei Jahre lang jeweils vom gleichen Datum jedes Monats:

6/11 Krabbensandwich
6/12 Zwei Emus am Damm in der Westlichen Wüste gesehen
6/1 Spanisches Abendessen zur Feier unseres Hochzeitstags

6/2 Schwarze Kakadus sind über uns hinweggeflogen
6/3 Reparatur des durch Überschwemmungen beschädigten Pferdekoppelzauns
6/4 An meinem Roman (Coincidence) *weitergeschrieben*
6/5 Im Busch spazieren gegangen
6/6 Regenbogen über unserem Anwesen
6/7 Meiner Tochter Brianna beim Umzug geholfen
6/8 Hühnersuppe
6/9 Brennholz gehackt
6/10 Mit Mama und Papa in einer Gärtnerei gewesen
6/11 Blühende Jacaranda-Bäume in Grafton
6/12 Hoi An (Vietnam) besichtigt
6/1 Mittagessen im Restaurant »Hunter Vineyards« an unserem Hochzeitstag
6/2 Positives Feedback von Teilnehmern meines Workshops
6/3 Jemandem ein Stirnband geschenkt, das ich aus Lomandra (einer einheimischen Pflanze, die zur Herstellung von Seilen verwendet wird) gebastelt habe
6/4 Sterne
6/5 48 mm Regen
6/6 Besuch einer heiligen Aborigines-Stätte mit meinen Söhnen Rhys und Liam
6/7 Film angeschaut (»Best Exotic Marigold Hotel«)
6/8 Meeresbrise, als ich eine Straße in Brisbane entlanggegangen bin
6/9 Neue Fensterläden für unser Haus
6/10 Den Gemüsegarten bepflanzt

Wenn wir uns darauf konzentrieren, dankbar für das zu sein, was wir haben, neigen wir weniger dazu, uns etwas zu wünschen, was wir *nicht* haben. Wir leben in einer Konsumgesellschaft. Aufgrund des kapitalistischen Imperativs, die Nachfrage nach Waren und Dienstleistungen zu steigern, werden wir auf Schritt und Tritt mit Werbung überschüttet, die uns dazu auffordert, irgendetwas zu kaufen. Im Internet, in den sozialen Medien, in Zeitschriften, im Fernsehen, im Radio, in Zeitungen und an Straßenrändern wimmelt es nur so von Botschaften und Bildern, die uns einreden, wie viel glücklicher wir sein werden, wenn wir Produkt X kaufen. Ich habe schon mal in der Marketingbranche gearbeitet; daher weiß ich, dass sich dort alles darum dreht, Wünsche im Verbraucher zu wecken.

Die fantasiereichen Signale der Werbung machen sich unsere Wünsche und Sehnsüchte zunutze, die uns sehr leicht vom Weg der Dankbarkeit abbringen und auf einen Weg der Habgier führen können. Wir werden emotional getriggert, geistig manipuliert und auch von unserer Gesellschaft dazu angestiftet, immer mehr haben zu wollen. Macht uns dieses endlose Verlangen glücklich? Die Antwort lautet: Nein, ganz im Gegenteil – endloses Verlangen führt uns in die entgegengesetzte Richtung. Endloses Verlangen erzeugt einen Durst, der nie gestillt werden kann und uns ruhelos und unglücklich macht. Ein sehr viel besserer Weg zur Zufriedenheit besteht darin, mit dieser Gewohnheit des Verlangens zu brechen und sie durch eine Gewohnheit des Gebens zu ersetzen. Kannst du dir statt einer Welt des Verlangens eine Welt des Gebens vorstellen?

Übung: Was bedeutet Geben für mich?

In dieser Übung findest du ein paar Zitate zum Thema »Geben«. Lies sie und notiere dir auf einem leeren Blatt Papier Wörter aus diesen Zitaten auf, die dich besonders ansprechen.

»Denk daran: Die glücklichsten Menschen sind nicht diejenigen, die mehr bekommen, sondern diejenigen, die mehr geben« *(H. Jackson Brown jr.)*.

»Du hast heute erst gelebt, wenn du etwas für jemanden getan hast, der dir diese Tat niemals vergelten kann« *(John Bunyan)*.

»Wir bestreiten unseren Lebensunterhalt von dem, was wir bekommen. Wir leben von dem, was wir geben« *(Winston S. Churchill)*.

»Es gibt keine bessere Übung für das Herz, als seine Hand nach einem Menschen auszustrecken und ihn aufzurichten« *(John Holmes)*.

»Denn wir können nur empfangen, wenn wir geben« *(Franz von Assisi)*.

»Gib immer, ohne dich an dieses Geschenk zu erinnern, und empfange immer, ohne dieses Geschenk zu vergessen« *(Brian Tracy)*.

»Der Sinn des Lebens besteht darin, deine Gabe zu finden. Der Zweck des Lebens ist, sie zu verschenken« *(Pablo Picasso)*.

»Du kannst geben, ohne zu lieben, aber du kannst nicht lieben, ohne zu geben« *(Amy Carmichael)*.

»Beurteile einen Tag nicht nach der Ernte, die du eingefahren hast, sondern danach, welche Samen du gesät hast«

(Robert Louis Stevenson).

Und nun beschreibe in einem Satz oder Absatz, was Geben für dich bedeutet. Wie willst du diese Worte in die Praxis umsetzen?

Denk an die Fernsehbilder von Menschen, die auf den Straßen der Stadt kostenlose Umarmungen verteilen. Manche Leute mögen sich dabei unwohl fühlen; doch in den meisten Fällen zeigen die Bilder unzählige lächelnde Gesichter, und wir als Beobachter lächeln normalerweise auch mit. Die Freude am Geben ist ansteckend. Akte des Wohlwollens und der Zuneigung können sehr schnell zu großen Pflanzen heranwachsen, wenn die Samen in den Boden gelegt und regelmäßig gegossen werden. Vielleicht ist es nun an der Zeit, den Gärtner in uns zum Leben zu erwecken. Lasst uns eine weltweite Bewegung des Teilens von Liebe und Dankbarkeit in Gang setzen und unseren Planeten dadurch wieder ein bisschen mehr ins Gleichgewicht bringen!

Es gibt viele Menschen, die entweder beruflich oder ehrenamtlich in Branchen tätig sind, in denen es darum geht, anderen etwas zu geben. Sie geben ständig Liebe und Wohlwollen. Wenn sie auf ihren Tag, ihre Woche, ihr Jahr oder ihr Leben zurückblicken, fragen sie sich vielleicht, ob sie damit auch wirklich etwas erreicht haben; aber sie haben allen Grund, mit sich zufrieden zu sein. Denn sie haben sich um andere Menschen gekümmert und etwas mit ihnen geteilt. Ohne es zu wissen, hielten sie sich an die Lore.

Denk einmal darüber nach, wie deine Geschichte sich lesen

wird, wenn deine Zeit auf dieser Erde fast abgelaufen ist. Möchtest du, dass es in deiner Geschichte um Liebe und darum geht, Dinge mit Menschen und anderen Lebewesen zu teilen? Werden deine Mitmenschen dich als großzügig, fürsorglich, rücksichtsvoll, hilfsbereit und liebevoll oder als egozentrisch, negativ, kalt, verbittert, undankbar und wütend beschreiben? Schau dir an, wie deine Lebensgeschichte bis jetzt aussieht. Bist du auf dem richtigen Weg?

Das Gegenteil von Liebe ist Hass – ein äußerst destruktives Denk- und Verhaltensmuster. Man sagt, dass die technologischen Fortschritte in unserer Kommunikation manche Menschen in ihrer Fähigkeit gestärkt haben, Hass zu verbreiten. Im Juni 2020 haben die Vereinten Nationen ihre Strategie und ihren Aktionsplan gegen Hassbotschaften ins Leben gerufen, um auf die erschreckende Tendenz zu wachsender Fremdenfeindlichkeit, zu Rassismus und Intoleranz, Hass und Gewalttaten gegen Frauen, Antisemitismus und antimuslimischen Hass in der Welt zu reagieren. Hass ist also etwas, was dringend unserer Aufmerksamkeit bedarf.

Hass besitzt die gleichen Eigenschaften wie verschiedene andere negative Emotionen (vor allem Wut) und baut auf starken Gefühlen wie Ärger, Unmut und Feindseligkeit auf.

Wir sind tagtäglich Triggern ausgesetzt, die Ärger, Unmut und Feindseligkeit in uns auslösen können: Ampeln, Staus, Rechnungen, Hypotheken, Fehlern, die wir gemacht haben, Angst vor Arbeitslosigkeit, kaltem Kaffee, Menschen, die uns im Stich lassen, zu wenig Schlaf, unser Geist, der einfach nicht abschalten kann, zu langsames Internet, Warteschleifen am Telefon, Verspätungen, Hektik und technische Pannen – all das gibt uns jede Menge Gelegenheit, uns zu ärgern.

Wut ist (genau wie Angst, Freude und Traurigkeit) eine primäre Emotion und kann die erste Reaktion unseres Körpers auf irgendetwas sein, was in unserem Umfeld geschieht. Manchen Theorien zufolge sind uns diese Emotionen gewissermaßen angeboren – universell und fest in unser Gehirn einprogrammiert.

Jeden Menschen packt manchmal der Zorn. Wenn wir diese Wut sinnvoll einsetzen, können wir sie nutzen, um unsere Gefühle auszudrücken, schwierige Situationen zu bewältigen und positive Veränderungen in unserem Leben zu bewirken. Wenn wir etwas erleben, was uns wütend macht, ist die Wut selbst kein Problem. Es kommt darauf an, wie wir mit ihr umgehen.

Wenn wir darüber nachdenken und etwas Positives aus dieser Erfahrung machen, beeinträchtigt sie unser Wohlbefinden nicht. Wir können zum Beispiel konstruktive Maßnahmen ergreifen, unsere inneren Dialoge hinterfragen, uns darin üben, den Ärger zu akzeptieren und dann loszulassen, oder die Situation nutzen, um etwas über uns selbst zu lernen. Doch wenn wir unsere Wut auf negative Weise ausleben, indem wir beispielsweise ausfallend werden, jemanden (oder uns selbst) körperlich attackieren oder unseren Zorn in uns aufstauen, kann unser Wohlbefinden darunter leiden. Wut wird zum Problem, sobald sie anfängt, sich negativ auf unser tägliches Leben auszuwirken.

Wenn wir an dieser Wut festhalten, kann sie uns innerlich auffressen und zu einem psychischen Zustand werden, der uns überwältigt. Dann stempelt man uns vielleicht als »Wüterich« ab, weil wir anscheinend dauernd wütend sind oder kurz davor stehen »auszurasten«. Es kann sein, dass unsere Mitmenschen dann anfangen, uns aus dem Weg zu gehen, und unsere Beziehungen darunter leiden. Das kann wiederum dazu führen, dass wir uns noch mehr in unsere Blase aus Wut zurückziehen.

Wut, die zu lange in die falsche Richtung kanalisiert wird, kann sich in Hass verwandeln … und Hass ist ein toxischer, zerstörerischer Zustand, der die Seele vergiftet. Er fügt unserer Spezies schon seit Jahrtausenden unglaublich viel Schmerz und Leid zu. Es ist eine traurige Realität, dass die Menschen sich manchmal eher in Hass verrennen, statt diese zerstörerische Emotion weit von sich zu weisen.

Manche Menschen hassen andere, manche hassen sich selbst und manche hassen beides. Wenn wir hassen, kommen wir vom Traumpfad ab und untergraben unsere Fähigkeit, eine gute Geschichte zu leben. Damit zerstören wir unser Glück und unsere Fähigkeit, für unser Wohlbefinden zu sorgen. Wie kannst du eine gute Beziehung zu deinem Lebensraum und allem haben, was dort existiert, wenn du dich durch Hass isolierst?

In den Hunderten von Aborigines-Sprachen, die es in Australien schon seit Jahrtausenden gibt, existiert kein einziges Wort für Hass, und es gibt auch keine Geschichten über Hass. Das deutet darauf hin, dass es sich dabei um ein Gefühl handelt, das die Aborigines nicht kannten.

Warum gab es kein Wort für Hass? Wirf einmal einen Blick auf die australische Landschaft. Siehst du dort irgendwelche Anzeichen von Hass? Wenn du nach Europa reist, stößt du auch heute noch immer wieder mal auf Burgen und Schlösser mit hohen Mauern, die von Wassergräben mit Zugbrücken umgeben sind. Manche dieser Bauwerke wurden sogar auf hohen Felsen erbaut. Das liegt daran, dass die Menschen in dieser Welt sich gegenseitig bekämpften und versuchten, sich die Besitztümer der anderen anzueignen. Das führte zu Hass und Feindseligkeit zwischen den Völkern.

Wir wissen, dass das in Australien nicht so war, weil es dort weder eine vorherrschende Sprache noch ein vorherrschendes

Volk gab. Die Aborigines hassten niemanden – und diese Haltung entsprang aus Respekt, Liebe und Verantwortungsgefühl.

Hass war den Aborigines aus verschiedenen Gründen fremd. Dazu gehörten:

- die Stärke, Anzahl und Vielfalt ihrer Beziehungen,
- ihr Respekt und ihre Toleranz gegenüber Unterschieden,
- ihr Gefühl der Verpflichtung gegenüber der Lore und
- die vielen Systeme, die es gab, um mit Wut umzugehen und zu verhindern, dass sie in Hass ausartete.

Wenn Stammesgruppen durch das Land reisten, um eine große Zeremonie abzuhalten, gab es auf ihrem Weg mehrere Orte, die man »Sit-down«-Plätze nannte und wo die Menschen von den Ältesten daran erinnert wurden, sich zusammenzusetzen und alles zu besprechen, worüber sie sich ärgerten. Auf diese Weise sollte dafür gesorgt werden, dass die Menschen den heiligen Zeremonienplatz mit einem von negativen Emotionen gereinigten Geist betraten. Es galt als sehr wichtig, dass sie diese besonderen Stätten nicht mit schlechter Energie verunreinigten.

Aber auch wenn im täglichen Leben ein Problem zwischen zwei Parteien auftrat, gab es Mechanismen, um mit dieser Situation umzugehen. Der erste Mechanismus bestand in der Erwartung, dass die beiden alle Probleme auf nichtemotionale und konstruktive Weise miteinander klärten. Wenn man so keine Lösung erreichen konnte, bestand Mechanismus Nummer zwei darin, dass die Ältesten beiden Seiten auf unparteiische Weise dabei halfen, die Angelegenheit in Ordnung zu bringen.

Probleme zwischen Gruppen kamen nur sehr selten vor. In solchen Fällen arrangierten die Ältesten jeder Gruppe einen rituellen

Kampf mit aggressiven Körperhaltungen und Aktionen wie dem Werfen von Speeren, begleitet von verbalen Drohungen und Beleidigungen. So konnten die Beteiligten ihre Wut auf physischer und emotionaler Ebene ausleben. Wenn die Ältesten beider Parteien es für angemessen hielten (oder wenn Blut geflossen war), wurde der Kampf beendet und die Angelegenheit als erledigt betrachtet. (Genauso verfuhr man auch, wenn ein Konflikt zwischen Einzelpersonen beigelegt werden musste.) »Erledigt« bedeutete, dass dieses Problem nie wieder angesprochen werden sollte.

In unserer heutigen Welt gibt es viele Beispiele für Wut, Hass und Krieg zwischen Gruppen und Nationen. Tut das irgendjemandem gut? Was können wir beide dagegen tun, wenn man bedenkt, dass wir nur zwei einzelne Personen unter acht Milliarden Menschen sind? Vielleicht können wir die Welt nicht verändern, aber zumindest einen positiven Einfluss auf unsere Familie, unseren Arbeitsplatz und unsere Gemeinde ausüben.

Ein erster Schritt besteht darin, zu verstehen, wie wir auf gesunde Art und Weise mit unserer Wut umgehen können. Dabei solltest du folgende Strategien erwägen:

- Suche Hilfe bei einem Arzt oder Therapeuten.
- Mach dir bewusst, wann du wütend bist, und denke darüber nach, *warum* du in solchen Situationen so reagierst wirst.
- Nimm dir eine kleine Auszeit, wenn du merkst, dass du in Wut gerätst.
- Rede mit jemandem.
- Praktiziere eine Entspannungstechnik (Meditation, Achtsamkeit, Yoga).
- Treibe Sport.
- Finde durch Wertschätzung der positiven Dinge um dich herum einen Ausgleich für deine Wut.

Übung: Besondere Augenblicke

Jeden Tag gibt es Dinge, die wir schmecken, sehen, riechen, spüren, hören und erleben können und die uns Freude oder Vergnügen bereiten, wenn wir bewusst auf diese ganz besonderen Augenblicke achten.

Wenn du diese Zeilen liest, nimm dir ein oder zwei Minuten Zeit und überlege dir drei besondere Augenblicke, die du heute erlebt hast.

Höre erst dann mit dem Nachdenken auf, wenn dir auch wirklich drei solche Situationen eingefallen sind. (Viele Menschen sagen: »Ich habe in diesem Monat noch gar nichts Besonderes erlebt«, aber sobald sie genauer darüber nachdenken, fällt ihnen normalerweise doch so ein Augenblick ein. Und dann folgen die anderen in der Regel kurz danach.)

Als Nächstes denkst du über die folgenden zwei Fragen nach:

1. *Hat einer dieser besonderen Augenblicke dich viel Geld gekostet?*
2. *Waren für einen dieser Augenblicke sehr viel Planung, Organisation und Zeit erforderlich?*

In den meisten Fällen wirst du feststellen, dass solche Glücksmomente dich gar nichts oder zumindest wenig kosten, und dass es sich dabei um spontane Ereignisse handelt. Wenn diese Augenblicke nicht viel kosten und es auch nicht besonders kompliziert ist, sie herbeizuführen, warum erleben wir sie dann nicht jeden Tag, und zwar in großer Zahl? Die Antwort lautet: Wir erleben sie ja! Wir achten nur nicht darauf.

Nun, da du weißt, wie einfach es ist, einen solchen Augenblick zu erkennen, nimm jeden Abend vor dem Zubettgehen mit irgendjemandem Kontakt auf und sprich mit ihm. Das kann dein Partner oder ein guter Freund sein (und du kannst diesen Kontakt von Angesicht zu Angesicht oder telefonisch herstellen).

Erkläre ihm das Konzept der »besonderen Augenblicke«, und frage ihn dann, ob er dir bei der folgenden Übung helfen würde. Wenn er damit einverstanden ist, bitte ihn, dir drei besondere Augenblicke zu nennen, die er heute erlebt hat. Nachdem er dir von seinen Erlebnissen erzählt hat, bist du an der Reihe, ihm drei besondere Augenblicke deines heutigen Tages zu schildern. Achte darauf, wie du dich hinterher fühlst.

Dann bedankst du dich bei ihm für seine Unterstützung und fragst ihn, ob er in der Lage ist, vierzehn Tage lang jeden Abend zusammen mit dir die gleiche Prozedur zu durchlaufen.

Was glaubst du wohl, was nach diesen zwei Wochen passiert sein wird?

Vielleicht stellst du fest, dass du dich jeden Abend darauf freust, diesem Menschen von deinen besonderen Augenblicken zu erzählen. Oder dir fällt auf, dass du anfängst, diese Erlebnisse in Echtzeit wahrzunehmen. Wenn das so ist, werden dir vielleicht bald *mehr als drei* solche Ereignisse pro Tag auffallen.

Und wenn dein Tag zu einem Tag voller besonderer Augenblicke wird, was glaubst du, wie du dich *dann* jeden Abend fühlen wirst?

Obwohl die Aborigines früherer Zeiten auch hin und wieder mit schwierigen Lebensumständen zu kämpfen hatten, besaßen sie das Wissen, die Fähigkeiten und die spirituellen Überzeugungen, die sie brauchten, um solche Situationen zu akzeptieren und trotzdem nicht in negatives Denken zu verfallen. Die Freude an den vielen guten Dingen, die sie umgaben, half ihnen, sich eine positive Lebenseinstellung zu bewahren, und bestärkte sie in ihren wichtigen Wertvorstellungen der Demut und Bescheidenheit.

Von den vielen Werten, die im traditionellen Leben der Aborigines als unverzichtbar gelten (Liebe, Respekt, Bescheidenheit und Bereitschaft zum Teilen), ist die Eigenschaft der Bescheidenheit meiner Erfahrung nach am schwierigsten zu entwickeln. Wenn man sich anschaut, wie unsere westliche Welt funktioniert, wird verständlich, warum es so schwer ist, sich in Bescheidenheit zu üben.

Ein zentrales Merkmal des Kapitalismus ist der wettbewerbsorientierte Markt. Nachdem wir in der Schule und bei der Jobsuche gegeneinander gekämpft haben, sind wir nun in ein System eingebunden, in dem Unternehmen (auf lokaler und globaler Ebene) gegeneinander antreten, um sich einen Wettbewerbsvorteil auf dem Markt zu verschaffen, damit sie konkurrenzfähig bleiben oder noch weiter wachsen können. Die Regierungen (die Gruppe von Menschen, die dazu befugt ist, die Regeln und Vorschriften für ein Land oder einen Staat festzulegen) unterstützen und fördern diesen Wettbewerb aktiv mit dem Argument, dass die Marktkräfte für Effizienz sorgen und die Preise niedrig halten. Doch für niedrige Preise muss man einen Preis anderer Art bezahlen.

Man spornt uns dazu an, uns unter unseren Kameraden hervorzutun, um in der Schule oder an der Universität erfolgreich zu sein. Das hat nichts mit Bescheidenheit zu tun. Um einen Job auf einem Arbeitsmarkt zu ergattern, auf dem vielleicht hundert Bewerber auf eine offene Stelle kommen, rät man uns, uns gut zu verkaufen. Auch das hat nichts mit Bescheidenheit zu tun. Um unser Geschäft am Laufen zu halten, müssen wir glänzen – und zwar heller als die anderen Mitbewerber in unserer Branche. Das hat ebenfalls nichts mit Bescheidenheit zu tun.

Natürlich gibt es Schulen und Universitäten, Unternehmen und Einstellungsstrategien, die in dieser Hinsicht eine Ausnahme darstellen. Doch im Großen und Ganzen belohnt das westliche System die Lauten und die Stolzen. Der stille Leistungsträger gerät dabei leicht ins Hintertreffen. Demut und Bescheidenheit in einem Umfeld, das ein gewisses Maß an Überheblichkeit und Eitelkeit belohnt, können uns dabei im Weg stehen, wichtige Chancen in unserem Leben wahrzunehmen und für uns selbst und die Menschen zu sorgen, die wir lieben. Der Druck, gesehen zu werden, der Druck, uns unter unseren Mitmenschen hervorzutun, der Druck, der Auserwählte zu sein – all das kann dazu führen, dass wir versuchen, etwas zu sein, was wir in Wirklichkeit gar nicht sind. Und dafür hat man unter Umständen einen hohen persönlichen Preis zu zahlen. Ich muss es schließlich wissen. Der Versuch, etwas zu sein, was ich nicht bin, hätte mich fast das Leben gekostet.

Demütig und bescheiden zu sein, kann also eine große Herausforderung bedeuten, wenn wir gleichzeitig versuchen, unseren vielen Aufgaben und Verantwortungen im Leben gerecht zu werden. Da stellt sich natürlich die Frage: Ist es überhaupt möglich, bescheiden zu leben und dabei gleichzeitig eine berufliche Karriere zu verfolgen *und* ein erfolgreiches Unternehmen zu führen? Die beiden Welten – die Welt der Aborigines und die westliche Welt – zusammenzubringen, ist möglich. Doch das erfordert Nachdenken und Engagement, und man muss sein Verhalten dabei immer wieder überdenken und überprüfen. Unsere Ältesten sagen, dass man sehr leicht vom Weg der Bescheidenheit abkommt und ein zu großes Ego entwickelt, wenn man anfängt, im Leben Erfolg zu haben.

Vor langer Zeit, damals im Ngurrampaa, gab es einen Vogel namens Gillah. Dieser graue Vogel hatte einen guten Freund namens Garnie. Garnie war ein Skink.

Und außerdem war Garnie ein Angeber. Er hatte großen Spaß am Bumerangwerfen, war wirklich gut darin und erzählte gern allen, wie wunderbar er das konnte. »Kommt alle her, und schaut zu, wie ich meinen Bumerang werfe, denn ich bin der beste Bumerangwerfer der ganzen Welt!«, rief er. Und dann sagten die Leute: »Sei still, Garnie. Wir wissen, dass du ein guter Bumerangwerfer bist, aber wir sind es leid, das andauernd von dir zu hören.« Nur sein Freund Gillah beteuerte immer wieder: »Ich werde dir zuschauen, Garnie, weil du mein guter Freund bist.«

Eines Tages sagte Garnie: »Ich werde jetzt meinen Bumerang nach dir werfen, Gillah, aber keine Sorge: Ich werde dich nicht treffen. Ich werde den Bumerang dreimal um deinen Kopf kreisen lassen, und dann wird er zu mir zurückfliegen.«

»Man hat uns beigebracht, nicht mit Dingen nacheinander zu werfen, Garnie«, antwortete Gillah. »Wirf deinen Bumerang nicht nach mir. Er könnte mich treffen.«

»Nein, ich werde dich nicht treffen, Gillah. Ich bin der beste Bumerangwerfer der Welt«, antwortete Garnie und warf seinen Bumerang nach Gillah. Der Bumerang kreiste zweimal um Gillahs

Kopf, und bei der dritten Umdrehung traf er den armen Gillah und trennte ihm den oberen Teil der Kopfhaut ab.

Gillah schoss in atemberaubendem Tempo davon, schüttelte den Kopf hin und her und kreischte vor Schmerz. Dabei floss das Blut von seinem Kopf auf seine Brust und seine Flügel. Seitdem ist Gillah ein grau-rosafarbener Vogel, weil das Blut aus seinem Kopf seine Federn verfärbt hat – und so sieht er bis zum heutigen Tag aus.

Gillah war wütend und verletzt über das Verhalten seines besten Freundes und wollte sich an ihm rächen. Eines Tages, als Garnie seitlich an einem Hügel entlanglief, stieß Gillah auf ihn herab und gab ihm einen Stoß in den Rücken. Garnie fiel um und rollte den Hügel hinab, mitten in all die Dornen hinein, die es unten im Tal gab. Die Dornen bohrten sich in seinen Rücken, und er hatte Schmerzen, konnte sie aber nicht herausziehen.

Garnie ging hinunter zum Fluss, um zu trinken, und sah sein Spiegelbild im Wasser. Er schämte sich, weil er mit den Dornen auf seinem Rücken so hässlich aussah. Er schämte sich sogar so sehr, dass er in die Wüste wanderte und sich unter einem Felsen versteckte. Und jetzt kennt man ihn als den Dornteufel, der sich wegen seiner Hässlichkeit versteckt.

Durch eine selbstsüchtige Handlung – weil er sich für den besten Bumerangwerfer der Welt hielt – verletzte Garnie seinen Freund Gillah und veränderte sein Aussehen. Gillah rächte sich dafür, und nun sieht auch Garnie nicht mehr so aus wie früher und schämt sich dafür. All das ist aufgrund eines zu großen Egos passiert.

Um Bescheidenheit zu entwickeln, müssen wir eine starke Identität und ein starkes Selbstwertgefühl haben. Das ist nicht leicht in einer Welt, die uns von klein auf mit lauter Botschaften darüber bombardiert, wie wir aussehen und uns verhalten müssen, um akzeptiert und gemocht zu werden, beliebt und erfolgreich zu sein. Ich weiß das aus eigener Erfahrung. Als ich nach meinem Zusammenbruch begann, mich selbst zu heilen, wurde mir klar, dass ich die (bis dahin) 35 Jahre meines Lebens größtenteils damit verbracht hatte, es immer allen Leuten recht machen zu wollen. Das Gefühl, ein Außenseiter zu sein, der versucht, sich anzupassen, hatte mich so erschöpft, dass ich meinem Leben ein Ende machen wollte. Glücklicherweise wurde mir dann ein anderer Weg aufgezeigt, dank dem ich Heilung finden und mich weiterentwickeln konnte.

In den letzten 25 Jahren habe ich festgestellt, dass es viele Menschen gibt, die Identitäts- und Selbstwertprobleme haben und sich auf der Welt verloren vorkommen. Solche Leute kommen oft auf mich zu, nachdem ich einen Vortrag auf einer Konferenz gehalten oder einen Workshop veranstaltet habe, und sagen mir, wie erleichtert sie darüber sind, dass sie mit diesem Problem nicht allein dastehen. Wenn sie mir ihre Geschichte erzählen, erkenne ich darin ein Muster aus Trauma, Verletzlichkeit und untergrabenem Selbstvertrauen, das viele Jahre lang in ihrem Inneren verborgen war und vor sich hin schwelte. Normalerweise verstecken solche Menschen ihren Schmerz und inneren Konflikt hinter der Fassade eines immerwährenden Lächelns und vorgetäuschten Selbstvertrauens. Doch diese negativen Gefühle können ihren inneren Frieden und ihre Zufriedenheit auch dann untergraben, wenn sie nicht offen gezeigt werden.

Es ist gar nicht so einfach, an sich selbst zu glauben, wenn man in einer Gesellschaft aufwächst, die einem vorschreibt, dass man sich unter seinen Mitmenschen hervortun muss, die aber gleichzeitig auch ein guter Nährboden für das »Tall-Poppy-Syndrom« ist, bei dem man dazu neigt, erfolgreiche Menschen zu verspotten, zu diskreditieren oder herabzusetzen. Es kann schwierig sein, an sich selbst zu glauben, wenn man in einer Gesellschaft aufwächst, in der Ablehnung so allgegenwärtig ist. Es kann schwierig sein, an sich selbst zu glauben, wenn man anders ist als der Mainstream und von seinen Mitmenschen anders behandelt wird, weil man eben nicht der Norm entspricht.

Ein wichtiger Schritt, den wir gehen müssen, um an uns selbst zu glauben, ist die Stärkung unserer Selbstachtung. Wenn wir mehr Selbstachtung entwickeln, fühlen wir uns nicht nur wohler in unserer Haut, sondern dadurch kann sich auch unser Selbstwertgefühl verbessern; außerdem werden unsere Mitmenschen uns dann positiver sehen und besser behandeln. Der Weg zu mehr Selbstachtung kann schwierig sein, aber er lohnt sich!

Übung: Selbstachtung aufbauen

In dieser Übung zählen wir ein paar Möglichkeiten auf, wie du mit dem Aufbau von mehr Selbstachtung beginnen kannst. Nimm dir genügend Zeit, um über jeden einzelnen Punkt nachzudenken, und überlege dir auch, was er für dich persönlich bedeutet. Dann wähle nur einen einzigen Punkt aus und lege schriftlich fest, wie du diesen Aspekt von nun an mindestens zwei Wochen lang praktisch umsetzen willst.

Nach Ablauf dieser zwei Wochen überprüfst du deine Fortschritte; und wenn du bereit dazu bist, wählst du einen weiteren Punkt aus und tust damit das Gleiche. Arbeite dich immer wieder auf diese Weise durch die Liste (wenn erforderlich, bis ans Ende deines Lebens ...).

- Lass dich nicht davon leiten, welche Meinung die anderen von dir haben.
- Erweise deinen Mitmenschen Respekt.
- Finde heraus, was dir ein gutes Gefühl gibt, und erhebe es zu deiner obersten Priorität, dich jeden Tag mindestens einer dieser Wohlfühlaktivitäten zu widmen.
- Bleibe stets mit deinen Gefühlen in Kontakt, und kümmere dich um deine emotionalen Bedürfnisse.
- Bewahre dir eine positive Einstellung.
- Setze dich nicht selbst herab.
- Löse dich von deiner Wut auf Menschen, die dich verletzt haben.
- Erkenne dich selbst, akzeptiere, wer du bist, und bleibe diesem Menschen treu.
- Glaube daran, dass du es wert bist, respektiert zu werden.
- Gib den Versuch auf, mit allen mithalten zu wollen.
- Lass dich von niemandem dazu zwingen, etwas zu sein oder zu tun, was du nicht sein oder tun möchtest, nur um seine Anerkennung zu gewinnen.
- Sei freundlich.
- Vergleiche dich nicht mit anderen und versuche auch nicht, dich anzupassen oder »normal« zu sein.
- Zeige anderen, dass sie dir wichtig sind.
- Befreie dich von Neid.

- Tue nichts, was gegen deine Werte, deine Moral oder Ethik verstößt.
- Tritt mit positiv denkenden Leuten in Kontakt.
- Lerne, Nein zu sagen.
- Arbeite an der Stärkung deines Selbstvertrauens.
- Vertraue auf deine Entscheidungen.
- Hör niemals auf zu lernen.
- Sei aufrichtig.
- Halte dir vor Augen, dass alles, was du heute tust, genug ist.
- Lerne mit Kritik umzugehen.
- Beschäftige dich mit etwas Spirituellem.
- Triff gute Entscheidungen.
- Lass nicht zu, dass die Vergangenheit deine Gegenwart bestimmt.
- Lass dir das, was andere sagen oder tun, nicht zu nahegehen.
- Akzeptiere deine Verantwortung.
- Entschuldige dich, wenn du etwas falsch gemacht hast.
- Mach dein Selbstvertrauen oder deine Zufriedenheit mit dir selbst nicht von anderen Menschen abhängig.
- Lerne, Komplimente anzunehmen.
- Schau jeden Tag in den Spiegel und sage dabei laut drei Dinge vor dich hin, die du an dir selber liebst.
- Gib es zu, wenn du dich geirrt hast.
- Konzentriere dich auf deine positiven Eigenschaften.
- Bleibe bescheiden.
- Verzeih dir selbst.

Je mehr Selbstachtung du entwickelst, umso besser wirst du dich selbst lieben können. In einer Welt, in der Selbstliebe oft als egoistisch bezeichnet wird, kann das sehr schwierig sein. Es ist wichtig, sich vor Augen zu halten, dass Selbstliebe nicht das Gleiche ist wie Egoismus. In der Kultur der Aborigines bedeutet Selbstliebe, zu respektieren, dass man in Liebe gezeugt und in Liebe geboren wurde und in Liebe lebt. Sich selbst zu lieben, ist eine wichtige Voraussetzung dafür, auch seinen Lebensraum und alles zu lieben, was dort existiert. Wenn wir den Menschen lieben, der wir sind, und an uns selbst glauben, sind wir viel eher in der Lage, unseren eigenen Weg zu gehen und eine gute Geschichte zu leben.

Sich zu verlieben, kann eine sehr tiefgreifende Erfahrung sein. Sich in sich selbst zu verlieben, ist daher etwas, worüber man sich freuen sollte. Es beginnt damit, dass man sich Gedanken darüber macht, wie man denkt – dass man über seine eigenen inneren Dialoge nachsinnt.

Das menschliche Gehirn ist ein wunderbarer Verbündeter. Mit seiner Hilfe können wir nachdenken, etwas lernen, Probleme lösen, am Leben bleiben, Freude empfinden, Liebe geben und empfangen. Dieses Gehirn kann aber auch ein mächtiger und überzeugender Feind sein, wenn wir ihm erlauben, uns mit negativen inneren Dialogen zu bombardieren. Denn das schürt Selbstzweifel, die unser Selbstvertrauen untergraben und uns schädliche negative Etiketten anheften, zum Beispiel »Ich bin ein Hochstapler« (Impostor-Syndrom), »Ich bin nicht liebenswert«, »Ich bin dumm« oder »Ich muss unbedingt Erfolg haben«. Ich habe mir solche Etiketten auch schon mehrmals angeheftet.

Wenn wir anfangen, an diese Etiketten zu glauben, kann es passieren, dass wir uns in bestimmten Situationen oder Beziehungen zu unterwürfig verhalten, weil wir unbewusst das Gefühl haben: »Deine Bedürfnisse zählen und meine nicht.« Dadurch untergraben wir unser Selbstwertgefühl. Dann sind wir nicht in der Lage, uns selbst zu lieben und den Menschen, der wir sind, zu schätzen. Wir gehen nicht unseren eigenen Weg. Wenn wir anfangen, an diese Etiketten zu glauben, kann es aber auch passieren, dass wir uns in bestimmten Situationen oder Beziehungen zu aggressiv verhalten, weil wir unbewusst das Gefühl haben: »Meine Bedürfnisse zählen und deine nicht.« Solche Interaktionen sind kontraproduktiv. Kurzfristig setzen wir damit vielleicht unseren Willen durch; aber letztendlich werden unsere Mitmenschen sich von uns abwenden, und unsere Beziehungen verkümmern.

Wenn wir diese Etiketten als das erkennen, was sie in Wirklichkeit sind (Reaktionen auf Dinge, die in unserem Leben geschehen sind, die aber nichts mit der Realität zu tun haben), können wir in bestimmten Situationen oder Beziehungen eine viel konstruktivere Haltung einnehmen, indem wir sagen: »Deine Bedürfnisse zählen und meine auch.« Mit dieser Einstellung respektieren wir unser Gegenüber, aber gleichzeitig auch uns selbst. Es ist eine Einstellung, bei der alle etwas gewinnen.

Wenn du Selbstachtung und Selbstliebe entwickelst und beginnst, mit deinem wahren Ich in Kontakt zu treten, sei gewarnt: Dein Ego wird seine vorherige ungesunde Beziehung zu dir nicht so leicht aufgeben wollen.

> Das Ego ist sehr trickreich. Und es ist auch sehr hartnäckig. Es wird sich nicht von dir trennen wollen und sich deshalb verstellen, damit du es nicht erkennst. Vielleicht hast du vor, etwas Gutes für andere Menschen zu tun, und dein Ego wird dich darin bestärken: »Du tust das Richtige; mach weiter damit!« Aber tief in deinem In-

neren weißt du, dass du das alles nur tust, um Aufmerksamkeit zu wecken. Dein Ego hat gewonnen.

Vielleicht hast du aber auch vor, etwas Gutes für andere zu tun, und es ist dir egal, ob irgendjemand etwas davon erfährt. In diesem Fall hast du es aus den richtigen Gründen getan, und dein Ego hat keine Rolle dabei gespielt. Wenn du also irgendetwas vorhast, solltest du dich stets fragen: Tue ich das, weil es das Richtige ist oder weil ich damit Aufmerksamkeit erheischen will?

Wie oft beobachten wir egoistisches und arrogantes Verhalten bei anderen Menschen? Und wie fühlen wir uns, wenn wir so etwas sehen? Wenn jemand sich egoistisch oder arrogant verhält, sendet er damit die Botschaft aus: »Ich bin wichtiger als du.« Das widerspricht der Lore, die sagt, dass wir alle gleich wichtig sind. Und wir dürfen uns von diesem Verhalten nicht in die Irre führen lassen, indem wir uns sagen: »Diese Leute sind wichtiger als ich, also sollte ich lieber tun, was sie sagen.« Oder: »Diese Leute sind offensichtlich schlauer als ich, also sollte ich ihnen lieber nicht widersprechen.« Derartige innere Dialoge können unser Selbstvertrauen untergraben und unserem Selbstwertgefühl schaden.

Wenn wir, wann immer es notwendig ist, klar und deutlich unsere Meinung sagen und nicht an unsere negativen inneren Dialoge glauben, nimmt das Risiko ab, dass wir schädliche Gedankenkreisläufe entwickeln, die uns auf den Irrweg der »Katastrophisierung« führen können. Statt ein Ereignis objektiv zu betrachten und als das zu akzeptieren, was es ist, steigern »Katastrophisierer« sich noch weiter in ihre Ängste hinein, indem sie sich immer wieder sagen, wie »schrecklich« die betreffende Situation ist. Diese Denkweise beunruhigt sie mit der Zeit immer mehr und entfernt sie zunehmend von innerem Frieden, Gelassenheit und Ruhe.

Wenn wir unsere negativen Denkmuster hinterfragen und Situationen objektiver betrachten, gelingt es uns besser,

- die Verantwortung für unser Leben zu übernehmen,
- zu entscheiden, wie wir uns in einer bestimmten Situation verhalten sollen,
- unsere Energie in die richtigen Dinge zu investieren und
- die innere Anspannung abzubauen, die wir im Augenblick vielleicht verspüren.

Dies bedeutet nicht, dass innere Anspannung unbedingt etwas Schlechtes sein muss. Viele Menschen haben das Gefühl, Anspannung und Herausforderungen in ihrem Leben um jeden Preis vermeiden zu müssen. Das kann ein Fehler sein. Herausforderungen und innere Anspannung können konstruktive Kräfte und ein Katalysator für persönliche Veränderungen sein.

Sind wir innerlich angespannt, ist das möglicherweise ein Hinweis darauf, dass in unserem Leben etwas nicht stimmt. Wenn wir darüber nachdenken, woher diese Anspannung kommt, finden wir vielleicht etwas, was wir ändern müssen. Das ist nicht unbedingt immer einfach; doch statt diese Herausforderung von vornherein zu scheuen, kann es sinnvoll sein, zu prüfen, ob sich die Veränderung lohnt.

Herausforderungen sind Lernchancen. Sie können uns dazu motivieren, eine Bestandsaufnahme unseres Lebens zu machen, über notwendige Veränderungen nachzudenken, zu erkennen, welche dieser Maßnahmen uns zugutekommen würden, und sie dann durchzuführen. Wenn wir zum Beispiel unsere negativen Denkmuster infrage stellen, können wir sie verändern und neue Sichtweisen der Welt und unseres Verhaltens auf dieser Welt entwickeln. Wenn ich auf mein Leben zurückblicke, sehe ich, dass einige meiner größten Herausforderungen gleichzeitig meine größten Chancen für inneres Wachstum und Lebenszufriedenheit waren.

Es ist gar nicht so einfach, etwas an einer lebenslangen Sichtweise unserer selbst oder an einem Verhalten zu ändern, das wir in bestimmten Situationen ein Leben lang gezeigt haben. Physiologisch gesehen kann es Jahre dauern, bis unser Gehirn seine Nervenbahnen auf diese neue Denkweise umprogrammiert hat. Daher erfordert dieser Entwicklungsprozess sehr viel Geduld.

Bekanntlich leben wir in einer schnelllebigen Gesellschaft, die unsere Geduld eher auf die Probe zu stellen scheint, als sie zu fördern. Aber ein Meisterwerk wird nur selten an einem Tag geschaffen, und du *bist* ein Meisterwerk – ein im Entstehen befindliches Werk. Um sein bestmögliches Ich zu entwickeln, braucht man Zeit; und oft funktioniert das nur nach dem »Versuch-und-Irrtum«-Prinzip. Also hab Geduld und begrüße auch die Fehler, die du auf deinem Weg zu mehr Wohlbefinden zwangsläufig machen wirst. Betrachte diese Fehler als deine Freunde, denn sie geben dir die Möglichkeit, etwas zu lernen und das Gelernte dann auch zu praktizieren.

Je mehr du erreichst, umso mehr Fehler wirst du machen. Je mehr Fehler du machst, umso mehr wirst du nachdenken. Je mehr du nachdenkst, umso mehr wirst du lernen. Je mehr du lernst, umso mehr wirst du innerlich wachsen. Je mehr du innerlich wächst, umso mehr wirst du mit anderen Menschen teilen. Je mehr du mit anderen Menschen teilst, umso intensiver wirst du mit ihnen in Kontakt treten. Je intensiver du mit anderen Menschen in Kontakt trittst, umso mehr wirst du erreichen … und so geht dieser Kreislauf immer weiter.

Wenn du feststellst, dass es dir manchmal schwerfällt, dich liebevoll, dankbar und bescheiden zu verhalten, gib nicht auf, und verurteile dich deshalb auch nicht. Mach dir stattdessen lieber Gedanken darüber, warum das so ist, was du daraus lernen kannst und was du anders machen solltest.

Die Mutter, der Vater und die Geister deiner Vorfahren lieben dich. Sie wollen, dass du eine gute Geschichte lebst. Wenn du ein Leben in Liebe, Dankbarkeit und Bescheidenheit führst, wird dir das leichter gelingen.

Botschaft Nr. 6

Wir wurden in Liebe gezeugt, in Liebe geboren und sind von Liebe umgeben. Die Liebe der Mutter, des Vaters und der Geister unserer Vorfahren ist immer für uns da.

Botschaft Nr. 7

Vollbringe so oft wie möglich liebevolle Taten für andere und für dich selbst.

Botschaft Nr. 8

Sei jeden Tag dankbar für all das Gute, das dich umgibt.

Botschaft Nr. 9

Sei in allem, was du tust, demütig und bescheiden.

Kapitel 4

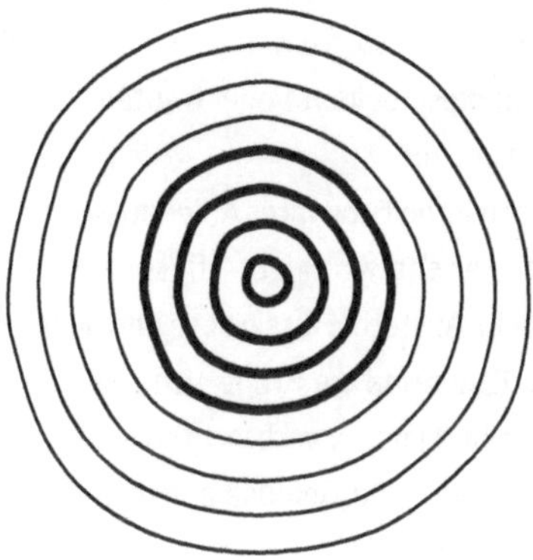

Lernen und Wahrheit

Vor langer Zeit gab es im Ngurrampaa einen Großvater Adler, der inmitten der schönsten Bäume und anderen Pflanzen in einer Höhle auf dem Gipfel eines kleinen Felsens lebte.

Großvater Adler war ein Ältester seiner Gemeinschaft, der große Liebe für sein Volk empfand. Ganz besonders liebte er seine beiden Neffen, die Elster und die Krähe, die ihn oft besuchten.

Vor langer Zeit im Ngurrampaa waren die Elster und die Krähe beide weiß. Sie waren so weiß, dass sie in der Dunkelheit fast leuchteten. Und diese beiden Vögel freuten sich unheimlich darüber, so auszusehen.

Sie besuchten ihren Großvater Adler auch sehr gern, denn am Fuß des kleinen Felsens, wo er lebte, floss ein Bach vorbei, in dem es viele Muscheln, Austern, Flusskrebse und andere essbare Tiere gab. Wenn die Elster und die Krähe sich nicht gerade an diesem Bach aufhielten und jagten, verbrachten sie den ganzen Tag damit, jede Menge Obst und Gemüse aus dem Buschland am Ufer des Bachs zu fressen.

Wenn sie zu Großvater Adlers Lager kamen, begrüßten sie ihn immer nur ganz kurz und machten sich dann gleich auf den Weg zum Bach, um dort miteinander zu spielen. Das frustrierte Großvater Adler sehr, denn er wusste, dass diese beiden Vögel zu jungen Männern heranwachsen würden, und dass er dafür verantwortlich war, sie in die Lore einzuweihen, damit sie ihre Pflichten erfüllen konnten, wenn die Zeit dafür gekommen war.

»Kommt her, meine lieben Neffen«, rief er ihnen mit sanfter, liebevoller Stimme zu. »Ich muss euch auf einen Streifzug durch das Land mitnehmen und euch dort ein paar Dinge zeigen, damit ihr etwas lernt.«

»Ja, Großvater«, antworteten die Elster und die Krähe. »Wir wissen, dass wir auf dich hören müssen, damit wir etwas lernen können – aber nicht heute. Denn heute ist ein guter Tag, um zum Bach hinunterzufliegen, also müssen wir das tun.« Und sie flogen davon, ohne Großvater Adlers Antwort abzuwarten.

Das tat Großvater Adler sehr weh, und es bereitete ihm auch Sorgen. »Ich habe die Pflicht, diese Jungen in mein Wissen einzuweihen«, sagte er zu sich selbst, während er auf seinem kleinen Felsen saß, von dem aus er die schönsten Bäume und anderen Pflanzen überblicken konnte. »Aber sie wollen nicht auf mich hören. Dagegen muss ich etwas tun. Denn sonst lasse ich sie im Stich und werde meiner Verantwortung nicht gerecht. Ich weiß schon, was ich tun werde. Ich werde die anderen Tiere zu einem Treffen einberufen und ihnen von meinen Sorgen berichten. Gemeinsam werden wir eine Lösung finden.«

Also berief der alte Großvater Adler eine Versammlung der Tiere ein; und weil er ein so angesehener und beliebter Ältester war, kamen auch alle. An der Versammlung nahmen alle möglichen Tiere teil: Pelikane, Eulen, Opossums, Schlangen, Eidechsen, Kängurus, Koalas, Warane, Ameisenigel, Emus und Beuteldachse. Großvater Adler erzählte ihnen von seiner Sorge um seine Neffen, und sie waren sich alle darüber einig, dass da etwas getan werden musste. Sie hatten sich auch schon Sorgen um die Elster und die Krähe gemacht.

»Großvater, es ist nicht nur *deine* Pflicht, dafür zu sorgen, dass diese jungen Vögel das Wissen erwerben, das sie brauchen, um gute junge Männer zu werden«, sagte die Eule. »Wir alle teilen diese Verpflichtung miteinander. Wir werden dir alle helfen.«

Die Tiere saßen stundenlang zusammen und überlegten hin

und her, bis sie sich schließlich einig darüber waren, was zu tun war. Am Ende der Sitzung verabschiedeten sich alle Tiere von Großvater Adler und sagten ihm, wie sehr sie ihn liebten. An diesem Abend sah Großvater Adler den schönsten Sonnenuntergang und bedankte sich für das Land, auf dem er lebte, und die Gemeinschaft, zu der er gehörte.

Schließlich kam der Tag, an dem die Tiere den vereinbarten Plan in die Tat umsetzen konnten. Es war ungefähr eine Stunde vor Sonnenuntergang, und nach und nach trudelten alle Tiere in Großvater Adlers Lager ein. Jedes brachte etwas Feuerholz und ein bisschen Futter mit, denn sie wussten, dass es nicht richtig war, Futter und Holz aus Großvater Adlers Lebensraum wegzunehmen, sodass hinterher nichts mehr für ihn übrig blieb.

Als die Tiere ankamen, umarmte Großvater Adler eines nach dem anderen und bat sie dann, das Feuerholz vorne an den Höhleneingang und das Futter hinten in die Höhle zu legen. Seine Neffen spielten wie immer unten im Bach miteinander und wussten daher nichts davon, dass die Tiere sich in Großvater Adlers Lager versammelten.

Schließlich waren alle Tiere eingetroffen, die an dem Corroboree teilnehmen sollten. Die Emus begannen, rund um das Feuer zu tanzen und brachten alle Tiere zum Lachen, als sie mit ihren Füßen aufstampften und das Tanzbein schwangen. Andere Tiere folgten ihrem Beispiel, und schon bald hallte das ganze Tal, in dem die Elster und die Krähe spielten, von dem Geräusch der Clapsticks und dem Gesang und Gelächter der Tiere wider.

Der Elster fiel es zuallererst auf. »Hey, was sind das für Geräusche?«, fragte sie, hob den Kopf und schaute zu dem Felsen hinüber. Dabei fielen ihr Beeren aus dem vollen Schnabel, denn sie und die Krähe hatten den ganzen Tag über nichts anderes getan als gefressen.

»Hört sich an wie ein Corroboree«, antwortete die Krähe. »Wir sollten auch rüberfliegen. Da gibt es bestimmt jede Menge Futter.«

So schnell sie konnten, flogen sie zum Gipfel des Felsens hinüber. Als sie bei Großvater Adlers Höhle ankamen, sahen sie die Tiere, die sich rund um den Tanzkreis vor der Höhle versammelt hatten; aber sie interessierten sich viel mehr für den Geruch des Futters, der aus dem Inneren der Höhle kam.

Also liefen sie an den Tieren vorbei, ohne jemanden zu grüßen und ohne ihren Ältesten Respekt zu zollen. Großvater Adler schüttelte traurig den Kopf, als er das sah.

Innerhalb weniger Minuten hatten die Elster und die Krähe ihre Schnäbel tief in das Futter eingetaucht, das die Tiere im hinteren Teil der Höhle abgelegt hatten. Sie waren so sehr mit Fressen beschäftigt, es fiel ihnen gar nicht auf, dass die Tiere inzwischen nicht mehr tanzten, sondern vor dem Holzstapel am Höhleneingang standen.

Großvater Adler nickte dem Känguru zu, das daraufhin mit einem Feuerstab von einem Corroboree-Feuer herübergehüpft kam und den Holzstapel in Brand setzte. Im Handumdrehen stand der ganze Stapel in Flammen und erfüllte die Höhle mit Rauch; doch die Elster und die Krähe bemerkten nichts davon.

Mit der Zeit wurde der Rauch immer dichter. Schließlich hob die Elster ihren Schnabel aus einer Schale mit Pflaumen und schnupperte laut und vernehmlich. »Hey ... Krähe ... Es riecht nach Rauch.«

Doch die Krähe ignorierte sie. Sie war viel zu sehr mit Fressen beschäftigt.

Die Elster drehte sich zum Höhleneingang um, sah das Feuer und bekam es mit der Angst zu tun. »Krähe«, sagte sie. »Die Höhle brennt. Ich verschwinde von hier.« Mit diesen Worten flog die Elster aus der Höhle; doch die Flammen waren überall. Als sie sich endlich aus der Höhle gerettet hatte, standen viele ihrer Federn in Flammen. Aber zum Glück warteten die Tiere draußen auf sie und konnten das Feuer schnell löschen.

»Oh Mann, das Essen schmeckt wirklich toll, nicht?«, sagte die Krähe und hob den Kopf. Da fiel ihr auf, dass die Elster nicht mehr da war. Sie sah, wie dicht der Rauch geworden war, und als sie sich umdrehte, erblickte sie das leuchtende Orange des Feuers, das den ganzen Höhleneingang versperrte. Da geriet die Krähe in Panik und flog schnurstracks durch die Flammen hindurch. Das Feuer loderte so heftig, dass alle ihre Federn in Flammen gerieten. Aber zum Glück warteten die Tiere draußen auf sie und konnten das Feuer schnell löschen.

Als alles wieder in Ordnung war und die Tiere der Elster und der Krähe versichert hatten, dass sie nicht schwer verletzt waren, betrachteten die beiden Vögel sich gegenseitig.

»Schau nur, wie du aussiehst, Elster«, lachte die Krähe. »Du bist nicht mehr weiß, sondern schwarz-weiß.«

»Das findest du wohl sehr lustig, wie?«, knurrte die Elster wütend. »Du solltest *dich* mal sehen. An dir ist keine Spur von Weiß mehr. Du bist ganz schwarz.« Da begannen die beiden Vögel laut zu weinen und gingen zu Großvater Adler hinüber.

»Großvater«, schluchzten sie. »Wir wissen, dass du weise bist und mit dem Himmelsvater sprechen kannst. Könntest du ihn bitten herunterzukommen? Wir wollen unsere schönen weißen Federn wiederhaben.«

Doch der Himmelsvater Biamii hatte das Geschehen beobachtet und stieg vom Himmel herab, noch bevor Großvater Adler antworten konnte. »Hört zu«, sagte Biamii in seinem strengsten Tonfall, woraufhin die Elster und die Krähe wieder zu weinen begannen.

»Hört zu, Jungs. Euer Großvater hat schon so oft versucht, euch dazu zu bringen, mit ihm durch das Land zu ziehen, damit er seine Pflicht erfüllen und euch in die Lore einweihen kann. Er tut das, weil er euch liebt, und nicht, weil er euch ärgern will. Aber jedes Mal, wenn er es versuchte, habt ihr ihn ignoriert. Ihr habt nicht gelernt, respektvoll und bescheiden zu sein.«

Das Weinen der Elster und der Krähe wurde noch lauter, als Biamii weitersprach. »Ihr habt nicht gelernt, alle Dinge zu lieben. Ihr seid gierige Jungen.« Inzwischen weinten die Elster und die Krähe so laut, dass die anderen Tiere sich die Ohren zuhalten mussten. »Vom heutigen Tag an wirst du, Elster, ein schwarzweißer Vogel sein, um dich und alle Menschen und Tiere in deiner Umgebung daran zu erinnern, dass ihr auf eure Ältesten hören müsst, um die Lore kennenzulernen. Und du, Krähe, wirst für immer ein schwarzer Vogel sein, um dich und alle Menschen und Tiere in deiner Umgebung daran zu erinnern, dass ihr auf eure Ältesten hören müsst, um die Lore kennenzulernen.«

Und bis zum heutigen Tag wirst du vielleicht manchmal, wenn du zum Himmel emporschaust, einen Adler sehen, der von einer Elster und einer Krähe verfolgt wird. Und wenn du die Vögel sprechen hören könntest, würdest du hören, dass die Elster und die Krähe Großvater Adler immer noch beteuern, wie leid es ihnen tut, dass sie keinen Respekt vor ihm hatten und sich von ihm nicht in die Lore einweihen lassen wollten.

Die Lore sagt uns, dass wir für unseren Lebensraum und alles, was dort existiert, sorgen müssen; und sie vermittelt uns auch das Wissen, das wir dazu brauchen. Dieses Wissen erwerben wir durch einen Lernprozess, bei dem wir uns Informationen aneignen und diese mit unseren Erfahrungen kombinieren, um unsere Sicht der Welt zu verändern.

Im traditionellen Australien der Aborigines war Lernen ein lebenslanger, in sämtliche Lebensbereiche integrierter Prozess, der alle Mitglieder der Gemeinschaft in die Lage versetzte, ihre individuellen und gemeinschaftlichen Pflichten zu erfüllen.

In unserer modernen Welt gilt das Schulsystem als obligatorischer und sehr wichtiger Bestandteil unserer Entwicklung vom Kleinkind zum jungen Erwachsenen. Obwohl die Bedeutung des Lernens als Grundlage für das künftige Wohlergehen auch in unserer heutigen Welt anerkannt wird, ist die Schulerfahrung für viele Kinder unangenehm und schädlich.

Der Respekt vor dem Lernen, die Liebe zum Lernen und die Fähigkeit, selbstbestimmt und ein Leben lang zu lernen, sind unverzichtbar, wenn wir eine gute Geschichte leben wollen. Wenn wir in jungen Jahren negative Erfahrungen mit dem Lernen gemacht haben, werden wir uns mit sehr viel geringerer Wahrscheinlichkeit das Wissen aneignen, das wir brauchen, um uns im Erwachsenenleben zurechtzufinden, unserer Verantwortung gerecht zu werden, unsere Ziele zu erreichen und zu innerer Zufriedenheit zu gelangen.

Ein Überblick über die verschiedenen Lernmethoden zeigt, wie komplex der Lernprozess sein kann. Es gibt aktives Lernen, spielerisches Lernen, nichtassoziatives Lernen, Enkulturation, episodisches Lernen, multimediales Lernen, Auswendiglernen, sinnvolles Lernen, evidenzbasiertes Lernen, formales Lernen, informales Lernen, tangentiales Lernen, dialogisches Lernen und beiläufiges Lernen – lauter Lernpraktiken, über die der Lernende sich Gedanken machen und die er möglicherweise anwenden kann. Ist es da ein Wunder, dass Lernen sowohl für den Lehrer als auch für den jungen Menschen eine so schwierige Erfahrung sein kann?

Das Lernsystem der Aborigines ist zwar im Hinblick auf den Einsatz integrierter Lernmethoden und -theorien sehr komplex, beruht aber auf einer ganz einfachen Prämisse: wie wichtig es ist, hinzuschauen und zuzuhören.

> Je mehr wir hinschauen und zuhören, umso mehr lernen wir. Die Alten sagten immer: »Wenn du zu mir kommst und alles weißt, kann ich dir nichts beibringen, aber wenn du zu mir kommst und nichts weißt, kann ich dir alles beibringen.« Ihr müsst in Demut und Bescheidenheit zu euren Lehrern kommen. Ihr müsst bereit sein zuzuhören. Ihr müsst bereit sein hinzuschauen. Sonst werdet ihr nichts lernen.

Vom Tag unserer Geburt an sind wir darauf programmiert, hinzuschauen und zuzuhören. Dadurch nehmen wir die Welt mit der Zeit immer bewusster wahr und bauen uns eine Wissensbasis auf. Dieses Verhalten ist Kindern angeboren.

Im traditionellen Leben der Aborigines war das Hinschauen, Zuhören und Lernen eine kontinuierliche Lernerfahrung und eine gute Ergänzung zu spezifischen Lernaktivitäten: zum Beispiel, wenn man eine heilige Stätte besuchte, wenn einem abends am Feuer eine Geschichte erzählt wurde oder wenn ältere Menschen den jüngeren zeigten, wie man eine bestimmte Aufgabe erledigt.

Ein wichtiger Bestandteil des Lernprozesses war die Stille. Die Aborigines fühlen sich bis zum heutigen Tag sehr wohl in absoluter Stille. Für Menschen, die an eine Welt gewöhnt sind, in der ständig Geräusche an ihr Ohr dringen, dauernd visuelle Eindrücke auf sie einstürmen und ihr Gehirn von einer endlosen Informationsflut überschwemmt wird, kann das entnervend sein. Diese Welt der Überstimulation unterscheidet sich sehr von der traditionellen Welt der Aborigines, in der wir uns ruhig und behutsam den subtilen Klängen der Natur hingeben, sodass die Stille unsere Augen und Ohren öffnen kann und wir das unendliche Klassenzimmer unseres Lebensraums kennenlernen.

> Wir lernen die Geschichten unserer Mitmenschen durch Hinschauen und Zuhören kennen. Wir setzen uns zusammen, hören einander zu und schauen uns an, was die Alten uns zeigen, was das Land uns zeigt, was die Tiere uns zeigen. Wir hören dem Land zu und beobachten es; durch Hinschauen und Zuhören entwickeln wir uns weiter.

Die Alten sagen: Wenn wir unsere Augen und Ohren darin schulen wollen, aktiv zu sehen und zu hören, ist es sehr wichtig, durch das Land zu wandern und dabei alles um uns herum genau wahrzunehmen. Das Durchwandern des Landes gibt uns die Möglichkeit,

- uns die Bedeutung der Natur vor Augen zu halten,
- mit der Natur in Kontakt zu treten,
- mit unserer Familie in Kontakt zu treten,
- mit dem Spirituellen in Kontakt zu treten,
- mit uns selbst in Kontakt zu treten,
- über unseren Lebensweg nachzudenken,
- still zu sein,

- achtsam zu sein,
- uns geliebt zu fühlen und
- hinzuschauen, zuzuhören und zu lernen.

Dem Land zuzuhören, kann unser Leben verändern. Anderen Menschen zuzuhören, kann unser Leben verändern. Und wenn wir anderen Menschen zuhören, kann das auch *ihr* Leben verändern. Zuhören ist also eine gute Fähigkeit, an der man arbeiten sollte.

Wenn du mit jemandem zusammen bist und diese Person mit dir spricht, ist es zwar wichtig, auf ihre Körpersprache und ihre Mimik zu achten. Aber du solltest ihr auch ganz genau zuhören. Höre auf ihre Worte, ihren Tonfall und die Geschichte, die sie dir erzählt.

Außerdem ist es wichtig, dir selbst zuzuhören. Dazu brauchst du Stille um dich herum und in deinem Inneren. An diesem Ort der Stille ist es wichtig, tief in dein heiliges Selbst, dein intuitives Selbst, dein wahres Selbst hineinzuhören.

Zuhören kann uns erstaunliche Einblicke in alles geben, was um uns herum geschieht. Egal, wo du lebst – es kann etwas Wunderbares sein, auf die Geräusche des Lebens zu hören.

Lausche dem Klang der Brise in den Bäumen, wenn sie in einem wunderschönen kollektiven Tanz vor sich hin rascheln. Was kannst du von diesem Geräusch lernen? Mit dem Geist zu tanzen.

Höre auf das willkommene Rauschen des Regens nach einer Dürre. Was kannst du von diesem Geräusch lernen? Immer daran zu denken, dass Wasser allen Dingen Leben schenkt.

Höre das Weinen eines Babys auf der Straße. Was kannst du daraus lernen? Dass du dir Zeit nehmen solltest, frischgebackenen

Eltern Hallo zu sagen und für sie da zu sein, wenn sie mal eine kleine Auszeit brauchen.

Achte darauf, wie es sich anhört, wenn dein Partner dir von seinem Tag erzählt. Was kannst du aus diesen »Geräuschen« lernen? Dankbar dafür zu sein, dass es jemanden gibt, der dir genug Vertrauen entgegenbringt, um seinen Tag und sein Leben mit dir zu teilen.

Gerade ist ein Auto mit laut aufheulendem Motor an dir vorbeigerast. Was kannst du aus diesem Geräusch lernen? Dass man keine voreiligen Schlüsse ziehen sollte. Vielleicht saß ein verantwortungsloser Mensch am Steuer; es kann aber auch sein, dass der Fahrer versucht hat, jemanden in einer lebensbedrohlichen Situation möglichst schnell ins Krankenhaus zu bringen.

Es gibt sehr viele Gelegenheiten, sich im Zuhören zu üben – durch Podcasts, bei der Arbeit, im Unterricht, in einem bestimmten sozialen Umfeld, zu Hause, beim Spazierengehen, beim Meditieren oder wenn dir jemand sein Herz ausschüttet. Und wenn wir zuhören, ist es wichtig, unsere ganze Aufmerksamkeit auf diese Tätigkeit zu richten. Hör auf, SMS zu schreiben oder auf deinem Smartphone herumzuscrollen. Schalte es aus, denke an nichts anderes mehr, leere deinen Geist und konzentriere dich genau auf das, was du hörst. Wenn du einem anderen Menschen zuhörst, solltest du ihn so sehr respektieren, dass du deine Arbeit unterbrichst, Raum für eine innere Verbindung schaffst, alles andere in den Hintergrund treten lässt und wirklich für ihn da bist. Zehn Minuten »Dasein« können wichtiger sein, als du vielleicht glaubst.

Auch wenn du dich in deiner Umgebung umsiehst, kannst du nach diesem Grundsatz verfahren. Schau dir alle Menschen um dich herum mit großem Interesse an, soweit das angemessen ist.

Beobachte alles so genau, als würdest du den betreffenden Gegenstand oder die betreffende Person zum ersten Mal sehen. Achte dabei auf Farbe, Oberflächenstruktur, Form, Bewegung. Verliere dich ganz in diesem Wunder des Sehens. Dadurch wirst du in eine andere Welt des Lernens hineingeführt.

Schauen und Zuhören kann weit mehr umfassen als nur den Einsatz von Augen und Ohren. Schau und höre mit deinem Körper … schau und höre mit deinem Geist … schau und höre mit deiner Intuition.

Wir schauen hin und hören zu, um Wissen zu erlangen, damit wir besser mit den Menschen und Objekten um uns herum in Kontakt kommen können. Wenn wir mit allem ringsumher in Verbindung treten, lernen wir. Wenn wir lernen, wachsen wir innerlich. Wenn wir innerlich wachsen, finden wir einen Sinn. Wenn wir einen Sinn finden, haben wir ein Ziel. Wenn wir ein Ziel haben, können wir unser Potenzial besser ausschöpfen. Und wenn wir unser Potenzial ausschöpfen, finden wir Zufriedenheit. Hinschauen, Zuhören und Lernen sind daher sehr wichtige Voraussetzungen auf dem Weg zu Zufriedenheit und Wohlbefinden.

In der traditionellen Gesellschaft der Aborigines gab es zwar eine Schulpflicht, aber sie unterschied sich stark von unseren heutigen Schulen. Statt die Schüler in ein Klassenzimmer zu schicken, war das Klassenzimmer des Aborigine-Schülers der Busch … ein sich ständig erweiternder und verändernder interaktiver Lernraum, in dem sich das Klassenzimmer an einem Feuer, auf einer Lichtung, unter einem Baum, am Strand, auf einer Felsplattform, in einem Flussbett … überall befinden konnte, wo sich die betreffende Lektion am besten anschaulich machen ließ.

Das Wissen wurde auf sehr vielfältige Weise vermittelt, zum Beispiel durch Geschichtenerzählen, Gesang, Tänze, Kunstwerke und Wanderungen durch das Land. Der Lernprozess umfasste alle Mitglieder der Gemeinschaft (als Lernende und Lehrende) und wies ein paar wichtige Merkmale auf, die heute als bewährte Verfahren gelten. Das traditionelle Lernmodell

- bot den Schülern ein liebevolles und fürsorgliches Umfeld.
- Die Schüler waren zu hundert Prozent daran beteiligt,
- es war ein kontinuierlicher, lebenslanger Lernprozess,
- bei dem flexible Formen der Wissensvermittlung in Kombination miteinander eingesetzt und
- technische Fähigkeiten, Sozialkompetenz und Lebenskompetenzen in den Lernstoff einbezogen wurden.
- Es kombinierte praktische und theoretische Elemente miteinander,
- war individuell auf die Bedürfnisse der Schüler zugeschnitten,
- die dabei vermittelten Kompetenzen bauten aufeinander auf,
- die Qualität des ermittelten Lernstoffs wurde genau geprüft, und
- der Lernprozess zielte darauf ab, den Schülern alles zu vermitteln, was sie für einen erfolgreichen Übergang ins Erwachsenendasein und darüber hinaus benötigten.

Wie viele dieser Merkmale weisen unsere heutigen Bildungssysteme deiner Meinung nach auf? Wie viele dieser Merkmale hat deine Lernerfahrung umfasst? Welchen Unterschied würde es deiner Meinung nach auf lokaler, nationaler und globaler Ebene machen, würden diese Elemente in alle Lernprozesse integriert?

Wenn sie auf ihre Schulerfahrung zurückblicken, wünschen viele Menschen sich vielleicht, so manches anders gemacht zu haben; aber vielleicht hätten wir uns auch ein anderes System gewünscht. Verglichen mit dem Lernsystem der Aborigines ist das westliche Lernsystem in vielerlei Hinsicht unzulänglich.

Wenn ein Sportler sich nicht richtig auf einen Wettkampf vorbereiten kann, wie kann er dann Spitzenleistungen erbringen? Würdest du einen Bauunternehmer mit dem Bau deines Hauses beauftragen, wenn er nicht in allen Aspekten des Bauwesens ausgebildet worden wäre? Und wenn ein Kind nicht richtig auf das Leben als Erwachsener vorbereitet worden ist, wie reibungslos oder effektiv wird sein Übergang in diese Lebensphase dann ablaufen?

Natürlich kann man erfolgreich sein, auch wenn man nicht frühzeitig im Leben die richtige Ausbildung erhalten hat; aber es ist viel besser, von Anfang an alles richtig zu machen.

Das Lernsystem der Aborigines wurde tagtäglich innerhalb der Familie gelehrt. Der Lernprozess fand ziemlich genau an sieben Tagen pro Woche und 24 Stunden pro Tag statt.

Beim Lernsystem der Aborigines ging es darum, was man für ein gutes Leben *brauchte*, und nicht darum, was man *haben wollte*. Wenn man lernte, Früchte von einem Baum zu sammeln, ging es nicht nur um einen selbst, sondern auch darum, mit wem man diese Früchte teilen musste. Und wenn man lernte, wie man ein Känguru jagt und tötet, ging es ebenfalls nicht nur um einen selbst, sondern auch um die Menschen, mit denen man sein Essen teilte. Jeder Lernprozess ging also mit Verpflichtung und Verantwortung einher.

Doch bevor man Früchte sammeln oder ein Känguru töten konnte, musste man die Geschichte des Kängurus oder der Frucht und auch die Geschichte seiner Vorfahren kennenlernen und sich über die Verantwortung klar werden, die man ihnen gegenüber hatte. Dazu gehörte, dass man die Geschichte, den Tanz und das Lied dieses Vorfahren kennen musste, bevor man die Frucht oder das Tier essen durfte.

Da das Lernsystem der Aborigines ganzheitlich angelegt ist, ist alles Lernen von Spiritualität durchdrungen. Es ehrt die Vergangenheit, indem es die Schüler in die Lore und die Bedeutung der Geister unserer Vorfahren einweiht; es stellt eine Verbindung zur Gegenwart her, indem es den Schülern beibringt, wie sie alles in ihrem Lebensumfeld ernten können; und es sorgt für die Zukunft, indem es die Schüler auf das Erwachsenendasein vorbereitet.

Die frühe Schulbildung im westlichen Bildungssystem zielt darauf ab, das Kind beim Aufbau einer Identität und eines Selbstbewusstseins zu unterstützen, so wie es auch in traditionellen Zeiten der Fall war. Die körperliche, soziale, emotionale und kognitive Entwicklung des Kindes wird mithilfe verschiedenster kreativer Methoden gefördert.

Wenn das Kind die Primar- und die Sekundarstufe durchläuft, kann der Aufwand, der erforderlich ist, um die körperlichen, sozialen, emotionalen und kognitiven Fähigkeiten des Schülers weiterzuentwickeln, für ein Bildungssystem mit begrenzten Ressourcen zu einer Belastung werden. Hier unterscheidet sich das westliche Bildungssystem in seinem Zweck und Schwerpunkt von dem der Aborigines. Von einem Schulsystem erwartet man, dass es die Schüler auf die Arbeitswelt vorbereitet, was dazu führt, dass technische Fähigkeiten wie Lesen, Schreiben und Rechnen, Geschichte, Geografie und Naturwissenschaften auf Kosten praktischer Lebensfähigkeiten in den Vordergrund treten.

Manche Schüler blühen in einem solchen Lernumfeld auf; doch diejenigen, die nicht in diesen relativ starren Lernrahmen hineinpassen, machen oft negative Erfahrungen, fallen in ihrer Bewertung zurück und fangen irgendwann an, sich selbst für dumm zu halten. Die größte Tragödie für diese Schüler besteht darin, dass sie dann vielleicht die Gelegenheit verpassen, eine Liebe zum Lernen zu entwickeln. Ein Schüler, dem von seinem Umfeld die Liebe zum Lernen vermittelt wird, verfügt über ein lebenslanges Kapital, das ihn in die Lage versetzt, in vielen Situationen und Kontexten genau hinzuschauen, zuzuhören und zu lernen. Das ist eines der größten Geschenke des Lebens.

Doch wenn ein Schüler sich von seinem Bildungssystem nicht angesprochen fühlt und »innerlich kündigt«, wird seine Fähigkeit, sich erfolgreich auf dem Arbeitsmarkt zu behaupten, an sich zu glauben, an seine Zukunft zu glauben und eine gute Grundlage für sein Wohlbefinden zu schaffen, dadurch stark beeinträchtigt. Schüler, die in unserem heutigen Bildungssystem gut abschneiden, haben vielleicht die Fähigkeiten, die man braucht, um einen Job zu finden und Geld zu verdienen, was natürlich sehr wichtig ist; aber besitzen sie auch die richtigen Fähigkeiten, um Zufriedenheit und Erfüllung zu finden?

Finanzieller Erfolg ist kein garantierter Weg zum Wohlbefinden. Um wahren Wohlstand zu erreichen, muss ein Mensch nicht nur seine finanziellen, sondern auch seine emotionalen, körperlichen, geistigen und seelischen Bedürfnisse befriedigen. Wenn ihm das nicht gelingt, entsteht ein Ungleichgewicht, und dann ist er einem großen Risiko ausgesetzt.

Das Lernsystem der Aborigines hat einen Weg zur Zufriedenheit geschaffen, indem es den Kindern und Jugendlichen technische, wissenschaftliche, soziale, kognitive, sprachliche, körperliche, emotionale, künstlerische und spirituelle Fähigkeiten vermittelte, die heute immer noch genauso wichtig sind wie vor Jahrtausenden. Durch die Einbeziehung von Körper, Geist und Seele in sämtliche Lernaktivitäten werden die Schüler viel besser in die Lage versetzt, für sich selbst zu sorgen, für das Land zu sorgen, für andere Menschen zu sorgen und ein Leben in Wohlstand zu führen.

> Unsere traditionelle Ernährung war hundertprozentig naturbelassen. Wir sammelten rohe Pflanzen und verzehrten auch den größten Teil unserer Nahrung roh. Das Sammeln von Nahrungsmitteln brachte viel körperliche Bewegung mit sich. Unsere Ernährung variierte je nach dem Angebot der Jahreszeiten und bot eine große Vielfalt.
>
> Wir nahmen immer nur das, was wir brauchten, und ließen den Rest für andere übrig, die vielleicht nach uns kommen würden. Ein alter Mann hat einmal zu mir gesagt: »Iss dich niemals satt. Du solltest immer einen kleinen Hunger in deinem Bauch lassen.«
>
> Wenn man einen kleinen Hunger im Bauch hat, erinnert einen das an seine Verbindung zum Land und daran, dass das Land uns mit allem versorgt, was wir brauchen. Man wird daran erinnert, dass man für alles, was man hat, dankbar sein sollte.

Aspekte des traditionellen Lernmodells der Aborigines (Lehrmethode, Lernziel, Lerninhalt, Lernumfeld und Einbeziehung der ganzen Gemeinschaft) in das westliche Schulsystem zu integrieren, würde nicht nur jungen Menschen zugutekommen: Die ganze Gesellschaft würde davon profitieren.

Ein Mensch, der in jungen Jahren eine starke Identität und ein starkes Selbstbewusstsein aufgebaut hat, würde den oft schwierigen Weg durch die Pubertät zum jungen Erwachsenenalter besser überstehen; er hätte ein stärkeres Selbstwertgefühl und könnte dem Druck, sich um jeden Preis an Gleichaltrige anpassen zu müssen, leichter widerstehen. Indem solche junge Menschen lernen, dauerhafte und bereichernde Beziehungen aufzubauen, könnten sie sich ein Netzwerk schaffen, das sie in den guten und schwierigen Zeiten unterstützt, die vor ihnen liegen.

Und für den Rest von uns gäbe es mehr Arbeitsplätze, mehr Zufriedenheit mit den Lehrern, größere Zufriedenheit und Arbeitsmoral unter den Mitarbeitern, mehr Engagement in der Gemeinschaft, eine stärkere Verbundenheit mit der Gemeinschaft und weniger Druck auf vom Steuerzahler finanzierte Programme zur Lösung von Problemen, die durch die »innere Kündigung« von Schülern und Auszubildenden verursacht werden.

Diese beiden Welten zusammenzuführen, liegt nicht allein in der Verantwortung der Schulen. Das Lernsystem muss eine Zusammenarbeit sein, die die erweiterte Familie und die Gemeinschaft mit einbezieht, so wie es in Australien in den letzten 60 000 Jahren der Fall gewesen ist. Die Verantwortung, etwas an diesem System zu verändern, liegt bei uns allen.

Wenn du in der Zeit zurückgehen und dein vierzehnjähriges Ich in der Schule besuchen könntest, welchen Rat würdest du dir im Hinblick auf deine Ausbildung und dein Leben geben? Wenn du Kultusminister wärst, welche Änderungen würdest du am Schulsystem vornehmen, damit die heutigen vierzehnjährigen Schüler von deinen Ratschlägen profitieren können?

An unseren früheren Lernerfahrungen können wir nichts mehr ändern; aber wir können die Defizite aus der Vergangenheit beheben und unsere Kompetenzen für die Zukunft ausbauen, indem wir darüber nachdenken, welche Möglichkeiten uns die drei Hauptformen des Lernens – formales, nichtformales und informales Lernen – bieten.

Zum formalen Lernen gehört Unterricht, und es führt normalerweise zu einer Qualifikation. Zum nichtformalen Lernen gehört ebenfalls Unterricht, es führt aber nicht zu einer Qualifikation. Beim informalen Lernen geht es darum, was wir durch unsere alltäglichen Erfahrungen lernen. Da wir das auf so viele verschiedene Arten tun können – zum Beispiel durch Lesen, Arbeit am Computer, Fernsehen, Radiohören, öffentliche Vorträge, ehrenamtliche Tätigkeit, Zusammensein mit Familie und Freunden, Mentoring, Umgang mit älteren Menschen und Wanderungen durchs Land –, ist informales Lernen eine tägliche Chance, die man nicht ungenutzt verstreichen lassen sollte.

Ich habe in meinem Leben von allen drei Lernmethoden profitiert. Formales Lernen hat mir Glaubwürdigkeit und Flexibilität im Hinblick auf meine berufliche Karriere verschafft, während nichtformales Lernen mich in dieser Karriere unterstützt und es mir gleichzeitig ermöglicht hat, mein Engagement in verschiedenen Lebensbereichen – einschließlich Musik und Heilen – zu vertiefen.

Informales Lernen – vor allem durch den Umgang mit Ältesten und das Herumwandern im Land – hat bei Weitem den größten Einfluss auf mein Leben gehabt. Viele Menschen halten formales Lernen für die wichtigste der drei Methoden. Aber es kommt immer darauf an, was man gerade braucht. Alle drei Lernmethoden haben große Vorteile, und nur weil eine informal ist, heißt das noch lange nicht, dass sie keine Wirkung hat. Was ich aus meiner Kultur gelernt habe, war sowohl tiefgreifend als auch lebensverändernd.

Wir alle sind Schüler. Und ohne ständiges Lernen können wir keine gute Geschichte leben. Wenn du an deiner Lernfähigkeit zweifelst, dann fang mit kleinen Schritten in einem Bereich an, der dir besonders am Herzen liegt. Vielleicht wirst du angenehm überrascht darüber sein, wohin dein Lernweg dich führt!

Jetzt ist der richtige Zeitpunkt gekommen, um über deinen Lebensweg nachzudenken sowie über die Rolle, die das Lernen auf diesem Weg spielt, und dich auf Lernprozesse in all seinen Formen einzulassen. Wenn es etwas gibt, von dem du weißt, dass du es lernen musst, ist es jetzt an der Zeit, einen Aktionsplan zu entwickeln und diesen Plan in die Tat umzusetzen.

Unsere Ältesten lehren uns, dass Lernen umso bereichernder ist, je mehr Menschen daran mitwirken. Die gleiche Vielfalt sollte auch bei der Planung unseres Lernprozesses herrschen: Es ist wichtig, über formale, nichtformale und informale Lernmöglichkeiten nachzudenken, wenn man überlegt, wie man seinen Wissensschatz am besten erweitern kann.

Übung: Lebensbegleitender Lernplan

Ein Lernplan ist ein Dokument, mit dem du deinen formalen, nichtformalen und informalen Lernprozess über einen längeren Zeitraum planen kannst.

In der folgenden Liste findest du als Erstes einige Lernbereiche. Geh diese Liste durch und lege drei Bereiche fest, an denen du im Lauf des nächsten Jahres arbeiten möchtest:

- körperliche Angelegenheiten,
- Beziehungen,
- Spirituelles,
- Arbeit,

- Geistiges,
- Hobbys/Passionen,
- Sonstiges.

Gehe nun bei jedem der drei Lernbereiche, die du als vorrangig eingestuft hast, wie folgt vor:

- Überlege dir, wie Erfolg für dich in diesem Lernbereich aussehen würde (das kannst du sowohl in Bildern als auch in Worten beschreiben).
- Setze diese bildliche oder verbal formulierte Erfolgsdefinition in ein Lernziel um.
- Schreib auf, warum dieses Lernziel für dich wichtig ist.
- Recherchiere, mit welchen Lernaktivitäten (formalen, nichtformalen und informalen) du dein Ziel erreichen könntest.
- Wähle die Lernaktivität(en) aus, die du praktizieren möchtest.
- Schließ die Augen und stell dir vor, wie dir zumute sein wird, wenn du dein Ziel erreicht hast.
- Beschreibe dieses Gefühl in Worten.

Erstelle eine Tabelle mit folgenden Überschriften:

- Lernbereich
- Ziel
- Aktivitäten
- Zeitplan
- Wie wird mir zumute sein, wenn ich mein Ziel erreicht habe?

Diese Tabelle ist dein Lernplan.

Überprüfe diesen Plan alle drei Monate. Wenn du auf dem richtigen Weg bist, beglückwünsche dich mit einer besonderen Feier. Falls du *nicht* auf dem richtigen Weg sein solltest, überlege dir, warum das so ist und was du gegebenenfalls tun musst, um etwas daran zu ändern.

Wenn es dir schwerfällt, das allein zu bewerkstelligen, suche nach jemandem, der dir dabei helfen kann.

Dein Lernplan ist eine ganz persönliche Reise. Er ist genauso einzigartig wie du selbst. Was du lernen möchtest, wie du lernst, welchen Wert das Gelernte für dich hat und wie du dich dabei fühlst – all das kommt von dir.

Es gibt nur ein einziges »Du«, und das wird auch immer so sein. Du solltest deinen Lernprozess, dein Wissen und deine Fähigkeiten niemals mit denen anderer Menschen vergleichen, die scheinbar weiter sind als du. Denn wenn du dich mit anderen vergleichst, wirst du dir vielleicht wie ein Versager vorkommen.

Du bist genauso besonders wie jeder andere Mensch, und du hast auch einen ganz besonderen Weg vor dir. Warum also solltest du versuchen, dich selbst, deinen Weg und deinen Lernprozess mit dem anderer Menschen zu vergleichen? Du brauchst niemandem etwas zu beweisen. Aber du trägst auch die Verantwortung dafür, der beste Mensch zu sein, der du sein kannst. Und du trägst die Verantwortung dafür, deine bestmögliche Geschichte zu leben. Lernen ist ein wichtiger Katalysator dafür.

Was die Art des Lernens betrifft, so ist es wichtig, verschiedene Lernstile auszuprobieren, um herauszufinden, welche Methode sich am besten für dich eignet. Manche Menschen lernen leichter in einer Gruppe (Klassenzimmer, Workshops), für andere ist

Einzelunterricht (Coaching, Mentoring) besser geeignet, wieder andere lernen am liebsten allein (E-Learning, Fernunterricht).

Manche lernen visuell (durch Sehen), manche auditiv (durch Hören) und manche durch Erfahrung (Tun). Einige bevorzugen formale Aufgaben, Prüfungen und Feedback. Andere ziehen es vor, einfach nur zu schauen und nachzudenken. Manche möchten formale Qualifikationen und Zertifikate erhalten, während andere sich nicht allzu viele Gedanken über solcherlei machen.

Formale Qualifikationen sind in unserer heutigen Welt manchmal unverzichtbar, wenn man einen bestimmten Beruf oder eine spezielle Karriere anstrebt; doch dein Lernprozess sollte sich nicht darauf beschränken. Ohne die verschiedenen Kenntnisse, die du im Lauf deines Lebens auf informalem Weg erwirbst, werden deine Fähigkeiten nicht ausreichend sein, und du wirst dich nicht so entwickeln, wie du solltest. Wie bei allem im Leben kommt es auch hier auf Vielfalt und Ausgewogenheit an. Letzten Endes nützt das, was du gelernt hast, jedoch nichts, wenn du dieses Wissen nicht anwendest und weitergibst.

> In dem Augenblick, in dem ich aufhöre zu lernen, gebe ich das Leben auf. Je mehr ich lerne, umso besser kann ich meiner Verantwortung gerecht werden.

Unsere Alten lehren uns auch, beim Lernen geduldig zu sein. Schau dir das Land an, wenn es regnet: Langsamer, stetiger, geduldiger Regen wird von der Erde aufgenommen, und das Leben blüht auf und gedeiht. Ein heftiger Wolkenbruch dagegen überflutet das Land, und das Wasser fließt ins Meer hinaus, verursacht Erosion und Überschwemmungen – das Land wird krank, und das Leben verkümmert. Mit dem Lernen ist es genauso: Wenn wir uns Zeit dafür nehmen, nimmt unser Geist das Wissen in sich auf, und wir blühen auf und gedeihen. Wenn wir uns abhetzen, dringt das Wissen nicht richtig in unser Bewusstsein; und dann gewinnen wir vielleicht den Eindruck, dass wir mit unserem Lernprozess gescheitert sind. Dadurch können Ängste in uns aufsteigen, unser Selbstvertrauen lässt nach, und vielleicht spielen wir sogar mit dem Gedanken, unsere Bemühungen aufzugeben. Dann ist unsere Fähigkeit, die Geschichte zu leben, die wir uns ausgesucht haben, in Gefahr.

Es ist nicht immer einfach, geduldig zu sein, wenn man das Gefühl hat, nicht schnell genug vorwärtszukommen. Falls dir das so geht, solltest du dich darauf konzentrieren, was du bereits erreicht hast, und nicht darauf, wie weit die Strecke ist, die noch vor dir liegt. Vor vielen Jahren beschloss ich, mir das Gitarrespielen beizubringen. Nach einigen Monaten war ich desillusioniert und redete mir ein, überhaupt keine Fortschritte zu machen. Daraufhin riet mir ein Freund, die Gitarre umzudrehen und die Akkorde mit der anderen Hand zu spielen. Da merkte ich, dass ich inzwischen schon viel weiter gekommen war, als ich mir eigentlich zugetraut hatte.

Wenn du etwas Neues lernst, wirst du vielleicht feststellen, dass sich dein Verständnis von vielem ändert und du plötzlich andere Ansichten darüber hast. Vielleicht wird dir dadurch auch klar, dass du Überzeugungen, Einstellungen und Meinungen, an denen du jahrelang festgehalten hattest, verlernen musst. Alte Gewohnheiten zu ändern, ist nicht immer einfach, doch es ist eine Herausforderung, auf die dein Lernprozess dich vorbereitet hat. Wenn du dich von Dingen befreist, die dir im Weg stehen, kannst du deine Ziele erreichen und eine gute Geschichte leben.

Wenn die Flamme des Lernens erst einmal entfacht ist, wird den Menschen oft klar, was sie über die Welt alles noch nicht wissen. Das kann ihren Appetit darauf wecken, mehr zu lernen. Falls du diesen Appetit durch einen Lernstoff stillst, der mit dem Ngurrampaa in Zusammenhang steht und Körper, Geist und Seele auf diese Weise in ein harmonisches Gleichgewicht bringt, folgst du dem Traumpfad und wirst zu einer unschätzbaren Hilfs- und Informationsquelle für dich selbst, deine Familie, deine Mitmenschen, die Gesellschaft und die Erde.

Wenn du dich als Lernender weiterentwickelst und anfängst, dein Wissen mit deinen Mitmenschen zu teilen, wirst du zu einem Anstoß von Lernprozessen für andere Menschen. Das ist ein enormes Privileg, aber auch eine große Verantwortung. Daher ist es sehr wichtig, dass das Wissen, welches du weitergibst, auch wirklich der Wahrheit entspricht.

Ein alter Mann hat einmal zu mir gesagt: »Wenn du nicht weißt, woher du kommst, wirst du niemals wissen, wohin du gehst.« Man kann nicht nur aus dem Heute heraus existieren. Alles, was du im Kopf hast, alles, was du in deinem Herzen oder deinem Verstand trägst, woher kommt das?

Es kommt nicht aus der Zukunft, denn die Zukunft hat noch nicht stattgefunden. Und es kommt auch nicht aus dem jetzigen Augenblick. Alles, was du schätzt, respektierst und weißt, kommt aus der Vergangenheit. Ein Teil des Wissens in deinem Kopf stammt von Sokrates. Einiges davon stammt von Einstein. Große Gelehrte haben ihr Wissen an andere Menschen weitergegeben, und jetzt gehört es dir.

Einiges von deinem Wissen stammt von deiner Mutter und deinem Vater, von deinen Großeltern, aus dem Fernsehen, aus einer

Kneipe oder auch einfach nur aus allgemeinen Gesprächen, die du mit irgendjemandem geführt hast. Doch das alles kommt aus der Vergangenheit.

Wie können wir wissen, ob dieses Wissen der Wahrheit entspricht? Woher wissen wir, ob das, was wir für wertvoll oder wahr halten, auch tatsächlich *wahr* ist? Große Gelehrte werden zu großen Gelehrten, weil sie alles infrage stellen, was man ihnen beigebracht hat. Und wenn sie etwas in Zweifel ziehen, entdecken sie auf diese Weise etwas Neues. Was wäre, wenn sie diese neue Entdeckung für sich behielten? Dann wäre es ein sinnloser Gedanke, eine sinnlose Entdeckung. Wissen hat keinen Wert, wenn wir es nicht mit anderen teilen.

Es ist gut, grundsätzlich alles kritisch zu prüfen, was man uns erzählt hat oder was wir gelesen haben, und uns zu fragen: »Ist das auch wirklich wahr?« Denn wenn es nicht zutrifft, verfangen wir uns in einem Netz aus Lügen.

Das Bedürfnis nach Wahrheit ist in der Lore verankert und bildete einen Grundpfeiler unseres traditionellen Lebens. Es gibt viele überlieferte Geschichten, die darauf hinweisen, wie wichtig es ist, die Wahrheit zu sagen, zum Beispiel die Thikarbilla-Geschichte aus Kapitel 3. In unserer heutigen Gesellschaft scheint man der Wahrheit einen hohen Stellenwert beizumessen: Von klein auf wird uns eingeschärft, dass wir nicht lügen sollen. Doch wissenschaftliche Untersuchungen zeigen, dass die meisten Erwachsenen es trotzdem tun. Wir lügen, um Fehler zu vertuschen, uns persönliche Vorteile zu verschaffen, akzeptiert zu werden, anderen zu helfen, andere zu verletzen, schwierigen Situationen aus dem Weg zu gehen – und aus vielen anderen Gründen. Die Wahrscheinlichkeit, dass wir Lügen zu hören bekommen und möglicherweise auch welche erzählen werden, besteht tagtäglich.

Daher müssen wir wachsam sein, wenn wir Informationen erhalten und weitergeben. Das ist in den letzten Jahren noch wichtiger geworden, was teilweise auf die Fortschritte in unseren modernen Technologien zurückzuführen ist, die es relativ leicht macht, Fehlinformationen zu verbreiten.

Man liest immer wieder Warnungen vor Betrügereien und Intrigen. Doch ein sehr viel weniger beachtetes Problem ist Klatsch und Tratsch. Unter Klatsch versteht man Bemerkungen und Gespräche über das Privatleben anderer Menschen, die oft unfreundlich und manchmal auch unwahr sind. Man kann leicht in solches Verhalten verwickelt werden. Aber es ist für uns alle in spiritueller, psychischer und emotionaler Hinsicht schädlich. Dabei gewinnt niemand etwas. Wenn du in ein solches Spinnennetz aus Klatsch und Tratsch hineingezogen wirst, solltest du dich fragen: »*Muss* ich mir das anhören? Würde es mir gefallen, wenn jemand so über *mich* redete? Möchte ich damit etwas zu tun haben?«

Es ist immer eine gute Idee, sich zu fragen, ob das, was wir zu hören bekommen, auch wirklich wahr ist. Das bedeutet nicht, dass wir unseren Zeitgenossen mit übermäßigem Misstrauen oder Zynismen begegnen. Es bedeutet einfach nur, dass wir der Realität ins Auge sehen und wissen, dass es Leute gibt, die unser Wohlwollen und unsere Freundlichkeit ausnutzen werden, wenn wir nicht vorsichtig sind. Obwohl es wichtig ist, zu wissen, wann wir belogen werden, ist das nicht immer leicht zu erkennen – vor allem wenn man von Natur aus ein sehr vertrauensvoller Mensch ist.

Bei dem Versuch, herauszufinden, ob man uns die Wahrheit

sagt oder nicht, sollten wir uns darüber im Klaren sein, dass wir ganz besonders dazu neigen, Lügen Glauben zu schenken, die uns in unserer eigenen Weltanschauung bestätigen, und dass wir gern Informationen ignorieren, die unser bisheriges Weltbild infrage stellen. Wir sollten also nicht nur vorsichtig sein, wenn man uns etwas erzählt, was uns gefällt, sondern auch offen für Informationen sein, die uns *nicht* gefallen. Das Ausblenden anderer Meinungen und Informationen kann uns daran hindern, die Wahrheit zu erkennen, und es kann uns auch davon abhalten, etwas zu lernen und uns weiterzuentwickeln.

Je mehr wir lernen, umso größer ist leider auch die Wahrscheinlichkeit, nicht nur zutreffende Informationen zu erhalten. Das ist ein ernstes Problem für uns, unsere Gemeinschaften, unser Land und die ganze Welt. Wenn wir versuchen, ein Zuhause, einen Arbeitsplatz, eine Gemeinschaft, eine Nation und eine Welt zu schaffen, in der die Wahrheit gesprochen wird, können wir dadurch Einigkeit, Vertrauen und Beziehungen aufbauen, die sich positiv auf unser Wohlwollen und unser kollektives Wohlergehen auswirken. Außerdem würde ein solches Verhalten den Lehren der Lore entsprechen. Und diese schöne neue Welt des Die-Wahrheit-Sagens beginnt bei *dir*.

Zusätzlich zu den oben beschriebenen Vorteilen würde es uns auch leichter fallen, Entscheidungen zu treffen, wenn alle Menschen die Wahrheit sagten. Denn beim Treffen von Entscheidungen sind wir oft auf Informationen aus den verschiedensten Quellen angewiesen. Eine Entscheidung, die auf ungenauen oder bewusst irreführenden Informationen beruht, könnte zu Kränkungen oder dazu führen, dass wir unser Haus verlieren, unsere Ersparnisse einbüßen, unsere Gesundheit oder unsere Beziehungen darunter leiden. In einer Welt zu leben, in der wir nicht wissen, ob man uns die Wahrheit sagt oder nicht, ist für uns daher auf individueller ebenso wie kollektiver Ebene ein großes Problem.

Ehrlichkeit war in der traditionellen Gesellschaft der Aborigines eine wichtige Verhaltensnorm, und sie spielt auch in unserer heutigen Welt immer noch eine bedeutende Rolle. Jedem von uns steht es frei, von Führungspersönlichkeiten, Unternehmen, den Medien und Menschen, mit denen wir zu tun haben, mehr Wahrheitsliebe zu verlangen. Und es steht auch jedem frei, Leute zu entlarven, die Fehlinformationen oder Lügen verbreiten.

Wenn wir von unseren Mitmenschen mehr Wahrhaftigkeit erwarten, sollten wir darauf achten, uns genauso zu verhalten. Dazu gehört auch, dass wir uns selbst treu bleiben und unsere eigene, einzigartige Geschichte akzeptieren und leben.

> Kannst du innerhalb einer Gruppe etwas Gutes über jemanden sagen, der nicht dabei ist, den aber alle kennen? Oder hast du das Gefühl, diese Person herabsetzen zu müssen, um dich selbst gut zu fühlen? Wenn du das Bedürfnis hast, andere Menschen zu diskriminieren, weil dir das ein gutes Gefühl gibt, stehst du nicht mit deiner Kraft, deinem inneren Selbst, deiner Seele, deiner Glücksquelle in Verbindung. Deine Kraft liegt tief in deinem Inneren. Du musst sie finden, auf sie hören und danach handeln, was sie dir sagt. Wenn du das tust, hörst du auf deine Wahrheit.

Um ein zufriedenes Leben führen zu können, müssen wir unsere Wahrheit leben. Um unsere Wahrheit zu leben, müssen wir uns selbst kennen. Um uns selbst zu kennen, müssen wir ehrlich zu uns sein. Und dazu müssen wir einen inneren Ort der Stille finden und mit unserem weisen Ich, unserem intuitiven

Ich, unserem uralten Ich in Verbindung treten … und wir müssen zuhören.

Von der Geburt bis zum Grab erzählen uns die verschiedensten Instanzen – Familie, Freunde, Gleichaltrige, Lehrer, Medien, religiöse Figuren und Politiker –, wie ein erfolgreiches Leben auszusehen hat. Das kann zu einer Lärmwolke werden, die unseren Geist und unsere Seele so sehr einhüllt, dass wir uns kaum noch über unsere persönliche Wahrheit klar werden, unsere Bestimmung erkennen und die Frage beantworten können: »Wer bin ich, und warum bin ich hier?«

Übung: Fußabdrücke im Sand

Mithilfe der nun folgenden Übung kannst du über dein bisheriges Leben nachdenken und prüfen, ob du deine Wahrheit lebst. Vielleicht solltest du diesen Text aufnehmen und ihn dir dann mit geschlossenen Augen anhören. Du kannst aber auch jemanden bitten, ihn dir vorzulesen.

Stell dir vor, du gehst barfuß an einem Strand entlang. Es ist ein wunderschöner Strand. Auf der linken Seite liegt ein endloses Gemälde aus schimmerndem türkisfarbenem Meer. Auf der rechten Seite siehst du ein Mosaik aus saftig grünem Regenwald. Vor dir liegt ein goldener Pfad, den du erkunden kannst. Der Strand ist völlig menschenleer. Man sieht nicht einmal einen Fußabdruck im Sand.

Der Sand schmiegt sich wie feiner Puder an deine Fußsohlen, und das leise Rauschen der kleinen Wellen wird zu einem melodischen Pulsieren der Glückseligkeit, das durch dich hindurchströmt. Die Wellen strecken ihre Hände nach dir aus, wollen mit dir in Verbindung treten, wollen deine müde Seele reinigen und heilen.

Die Sonne strahlt auf dich herab und übergießt deine Haut mit Wärme, die tief in deine Seele eindringt. Der Himmel ist von einem wunderschönen Blau. Bei seinem Anblick hast du das Gefühl, diese Farbe noch nie gesehen zu haben. Er ist vollkommen. Du hast das Gefühl, in die Unendlichkeit hineinzuschauen. Während du die unermessliche Weite um dich herum in dich aufnimmst, spürst du, wie eine tiefe Liebe dich umhüllt und mit dir mitschwingt; und du erfährst, wie wichtig du bist.

Langsam schaust du dich um und betrachtest den Strand, das Wasser, den Wald und den Himmel, während du die vielen Düfte einatmest, die du vorher gar nicht wahrgenommen hast. Eine sanfte Brise streichelt deine Arme, dein Gesicht, deinen Rücken, deine Brust und deine Beine. Es ist so ein gutes Gefühl, am Leben zu sein.

Während du am Strand entlanggehst, spürst du, wie die Last der letzten Monate von dir abfällt. Der Druck des Arbeitslebens ist verschwunden, ebenso wie deine Sorgen, ob du es schaffen wirst, alle Rechnungen zu bezahlen, deine Familie großzuziehen, dich gesünder zu ernähren, regelmäßig ins Fitnessstudio zu gehen und ein besserer Mensch zu werden.

Während deine aktuellen Sorgen verblassen, treten Erinnerungen an Enttäuschungen aus der Vergangenheit an ihre Stelle; doch zu deinem großen Erstaunen lösen sich auch diese Erinnerungen schnell wieder in nichts auf. Sie fallen mit solcher Leichtigkeit von dir ab, dass du dich fragst, warum du sie nicht schon viel früher losgelassen hast … Und dann löst du dich auch von diesem letzten Gedanken und konzentrierst dich ganz auf das Gefühl des Sandes unter deinen Füßen.

Scheinbar wie von selbst beginnst du über die Zukunft nachzudenken. Ein Teil von dir denkt, dass diese Zukunft großartig sein wird; doch eine andere, überraschend laute innere Stimme widerspricht dir und sagt, dass das nicht stimmt. Diese Stimme klingt sehr überzeugend. Sie sagt, dass du dich vor den Gefahren hüten musst, die auf dich zukommen könnten, wenn du dir eine sichere Zukunft wünschst.

Während diese Warnungen mit ihrem schonungslosen Pessimismus weiter auf dich einstürmen, schwebt dein Geist in die heitere Gelassenheit hinein, die dich von allen Seiten umgibt. Plötzlich scheinen die Weltuntergangsbotschaften deiner inneren Stimme einfach nicht mehr so überzeugend zu sein.

Du wanderst immer weiter am Strand entlang. Der Sand ist warm, doch hin und wieder trittst du auf eine kühlere Stelle, und dann verspürst du ein Kribbeln, das sich von deinen Füßen über deinen Nacken bis in deinen Kopf hineinzieht. Der Sand fühlt sich so wunderbar an. Es ist ein herrliches Gefühl, einfach ganz im jetzigen Augenblick aufzugehen. Den größten Teil deines Lebens hast du dich gefragt, wo du hingehörst. Doch in dem Moment weißt du, dass du ein Teil dieses Ortes bist und genau dorthin passt.

Du hast das Gefühl, aus fester und doch fließender Materie zu bestehen. Du fühlst dich benommen und doch gleichzeitig konzentriert. »So fühlt sich also Zufriedenheit an«, denkst du und nimmst dir vor, so etwas in Zukunft öfter zu machen.

Du wanderst immer weiter und weiter. Dein Atem geht schwerer, und du spürst, wie sich die Muskeln in deinen Beinen bei jedem Schritt zusammenziehen und wieder entspannen. Du merkst, wie gut es sich anfühlt, aktiv und lebendig zu sein, keine Sorgen zu haben.

Du nimmst den Geruch der salzigen Luft wahr. Er erinnert dich an die Zeit, als du noch jünger warst und als ein Ausflug zum Strand etwas ungeheuer Aufregendes war.

Wieder hörst du den sanften Rhythmus der Wellen, während in der Ferne eine Möwe schreit. Deine Augen suchen nach dem Ursprung dieses Geräuschs, und du siehst hoch über dir einen Adler schweben. Es fühlt sich so an, als hätte man dir eine besondere Brille gegeben, durch die du die Welt betrachten kannst.

»Diese Brille gefällt mir«, denkst du. »Sie macht alles um mich herum heller. Jetzt brauche ich die dunkle Brille, die ich früher aufhatte, nicht mehr.«

Ein überwältigendes Gefühl der Freude und viele andere positive Empfindungen durchströmen dein ganzes Wesen ... Körper, Geist und Seele. Du siehst dich selbst am Strand entlangwandern. Du leuchtest in einem hellen Licht, das niemand auslöschen kann, und erkennst, dass du, obwohl du ganz allein am Strand herumläufst, mit allem um dich herum verbunden bist. Und es gibt keine Worte, um zu beschreiben, wie gut sich das anfühlt. Du hast jedes Zeitgefühl verloren, denn du stehst nun mit einem Ort jenseits der Zeit in Verbindung.

Schließlich wird dir klar, dass du umkehren musst, und kehrst zurück ohne Traurigkeit oder Bedauern. Du bist einfach nur glücklich darüber, diese Erfahrung gemacht zu haben. Auf dem Heimweg fallen dir deine Fußabdrücke im Sand auf. Sie sind klar und deutlich zu erkennen.

Während du weiter am Strand entlang zurückwanderst, siehst du auch noch andere Fußabdrücke. »Wo kommen die denn her?«, fragst du dich. »Während meines ganzen Spaziergangs war doch gar niemand hier an diesem Strand.«

Mit der Zeit werden es immer mehr Fußabdrücke. Diese vielen Fußspuren jagen dir Angst ein, und du fühlst dich wie erdrückt. Als du dich deinem Ausgangspunkt näherst, sind es Hunderte von Spuren – so viele, dass du deine eigenen Fußabdrücke gar nicht mehr erkennen kannst. Die vergangenen Stunden sind vergessen, und du verspürst ein überwältigendes Bedürfnis, davonzulaufen.

Wie hast du dich während des ersten Teils dieser Übung gefühlt (bis zu dem Punkt, an dem du umgekehrt bist)?

Wie hast du dich am Ende der Übung gefühlt?

Was glaubst du, was das Ende dieser Geschichte zu bedeuten hat?

Was hast du daraus über dein Leben und deine Fußspuren gelernt?

Bei der obigen Übung geht es darum, dass jeder von uns die Bewusstheit und den Mut haben sollte, den Weg zu gehen, von dem wir wissen, dass er für uns richtig ist. Seinem eigenen Weg auf dem Traumpfad zu folgen. Dazu müssen wir ein starkes Identitätsgefühl haben – wir müssen wissen, wer wir sind.

Da unser Identitätsgefühl auch davon abhängt, wie andere uns sehen, laufen wir, wenn wir keine positive Meinung (Selbstbild, Selbstwertgefühl, Selbstvertrauen) von uns haben, Gefahr, in ständiger Angst vor den Meinungen und Werturteilen anderer zu leben. Das kann dazu führen, dass wir unser Leben lang versuchen, uns anzupassen, und nicht zu unserem wahren Ich finden.

Vor meinem psychischen Zusammenbruch drehte sich mein ganzes Leben immer nur darum, Bestätigung von anderen zu bekommen. Ich war nie in der Lage, meine eigenen Fußspuren im Sand zu hinterlassen. Sie wurden stets von unzähligen anderen Fußabdrücken überdeckt. Zum Glück wurde mein psychischer Zusammenbruch zu einem Durchbruch, als ich begriff, dass mein Identitätsgefühl gar nichts mit meinem wahren Ich zu tun hatte. Nachdem ich eine Zeit lang mit den Ältesten durch das Land gewandert war, wusste ich viel über unsere Kultur und zu meinem großen Erstaunen auch über mich selbst. Und zum Glück konnte ich dann endlich zu meinem wahren Ich finden und meinen wahren Weg gehen.

Viele Menschen glauben, ihre Wahrheit zu leben, obwohl das in Wirklichkeit gar nicht stimmt. Vielleicht ist uns das überhaupt nicht bewusst; doch im täglichen Chaos, unter dem Druck der konkurrierenden Ansprüche, die unsere Mitmenschen an unsere Zeit stellen, und in dem Bemühen, die verschiedenen Erwartungen von Leuten zu erfüllen, die uns wichtig sind, gelingt es uns oft nicht, uns auf unser wahres Ich zu konzentrieren. In all diesem Lärm kann unsere wahre Geschichte untergehen.

Glaubst du, klare, entschlossene, zielgerichtete Fußabdrücke im Sand zu hinterlassen? (Es können ruhig auch andere Menschen neben dir herlaufen, aber sie müssen es mit Respekt, Liebe und Bescheidenheit tun.) Oder werden deine Fußspuren von unzähligen anderen Menschen zertrampelt, sodass du dich erdrückt, unsichtbar, unbedeutend, nicht richtig gewürdigt, orientierungslos und verloren fühlst?

Denke einmal über deine Identität nach. Ist sie wirklich deine eigene, oder handelt es sich dabei lediglich um ein Produkt der Erwartungen, Wertvorstellungen und Regeln anderer Menschen? Gehst du den Weg, den du gehen möchtest? Spiegelt sich in deiner Lebensgeschichte wirklich der Mensch wider, der du bist?

Wenn du dich in deiner Umgebung umschaust, zuhörst, lernst und dich weiterentwickelst, ist es wichtig, daran zu denken, dass es bei einem Teil deines Lernprozesses um dich selbst gehen muss. Ohne darüber nachzudenken, was Identität für dich bedeutet, wer du bist und worauf es dir in deinem Leben ankommt, wirst du deinen Weg zu Sinn, Zweck und Zufriedenheit nicht finden.

Wenn jeder von uns sich die positive Wirkung kontinuierlichen Lernens zunutze macht, sich fest vornimmt, die Wahrheit zu sagen, und seinen Weg in Übereinstimmung mit dem Menschen geht, der er tief innerlich ist, werden wir alle uns auf individueller und kollektiver Ebene weiterentwickeln und immer stärker miteinander verbunden sein. Und dieser Erneuerungsprozess wird zwangsläufig zu einer besseren Welt führen.

Botschaft Nr. 10

Schau hin, höre zu und lerne. Die Welt um dich herum ist dein Klassenzimmer.

Botschaft Nr. 11

Wenn du zu mir kommst und alles weißt, kann ich dir nichts beibringen. Wenn du zu mir kommst und nichts weißt, kann ich dir alles beibringen.

Botschaft Nr. 12

Wissen ist nichts wert, wenn wir es nicht mit anderen Menschen teilen.

Botschaft Nr. 13

Suche in allem, was du tust, nach der Wahrheit.

Botschaft Nr. 14

Deine Lebensreise hat einen Sinn. Sie ist etwas ganz Besonderes und Individuelles – genau wie du. Respektiere diesen Weg, ehre ihn, nimm ihn an und gehe ihn.

Kapitel 5

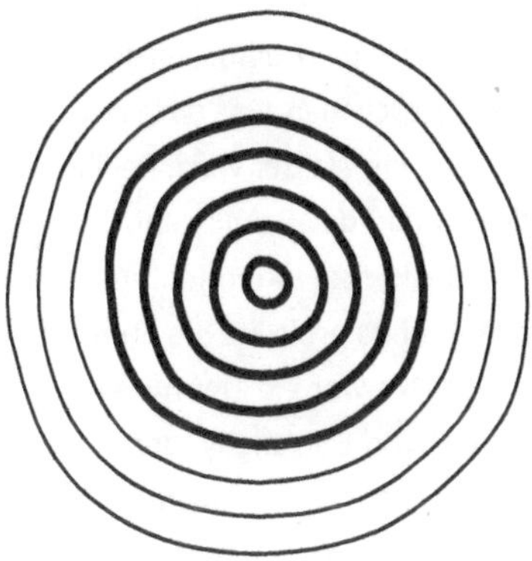

Inspiration und Resilienz

Vor langer, langer Zeit lief ein junges Känguru namens Wambuyn zum Bach hinunter, um Wasser zu trinken. Die Sonne war gerade aufgegangen, und der Kookaburra hatte angefangen zu lachen. Das tat er jeden Morgen, um allen zu zeigen, dass es jetzt an der Zeit war, aufzustehen und den Tag zu genießen.

Während Wambuyn trank, sah sie aus den Augenwinkeln etwas Kleines, Dunkles, Glitzerndes im Wasser verschwinden. Da Wambuyn ein sehr neugieriges Känguru war, hüpfte sie zu den Wellen hinüber, die durch das Abtauchen dieses Wesens entstanden waren, um nachzuschauen, was da los war.

Als sie einen Blick ins Wasser warf, fiel ihr ein kleiner dunkler Fleck auf dem Grund des Baches auf. Das machte sie noch neugieriger; also steckte sie ihren Kopf ins Wasser, um besser sehen zu können. Und da erblickte sie etwas, was sie noch nie zuvor gesehen hatte. Es war ein Tier mit einem Fell wie ihrem, einem Schnabel wie von Garrangay, der schwarzen Ente, und einem flachen Schwanz, der irgendwie nicht zum Rest dieser Gestalt zu passen schien. »Wie komisch dieses Tier aussieht«, dachte sie.

Während sie es beobachtete, sah sie, wie zwei dunkle Knopfaugen sie erschrocken ansahen. Wambuyn winkte dem Tier freundlich mit der Pfote zu, setzte sich wieder ans Ufer des Bachs und lächelte.

Nach sehr langer Zeit tauchte ein kleiner pelziger Kopf aus dem Wasser auf.

»Hallo«, sagte Wambuyn. »Du brauchst keine Angst zu haben. Warum kommst du nicht heraus und setzt dich zu mir? Ich lerne gern neue Freunde kennen.«

Da schoss das seltsame Wesen blitzschnell wie Makurr, der

Fisch, durchs Wasser, und im Nu saß es neben Wambuyn. »Ich hätte gern einen Freund«, sagte das Wesen. »Hallo. Ich heiße Yapii.«

Yapii und Wambuyn saßen den ganzen Vormittag am Ufer, unterhielten sich miteinander und kamen dabei vom Hundertsten ins Tausendste. Inzwischen stand die alte Frau Sonne schon hoch am Himmel. Wambuyn warf einen Blick zur Sonne empor. »Oje«, sagte sie. »Ich sollte jetzt lieber heimgehen. Meine Familie wird sich Sorgen um mich machen. Ich war noch nie so lange allein unterwegs.« In diesem Augenblick war ein lautes Knistern und Krachen im Gebüsch zu hören. Yapii sprang sofort zurück ins Wasser.

Waparr, der Vater des jungen Kängurus, erschien am Ufer des Bachs und wirkte sehr erleichtert. »Gott sei Dank habe ich dich gefunden, meine Tochter. Du warst noch nie so lange weg. Ist alles in Ordnung?«

Wambuyn erzählte ihrem Vater, dass sie einen neuen Freund gefunden hatte, und zeigte auf den dunklen Fleck im Wasser. Der Vater sah sie an und lächelte. »Das ist ein Schnabeltier«, sagte er. »Du hast großes Glück, ein Schnabeltier zum Freund zu haben. Sie sind sehr scheu und nervös. Kaum ein Tier hat schon mal eines kennengelernt.«

Waparr winkte Yapii zu und lächelte. Da tauchte Yapiis pelziger kleiner Kopf wieder aus dem Wasser auf. »Hallo«, sagte Waparr. »Ich bin Wambuyns Vater. Es freut mich sehr, dich kennenzulernen. Ich kann es kaum erwarten, den anderen Tieren zu erzählen, dass Wambuyn ein Schnabeltier zum Freund hat.«

»Wirklich?«, fragte das Schnabeltier. »Glaubst du wirklich, dass die anderen Tiere sich dafür interessieren würden?«

»Natürlich«, sagte der Vater. »Ich weiß, dass sie dich gern kennenlernen würden.« Die drei saßen nebeneinander am Ufer und sahen ein paar Libellen beim Spielen zu. »Ich habe eine Idee«, sagte Wambuyn zu ihrem Vater. »Warum laden wir Yapii nicht ein, zu uns zu kommen und sie alle kennenzulernen?«

»Das ist eine prima Idee«, stimmte er zu. »Wir könnten sogar ein Corroboree zu Yapiis Ehren veranstalten.«

Da sprang Yapii zurück ins Wasser. Nach einer Weile streckte er seinen Kopf wieder heraus. »Tut mir leid«, sagte er. »Ich kann den Bach unmöglich verlassen.« Er zitterte vor Angst.

»Du brauchst keine Angst zu haben«, sagte Vater Känguru. »Du wirst deine Familie kennenlernen. Wir gehören alle zusammen, weißt du? Sie werden das alle sehr aufregend finden.«

»Ich bin noch nie von diesem Ort weg gewesen«, sagte das Schnabeltier, und seine Stimme klang sehr nervös. »Ich habe solche Angst. Ich würde die vielen Tiere, die ich hier unten am Bach gesehen habe, so gern kennenlernen. Aber ich kann nicht einmal daran denken, ohne dass mir ganz flau im Magen wird.«

»Ja natürlich«, sagte Vater Känguru. »Ich sehe, dass du Angst hast. Aber denk doch mal nach: Wenn du dich durch deine Angst von etwas abhalten lässt, was du unheimlich gern tun würdest, dann lässt du zu, dass die Angst dein Leben bestimmt. Du trittst deine Macht an die Angst ab und versäumst etwas ganz Besonderes.«

Da kroch Yapii ans Ufer zurück, legte sich auf den Rücken und ließ sich die Sonne auf den Bauch scheinen. »Hm. Du hast ja recht, doch ich glaube nicht, dass ich das kann.«

»Das verstehe ich«, sagte Waparr. »Wir haben alle manchmal Angst.«

»Aber du bist doch so groß und stark. Und du kannst dich so schnell bewegen. Ich kann mir nicht vorstellen, warum du vor irgendetwas Angst haben solltest«, sagte Yapii.

»Angst kann sich auf verschiedene Art und Weise zeigen«, sagte Waparr. »Ich habe in meinem Leben schon oft Angst gehabt. Als junges Känguru hatte ich Angst vor der Dunkelheit. Als ich erwachsen wurde, hatte ich Angst, meiner Verantwortung nicht gerecht werden zu können. Als ich Kinder bekam, hatte ich Angst, kein besonders guter Vater zu sein. Und selbst jetzt habe ich immer noch manchmal Angst, andere zu enttäuschen.«

»Oh«, sagten Yapii und Wambuyn wie aus einem Mund und waren sehr erstaunt.

»Angst zu haben, ist etwas ganz Normales. Manchmal kann sie uns das Leben retten. Aber meistens spielt unser Verstand uns damit nur einen Streich. Das Erfolgsgeheimnis besteht darin, der Angst nicht nachzugeben, wenn man weiß, dass sie unbegründet ist. Indem wir uns unserer Angst stellen, zeigen wir, dass wir Mut haben.«

Eine Zeit lang war es ganz still. Dann richtete Yapii sich auf und sah plötzlich ganz anders aus. »Danke für deinen Rat, Großvater«, sagte er. »Wenn es dir recht ist, würde ich sehr gern kommen und meine ganze Familie kennenlernen. Ich weiß zwar nicht, ob ich wirklich so viel Mut habe, aber ich werde tun, was ich kann.«

Drei Tage später veranstalteten die Tiere ein großes Corroboree für einen ganz besonderen Gast, der sehr komisch aussah. Er hatte ein Fell wie ein Känguru, einen Schnabel wie eine schwarze Ente und einen flachen Schwanz, der irgendwie nicht zum Rest seines Körpers zu passen schien. Doch obwohl er anfangs etwas schüchtern war, schaffte seine neu entdeckte Familie es bald, dass er sich in ihrer Mitte wie zu Hause fühlte. Er lernte Lieder kennen, lernte tanzen und hörte viele Geschichten. Das war die schönste Nacht seines Lebens.

Woran denkst du morgens beim Aufwachen zuallererst? Siehst du dem bevorstehenden Tag mit Spannung und Begeisterung entgegen? Oder erwachst du mit dem Gefühl, ein Roboter zu sein, der ja doch immer und immer wieder nur das Gleiche tut?

Die Erwartung, sich jeden Morgen beim Aufwachen inspiriert zu fühlen, mag sich wie das fantasievolle Geschwätz eines Träumers anhören. Vielleicht fühlst du dich schon allein bei diesem Gedanken völlig ausgelaugt. Doch Inspiration bedeutet nicht, dass man versucht, zig Vorhaben in einen einzigen Tag hineinzupacken, sondern dass wir die Heiligkeit des Menschen, der wir sind, freudig annehmen und daran glauben, dass wir zu einem ganz bestimmten Zweck auf die Welt gekommen sind. Wir können nicht immer glücklich oder fröhlich sein, aber wir können uns jederzeit motiviert fühlen und alles um uns herum aus einer positiven Perspektive betrachten. Dazu bedarf es keiner großen Anstrengung, sondern nur der richtigen Einstellung.

Fühlt man sich inspiriert, statt zu glauben, es sei ohnehin alles vorprogrammiert und man habe keine Chance, ist es gleich viel einfacher, seinen eigenen Weg zu gehen und eine gute Geschichte zu leben. Wenn man mit der Natur in Kontakt tritt, Beziehungen pflegt, sich mit einer Aura der Liebe umgibt und jeden Tag als Chance sieht, etwas zu lernen, fällt es einem sehr viel leichter, mit Schwung aus dem Bett zu hüpfen.

Es gab einmal eine Zeit in meinem Leben, in der meine Ängste und meine innere Finsternis mich beinah auffraßen, sodass es mir schwerfiel, morgens überhaupt aus dem Bett zu kommen – geschweige denn mit Schwung herauszuspringen. Doch dank professioneller Hilfe wurde mir klar, dass ich mir selbst ziemlich viele negative Etiketten angeheftet hatte, die gar nicht stimmten. Ich begriff, dass ich mein Wohlbefinden durch kontraproduktive negative Gedanken über mich selbst und die Welt ringsumher sabotiert hatte.

Um das zu ändern, lernte ich, mich und meine Lebensgeschichte aus einer Perspektive der Liebe und Freundschaft zu betrachten, statt mich in eine Haltung des Bedauerns und der Selbstverdammung zu verrennen. Dadurch, dass ich den Wahrheitsgehalt dieser negativen Denkmuster hinterfragte, kam ich der Wahrheit allmählich immer näher. Mein Leben – meine Geschichte – war etwas, womit ich zufrieden sein konnte. Ich lernte, das Positive an dieser Geschichte zu schätzen, und begriff, dass jeder Mensch eine bemerkenswerte und inspirierende Lebensgeschichte hat.

Übung: Unsere Geschichte erzählen

Setz dich vor ein leeres Blatt Papier und denke über deine bisherige Lebensgeschichte nach. Schreibe auf, mit welchen Teilen dieser Geschichte du zufrieden bist. Notiere dir auch, was du bedauerst, und lege das Blatt Papier dann für eine Weile beiseite.

Nimm Kontakt zu zwei Freunden auf und bitte sie, diese Übung gemeinsam mit dir zu machen. Ihr müsst euch persönlich treffen, um die Übung durchführen zu können.

Erkläre deinen Freunden, dass einer von ihnen dreißig Sekunden Zeit hat, dem anderen seine Lebensgeschichte zu erzählen, sobald du ihnen das Startsignal dazu gibst. Nach Ablauf dieser dreißig Sekunden werden die Rollen getauscht, und der andere Freund erzählt dreißig Sekunden lang seine eigene Lebensgeschichte.

Anschließend bittest du sie, das Gleiche noch einmal zu tun;

doch diesmal hat jeder dreißig Sekunden Zeit, dem anderen zu sagen, was er an dessen Lebensgeschichte gut fand oder was ihn daran inspiriert hat.

Achte genau auf die Körpersprache und auf die Energie des Gesprächs, während deine zwei Freunde diese Übung machen.

Am Ende fragst du jeden von beiden, wie er sich während der Übung gefühlt hat. Höchstwahrscheinlich wird jeder Teilnehmer sich darüber wundern, dass der andere seine Geschichte interessant oder vielleicht sogar inspirierend fand.

Diese Übung soll dir als Moderator zeigen, wie wichtig es ist, Geschichten zu erzählen. Wenn Menschen sich durch eine dreißigsekündige Geschichte inspiriert fühlen können, was glaubst du wohl, was alles möglich wäre, würden wir unseren Mitmenschen länger und öfter etwas über uns erzählen? Außerdem zeigt dir diese Übung, dass an der Lebensgeschichte jedes Menschen etwas Bemerkenswertes ist – auch an deiner eigenen.

Sobald du mit der Übung fertig bist, gehst du die Liste der Dinge, die dir an deiner Lebensgeschichte bisher gefallen haben und die du bedauerst, noch einmal durch. Ist deine Liste ausgewogen? Falls du mehr davon bedauernswert als befriedigend findest – gehst du dann wirklich fair mit dir selbst um?

Und nun tu einmal so, als sei deine Lebensgeschichte in Wirklichkeit die Geschichte deines allerbesten Freundes und du würdest diese Übung mit *ihm* machen. Was würdest du ihm darüber sagen? Welche Teile dieser Geschichte würdest du inspirierend finden und welche würdest du bedauern?

Die Lebensgeschichte deines Freundes ist wertvoll. Deine Geschichte ist genauso wertvoll.

Sich inspirieren zu lassen, ist nicht leicht, aber auch nicht so schwierig. Wenn du wirklich deinen eigenen Weg gehen möchtest, solltest du dich selbst davon überzeugen, dass du das auch tatsächlich willst, dass es sich lohnt und du es schaffen kannst. Du musst an dich und deinen Weg glauben.

Manchmal ist das gar nicht so einfach. Denn unser logischer Verstand redet uns alles Mögliche ein, um uns vor Enttäuschungen und unerfüllten Erwartungen zu bewahren. Und das ist auch durchaus sinnvoll: Unser Verstand will uns vor körperlichen und geistigen Gefahren schützen. Er verhält sich wie ein übereifriger Wächter. Doch indem er versucht, sich so gut wie möglich um uns zu kümmern, hält er uns womöglich davon ab, Dinge zu tun, die wichtig für uns sind.

Unseren Optimismus und unsere Hoffnung zu nähren und zu stärken, ist ein gutes Gegenmittel gegen dieses überbeschützende Verhalten, mit dem unser Verstand unseren Glauben an uns selbst untergräbt.

Denke zum Beispiel einmal an Kinder. Von Kindern können wir eine ganze Menge lernen. Die meisten Kinder sind ein gutes Beispiel für ständige Begeisterung und Aktivität. Sie sind Experten darin, die Freuden des gegenwärtigen Augenblicks auszukosten. Sie sind wunderbare Vorbilder und Mentoren der Hoffnung. Der Osterhase, der Weihnachtsmann, Drachen, Einhörner und Feen – all das sind für sie keine bloßen Märchen. Und wenn man sie fragt, was sie später einmal werden wollen, werden sie fröhlich, ohne Angst oder innere Einschränkungen unzählige Ideen dazu äußern.

Hast du Hoffnung in Hülle und Fülle? Wenn ja, dann beglückwünsche dich dazu, und sorge dafür, dass dir diese positive Einstellung nicht verloren geht! Falls nicht, solltest du dich fragen: »Warum nicht?«

Manche behaupten vielleicht, keine Zeit für solchen Unsinn zu haben … Sie sagen, dass erwachsene Menschen praktisch denken und mit der Realität klarkommen müssen. Auch ich halte es für wichtig, in unserem realen Leben, so wie es jetzt gerade ist, mit beiden Beinen fest auf der Erde zu stehen; aber ich bin auch der Meinung, dass es nicht schaden kann, ein paar Hoffnungen und Träume in die Waagschale zu werfen, um für ein harmonisches Gleichgewicht zu sorgen. Hoffnungen und Träume sind keine Utopien. Wenn man bereit ist, zu lernen und kleine Schritte in die richtige Richtung zu gehen, wird man irgendwann anfangen, daran zu glauben.

Doch wenn es in unserer Lebensgeschichte keine Hoffnung gibt, wird es uns schwerfallen, an diese Geschichte zu glauben. Ohne Glauben schleichen sich sehr leicht Zweifel in unsere Gedanken ein und untergraben unsere Zielstrebigkeit.

Wenn wir morgens aufwachen, wissen wir nie genau, was die nächsten 24 Stunden uns bringen werden. Dieses Buch zeigt dir Wege auf, wie du das Positive in deinem Umfeld erkennen kannst. Doch die Realität hat nun mal an manchen Tagen Enttäuschungen und unerwartete Ereignisse für uns in petto, die uns verärgern oder vielleicht sogar dazu verleiten, aufzugeben. Wenn wir uns so fühlen, ist es völlig in Ordnung zuzugeben, dass es uns nicht gut geht. In solchen Lebensphasen sind zwischenmenschliche Beziehungen besonders wichtig. Das sind Zeiten, in denen wir um Hilfe bitten – oder umgekehrt: in denen ein Freund *uns* bittet, ihm zu helfen. Es ist wichtig, uns in solchen Situationen für die Unterstützung unserer Mitmenschen zu öffnen, damit die Flamme der Hoffnung neu entfacht werden kann.

Das alte Sprichwort »Die längste Reise beginnt mit dem ersten Schritt« ist ein wichtiger Aufruf zum Handeln. Wenn man an sich selbst glaubt und weiß, dass der eigene Lebensweg wichtig ist, kann man Außergewöhnliches schaffen und anderen dabei helfen, es einem gleichzutun. Doch um den ersten Schritt auf dieser Reise zu tun, braucht man Hoffnung.

Es ist auch wichtig, zu wissen, dass man die nötige Kraft dazu hat, diese Reise anzutreten. Sich stark zu fühlen, ist eine wesentliche Voraussetzung für das Gefühl der Inspiration. Wenn du nicht daran glaubst, dein Leben im Griff zu haben, wird es sehr schwierig sein, dich für den vor dir liegenden Tag, die vor dir liegende Woche, das vor dir liegende Leben zu begeistern und ihm mit Schwung und Energie entgegenzutreten.

In der modernen Welt, in der unser tägliches Handeln von so vielen verschiedenen Menschen und Prozessen bestimmt wird, bekommt man leicht das Gefühl, sein Leben nicht unter Kontrolle zu haben. Faktoren wie Berufstätigkeit, Arbeitsbedingungen und -richtlinien, staatliche Vorschriften, gesellschaftliche Erwartungen, Gruppenzwang und familiäre Verpflichtungen sind allesamt wichtige Realitäten, mit denen wir zurechtkommen müssen und die uns manchmal das Gefühl geben, in einem Labyrinth gefangen zu sein. Und doch müssen Arbeit, Regierung, Gesellschaft, unsere Familie und die soziale Gruppe, in der wir verkehren, nicht unbedingt unsere Gefängniswärter werden. Die Verantwortung dafür, die Mauern einzureißen, die uns gefangen halten, liegt bei uns selbst. Und auch der Weg zur Freiheit liegt in unserem eigenen Inneren. Das ist etwas Wunderbares, denn es bedeutet, dass wir nicht zu warten brauchen, bis uns jemand befreit. Echte Eigenständigkeit hat nichts damit zu tun, anderen Menschen die Schuld zu geben: Dabei geht es darum, unser inneres Potenzial zu erkennen und die Verantwortung für unser Handeln zu übernehmen.

Unsere Ältesten bezeichnen diesen Prozess des eigenständigen Denkens als »mit deiner Kraft in Verbindung treten«.

In der Kultur der Aborigines wird uns beigebracht, dass diese Kontaktaufnahme mit unserer Kraft – also die Eigenständigkeit – kein Recht ist, das wir einfordern können, sondern etwas, was wir uns erst einmal verdienen und erlernen müssen.

Wir verdienen uns unsere Eigenständigkeit durch folgende Entscheidungen:

- Auf unsere Ältesten, die Geister unserer Vorfahren, den Vater und die Mutter zu achten und zu hören – das erweitert unser Wissen und vermittelt uns Wertvorstellungen, von denen wir uns in unserem Leben leiten lassen können.
- Auf unsere Brüder und Schwestern in der Natur zu achten und zu hören – das erweitert unser Wissen und bietet uns den nötigen Spielraum, um wir selbst zu sein und nachzudenken.
- Uns an die Lore zu halten – das setzt uns Grenzen und gibt unserem Leben einen Sinn.
- Uns in allem, was wir tun, liebevoll, bescheiden und respektvoll zu verhalten – das gibt uns ein Gefühl innerer Ruhe und Verbundenheit.
- An uns selbst und unseren Weg zu glauben – das gibt unserem Leben einen Sinn und ein Ziel.
- Unsere Aufgaben und unsere Verantwortung zu akzeptieren – auch das gibt unserem Leben einen Sinn und ein Ziel.
- Zu wissen, dass wir geliebt werden und niemandem etwas zu beweisen brauchen – das vertreibt Ängste und Selbstzweifel.
- Zu wissen, dass es zwar Regeln und Vorschriften gibt, die wir befolgen müssen, dass wir innerhalb dieser Vorschrif-

ten aber immer noch große Flexibilität und viele Entscheidungsmöglichkeiten haben – das gibt uns den nötigen Spielraum, um über verschiedene Optionen nachzudenken.

Es ist eine befreiende und lohnende Erfahrung, seine persönliche Macht einzufordern. Es ist aber auch eine große und schwierige Herausforderung. Es gibt viele heilige Stätten der Aborigines, aus denen wir etwas über das Thema »Eigenständigkeit« lernen können.

Es ist wichtig, uns vor Augen zu halten, dass es bei einer heiligen Stätte der Aborigines nicht nur darum geht, wie kunstvoll oder komplex sie gestaltet ist. Die Bedeutung einer heiligen Stätte liegt in ihrer Geschichte und dem, was wir daraus lernen können.

Unser Volk hat seine heiligen Stätten nicht geschaffen, um den Busch zu verschönern. Unsere Leute haben nicht gesagt: »Oh ... diese Gegend sieht ein bisschen langweilig aus. Wir wollen sie mit einem Kunstwerk oder einem Felsbild verzieren, um ihr ein bisschen mehr Charakter zu verleihen.« Unser Volk hat seine heiligen Stätten geschaffen, um uns die Regeln und Weisheiten der Lore zu vermitteln.

In traditionellen Zeiten waren mehrere Menschen für eine heilige Stätte der Aborigines verantwortlich: die Person, die die Stätte geschaffen hatte, die Person, die sie pflegte, der Bewahrer der Geschichte dieser Stätte, der Bewahrer des Liedes dieser Stätte und der Bewahrer des Tanzes dieser Stätte.

Wenn jemand dorthin gebracht wurde, um etwas über diese heilige Stätte zu lernen, waren all diese Personen daran beteiligt. So wurde dafür gesorgt, dass die Schüler das Richtige lernten, dass man sich einig war und das Wissen mit allen geteilt wurde.

Manche Menschen glauben, unser Wissenssystem sei weniger ausgefeilt oder effektiv als das der westlichen Welt, weil die Aborigines keine Bücher hatten. Dieses Argument ist jedoch irrelevant, wenn man das Lernsystem der Aborigines richtig versteht. Anstelle von Büchern haben wir heilige Stätten.

Es gibt Zehntausende solcher Orte in ganz Australien, die genauso viel Wissen enthalten wie eure westlichen Bibliotheken. Dabei handelt es sich um wichtigen Lernstoff für alle, die innerlich bereit dafür sind, ihn in sich aufzunehmen. Obwohl die mündliche Weitergabe von Wissen bei uns eine wichtige Rolle spielte, haben die Ältesten unser Wissen (Geschichte, Wertesysteme und Lore) in den verschiedensten Formen aufgezeichnet, zum Beispiel in Form von Felszeichnungen und anderen Kunstwerken, Steinsetzungen, Schnitzereien in Holz und Bäumen und so weiter.

Es gibt einen Ort nördlich von Sydney, von dem aus man den Mount Yengo sehen kann. Die Fußabdrücke von Biamii sind in den Stein eingeritzt. Daher weiß man, dass es sich dabei um eine Stätte handelt, von der eine große Kraft ausgeht. Es gibt dort auch viele Felszeichnungen, aus denen wir viel lernen können.

Eine dieser Felszeichnungen erzählt die Geschichte von einem Mann, der nicht auf die Ältesten seines Volkes hören will und deshalb nichts lernt, sich nicht weiterentwickelt und keine Macht hat. Er ist neidisch auf einen anderen Mann, der auf seine Ältesten gehört hat und sehr viel Macht besitzt. Der Mann, der kein Wissen und keine Macht hat, versucht nun, dem anderen Mann sein Wissen und seine Macht zu stehlen.

Diese Geschichte lehrt uns, dass wir uns unsere Macht verdienen und nicht versuchen sollten, sie jemand anderem wegzunehmen. Sie warnt uns aber auch davor, dass wir, *wenn* wir uns unsere Macht verdient haben, faule, egoistische, wütende und neidische Menschen anlocken könnten, die versuchen, uns zu verletzen und uns unserer Macht zu berauben, statt sich ihre Position in der Welt selbst zu verdienen.

Denk einmal über diese Geschichte nach. Bist du eher jemand, der sich seine Macht selbst verdient hat, oder verhältst du dich wie ein neidischer Mensch? Was könntest du tun, um mehr wie dieser Mann in der obigen Geschichte zu sein, der auf die Ältesten seines Volkes gehört hat? Denk einmal über dein Alltagsleben nach. Gibt es in diesem Leben Menschen, die dich in emotionaler, spiritueller oder geistiger Hinsicht zu bestehlen versuchen? Falls ja: Was musst du tun, um das zu verhindern?

Es kann sehr schwierig sein, sich die Macht zu bewahren, die man erworben hat. Die Ältesten warnen uns davor, »unsere Macht nicht an andere abzutreten und sie uns auch von niemandem stehlen zu lassen«. Man kann seine Macht auf verschiedene Weise an andere Menschen abgeben.

Zum Beispiel durch Angst. Wenn du dich in einer Situation befindest, in der du tatsächlich in Gefahr bist, körperlich verletzt zu werden, ist Angst ein völlig angemessenes, vorhersehbares Gefühl. Doch meistens entsteht unsere Angst durch die Prophezeiungen unseres Verstandes, der uns einredet, dass in Zukunft irgendetwas Negatives passieren wird.

Manchmal frisst uns diese Angst vor der Zukunft so sehr auf, dass wir gar nicht mehr richtig in der Gegenwart leben können. Wir sind wie ein Insekt, das sich in einem Netz aus lauter Ängsten und Sorgen verfangen hat – ein Insekt, das felsenfest daran glaubt, dass die Spinne es ja sowieso erwischen wird und diese Geschichte nur negativ ausgehen kann.

Wenn wir uns so verhalten, legen wir die Geschichten unseres Lebens dadurch auf Eis. Wir werden zu Gefangenen unseres eigenen Verstandes. Unsere inneren Dialoge prophezeien uns widrige Umstände, die nicht unbedingt eintreffen müssen. Aber wir glauben diesem ständigen Gerede in unserem Kopf, ohne es zu hinterfragen.

Vielleicht haben wir Angst, verspottet oder abgelehnt zu werden. Oder wir fürchten uns davor, irgendwelche materiellen Güter oder unseren Arbeitsplatz zu verlieren. Eigentlich ist es ganz egal, wovor du Angst hast – wenn diese Angst stark genug ist, setzt dein Körper eine Stressreaktion in Gang, die man als »Fight-Flight-Freeze-Situation« bezeichnet, in der es also um »Kampf«, »Flucht« oder »Erstarrung« geht und bei der es sich um eine ganz natürliche Reaktion auf stressige oder gefährliche Situationen handelt: einen Überlebensinstinkt, der in Sekundenschnelle hormonelle und körperliche Veränderungen hervorruft, um unseren Körper zu beschützen.

Bei dieser Reaktion schüttet unser Körper chemische Substanzen aus, die einen Anstieg des Blutdrucks sowie der Herz- und Atemfrequenz verursachen. Außerdem steigt dadurch unser Blutzuckerspiegel. Wir werden wachsamer. Unsere Muskeln spannen sich an. Wir fangen an zu schwitzen. Unsere Pupillen erweitern sich. Unsere Haut wird blass oder rötet sich. Und wir beginnen zu zittern.

Problematisch kann diese Kampf-Flucht-oder-Erstarrungs-Reaktion für uns werden, wenn sie immer wieder aufs Neue ausgelöst wird. Längerfristig kann das nämlich zu folgenden Problemen führen:

- Immunstörungen,
- Verdauungsproblemen,
- muskulären Problemen,

- einer Verschlechterung des Kurzzeitgedächtnisses,
- Herz-Kreislauf-Erkrankungen,
- Schlafproblemen und
- Depressionen.

Obwohl diese Auswirkungen letztendlich eine Reaktion auf Stress sind, ist es wichtig, uns vor Augen zu halten, dass Stress lediglich ein Auslöser ist. Wie Stress sich auf uns auswirkt, hängt davon ab, wie wir darauf reagieren. Wenn wir unseren Sorgen die Regie überlassen, kann die innere Anspannung, die dadurch entsteht, unseren Seelenfrieden stark beeinträchtigen. Mit der Zeit kann diese ständige Anspannung zu Ängsten und Panikreaktionen führen. Dann geben wir die Kontrolle über unser Leben aus der Hand und setzen uns einem Risiko aus, das sich negativ auf Körper, Geist und Seele auswirkt.

Als mir das damals passierte, bestand eines der größten Probleme für mich darin, genügend Schlaf zu bekommen. Viele wissenschaftliche Untersuchungen zeigen, dass Schlafmangel unser Urteilsvermögen, unsere Wahrnehmung, unsere Lernfähigkeit und unser Gedächtnis beeinträchtigen kann. Außerdem kann schlechter Schlaf sich negativ auf unsere beruflichen Leistungen oder unsere Fahrtüchtigkeit auswirken. Das Risiko für schwere Unfälle oder Verletzungen steigt dadurch, unsere Stimmung verschlechtert sich, und gesundheitliche Probleme wie Herz-Kreislauf-Erkrankungen, Schlaganfall, Diabetes, Unfruchtbarkeit und Gewichtsab- oder -zunahme häufen sich.

Schlafmangel oder gestörter Schlaf kann innere Anspannung und Ängste verschlimmern und unsere Widerstandsfähigkeit mit der Zeit immer mehr schwächen. So geraten wir womöglich in eine Abwärtsspirale hinein, in der wir uns völlig machtlos fühlen.

Doch in Wirklichkeit besitzen wir die innere Kraft, diese Abwärtsspirale zu stoppen und wieder ins Licht aufzusteigen.

Ich habe beides erlebt. Bei meinem seelischen Zusammenbruch, als mein Leben sich in eine dunkle Wolke der Depression verwandelte, hatte die Angst mich total im Griff. Doch sobald ich begriff, was da passierte, begann ich, die Kontrolle über mein Leben zurückzugewinnen. Das war ein langsamer Prozess. Ganz allmählich fand ich wieder aus dieser Dunkelheit heraus, und das war eine Reise, die mich nicht nur heilte, sondern noch sehr viel mehr bewirkte: Ohne es zu bemerken, überschritt ich schließlich den Punkt, an dem die Abwärtsspirale begonnen hatte, und kam an einen sehr viel besseren Ort – einen Ort, an dem mein authentisches Ich ein Leben voller Sinn und Zufriedenheit entdeckte, das meine kühnsten Hoffnungen und Wunschträume übertraf.

Auf dieser Reise der Heilung und Wiederentdeckung meines wahren Ichs wurden mir nicht nur meine Ängste bewusst, sondern auch meine unverarbeitete Wut. Und obwohl diese Wut verständlich war, wurde mir klar, dass ich mich davon befreien musste.

Als ich mein Leben vor meinem inneren Auge vorüberziehen ließ, wurde mir klar, an wie viele Dinge ich meine persönliche Macht abgetreten hatte.

Es ist ziemlich einfach, zu erkennen, ob du deine Macht abgibst oder nicht, zum Beispiel wenn du eines dieser Videospiele spielst. Solche Spiele können ja durchaus Spaß machen – warum also nicht? Die Frage ist nur: »Hast du das Videospiel unter Kontrolle, oder hat es *dich* unter Kontrolle? Kannst du das Gamepad einfach weglegen, oder versucht es, dir einzureden, dass du das nicht tun solltest? Deine Antwort auf diese Frage zeigt dir, ob du deine Macht aus der Hand gegeben hast oder nicht.

Oder wie sieht es zum Beispiel mit deinem Alkoholkonsum aus? Alkohol an sich ist nichts Schlechtes. Aber je nachdem, wie du ihn einsetzt, kann er eben doch schlecht für dich sein. Trinkst du Alkohol, weil du glücklich bist? Oder trinkst du Alkohol, weil du glücklich *sein willst*? Wenn du die erste Frage mit Ja beantwortest, dann ist das in Ordnung. Wenn du die zweite Frage bejahst, hast du deine Macht verloren.

Viele Menschen lassen sich ihre Macht auch von Mobiltelefonen rauben. Kannst du dein Handy eine Stunde lang in der Tasche lassen, ohne einen Blick darauf zu werfen? Wenn wir uns von so einem kleinen Ding beherrschen lassen, geht unsere ganze Welt den Bach runter.

Du kannst deine Macht auf alle möglichen Arten aus der Hand geben – durch Angst, Wut, Eifersucht, Kummer, den Wunsch, gemocht zu werden, das Bedürfnis, geliebt zu werden, oder das Gefühl, Konflikten oder negativem Feedback aus dem Weg gehen zu müssen. Du kannst deine Macht aber auch aus der Hand geben, indem du dich zu sehr darauf konzentrierst, materielle Güter (Haus, Boot, Auto, Kleidung, Geld) zu erwerben und zu behalten und Vergnügungen (Glücksspiel, Alkohol, Drogen, Sex, Essen oder Fernsehen) nachzugehen.

Das kann uns übrigens auch bei religiösen Kultfiguren, Sporthelden und anderen Berühmtheiten passieren. Menschen werden auf ein Podest gehoben (auch wenn sie das vielleicht gar nicht wollen). Alles, was sie tun, wird nachgeahmt, und jedes ihrer Worte gilt als die absolute Wahrheit. Doch wer versucht, einem Idol, Helden oder sonstigen Prominenten nachzueifern, erwirbt sich dadurch keine Weisheit oder Eigenständigkeit (denn wir können zwar von anderen Menschen lernen, sollten aber nicht versuchen, genauso zu sein wie sie). Er hinterlässt keine eigenen Fußspuren im Sand.

Es gibt zwei einfache Fragen, mit deren Hilfe du feststellen kannst, ob du deine Macht abgegeben hast. Die erste Frage lautet: »Habe ich mein Verhalten/dieses Gerät unter Kontrolle, oder hat mein Verhalten/dieses Gerät die Kontrolle über *mich*?« Die zweite Frage lautet: »Trägt mein Verhalten dazu bei, dass ich meinen eigenen Weg gehe und eine gute Geschichte lebe, oder bringt es mich davon ab?«

Wenn deine Antwort auf die erste Frage lautet, dass du keine Kontrolle über dein Verhalten hast, dann hast du deine Macht aus der Hand gegeben.

Wenn deine Antwort auf die zweite Frage lautet, dass dein Verhalten dich davon abhält, eine gute Geschichte zu leben, dann hast du deine Macht ebenfalls aus der Hand gegeben.

Das zu erkennen, ist der erste Schritt, um deine Macht wieder zurückzugewinnen. Der nächste Schritt besteht darin, darüber nachzudenken, auf welche Weise du deine Macht aus der Hand gibst und warum.

Übung: Gebe ich meine Macht aus der Hand?

In dieser Liste führe ich viele Möglichkeiten auf, wie man seine Macht aus der Hand geben kann. Kreise die Punkte auf der Liste ein, die deiner Meinung nach auf dich zutreffen könnten:

- Angst,
- negatives Feedback vermeiden wollen,
- Wut,

- materielle Gegenstände,
- Neid oder Eifersucht,
- Glücksspiele,
- Traurigkeit,
- Sex,
- gemocht werden wollen,
- Alkohol,
- geliebt werden wollen,
- Drogen,
- Konflikten aus dem Weg gehen wollen,
- Essen,
- Fernsehen,
- Spiritualität,
- Sehnsucht nach Beliebtheit,
- Sehnsucht nach Macht,
- Stress/Angst,
- Erwartungen,
- Bedürfnis nach Kontrollausübung,
- Geld,
- Körperliche,
- Sonstiges.

Lies dir die Punkte auf der Liste, die du eingekreist hast, noch einmal durch und denke darüber nach, warum du glaubst, in diesem Lebensbereich deine Macht aus der Hand zu geben.

Schreibe alle Ziele auf, die du im Hinblick auf die Bewahrung deiner Macht erreichen möchtest, und notiere dir auch, welche Maßnahmen du ergreifen musst, um diese Ziele zu erreichen. Überprüfe deine Zielsetzungen und Maßnahmen alle zwei Monate.

Bei der Suche nach Möglichkeiten, mehr Macht über dein eigenes Leben zu gewinnen, ist es wichtig, dir klarzumachen, dass du einige dieser negativen Gewohnheiten vielleicht schon sehr lange mit dir herumträgst ... Daher sind kleine Schritte in die richtige Richtung vielleicht der beste Weg, um diese Reise anzutreten. Freue dich über jeden Schritt, der dir gelingt, und denke daran, dein Augenmerk nicht auf das Ziel zu richten, sondern auf die Strecke, die du bereits hinter dir hast.

Wenn du dich machtlos fühlst, fällt es dir vielleicht schwer, mit klarem Kopf über deine Situation und die Maßnahmen nachzudenken, die du ergreifen musst, um etwas daran zu ändern. Vielleicht brauchst du eine Sicherung, die den »Stromkreis« unterbricht und dir ein bisschen Luft zum Atmen und ein Stückchen blauen Himmel über dem Kopf verschafft.

Wenn dir zu viele Gedanken im Kopf herumgehen, kannst du wieder ins Gleichgewicht kommen, indem du dich erdest. Alle drei Übungen zur Kontaktaufnahme mit deinem Lebensraum aus den vorigen Kapiteln eignen sich hervorragend dafür. Falls die Umstände für eine solche Übung gerade nicht so günstig sind, kannst du stattdessen auch nach draußen gehen, Schuhe und Socken ausziehen und deine Füße ins Gras hineinwühlen. Versuche dabei, alle Gedanken loszulassen und dich nur auf das Gefühl an deinen Füßen zu konzentrieren. Tu das so oft und so lange, wie du möchtest ... und zwar ohne dabei ein bestimmtes Ergebnis anzustreben. Erlaube dir, einfach nur zu *sein*.

Wenn wir glauben, unsere Macht aus der Hand gegeben zu haben, raten uns die Alten, uns deshalb keine Vorwürfe zu machen. Denn gerade dadurch, dass wir Fehler machen und von unserem Weg abkommen, lernen wir etwas. Sackgassen und Umwege auf unserer Reise können eine sehr lohnende und bereichernde Erfahrung sein. Vielleicht war ein bestimmter Fehler, den wir gemacht haben, sogar notwendig, damit wir etwas Wichtiges lernen. Ohne diesen Lernprozess wären wir nicht in der Lage, unser Lebensziel zu erreichen. Der Fehler ist also ein Teil unserer Lebensreise.

Selbst wenn du nicht an Schicksal glaubst, solltest du versuchen, Fehler als sinnvolle Lernchancen zu betrachten. Das ist eine sehr viel konstruktivere Sichtweise, als dich darüber zu ärgern, dich als dumm abzustempeln oder Selbstkritik zu üben. Immer wenn in meinem Leben etwas schiefzulaufen scheint, vertraue ich darauf, dass es einen Grund dafür gibt, und denke darüber nach, was ich aus dieser Situation lernen kann.

Hier ein Beispiel dafür: Als ich meine Position als CEO von New England TAFE in New South Wales aufgab und stattdessen einen Posten als CEO des Aboriginal Housing Office in Sydney annahm, verfolgte ich damit einen ganz bestimmten Plan. Obwohl meine Arbeit bei TAFE mir viel Freude gemacht hatte, wollte ich doch lieber in einer Position tätig sein, die unmittelbarer mit Dienstleistungen für die Aborigines zu tun hatte. Also begann ich, stattdessen als CEO beim Aboriginal Housing Office zu arbeiten in der Überzeugung, dass ich dort die Möglichkeit haben würde, etwas Wichtiges für die Aborigines in ganz New South Wales zu tun. Leider hat das jedoch nicht funktioniert, und innerhalb von zwölf Monaten stand ich ohne Job da. Obwohl es mir das Herz brach, dass meine siebzehnjährige Karriere im öffentlichen Dienst damit zu Ende war, vertraute ich doch irgendwie darauf, dass das alles nicht ohne Grund geschehen war.

Nachdem ich in den darauffolgenden zwölf Monaten mehrere erfolglose Vorstellungsgespräche absolviert hatte, beschlossen meine Frau Alison und ich, wieder in meine traditionelle Aborigine-Heimat zurückzukehren. Obwohl wir in dieser Gegend noch keine Jobs in Aussicht hatten und eine sehr hohe Hypothek abzahlen mussten, glaubten wir beide daran, dass sich schon alles zum Guten wenden würde. In den fünf Jahren seit diesem Umzug habe ich mehrere Bücher geschrieben, einen Doktortitel erworben und mir nicht nur ein erfolgreiches Beratungsunternehmen aufgebaut, sondern auch einen Lebensstil entwickelt, der genau meinem Geschmack entspricht. Alison arbeitet in Teilzeit, um mehr Zeit in ihrem geliebten Garten verbringen zu können. Mein Karrieredesaster in Sydney hat sich im Nachhinein also als Glücksfall erwiesen, der unser ganzes Leben veränderte.

Im Lauf der Jahre habe ich ein ziemlich großes Geschick darin entwickelt, Krisen zum Positiven zu wenden. Das verdanke ich vor allem meiner Fähigkeit, meine Verletzlichkeit zu akzeptieren, mich vom Schicksal geduldig durch schwierige Situationen tragen zu lassen, aus traumatischen Erlebnissen zu lernen und neue Hoffnung daraus zu schöpfen. Diese Gabe hat mir geholfen, einige heftige Stürme in meinem Leben zu überstehen:

- Ein Nervenzusammenbruch … wurde zu einer bahnbrechenden seelischen Veränderung.
- Das Ende meiner Karriere im öffentlichen Dienst … führte dazu, dass mein Job mich nicht mehr definiert.
- Zu sehen, wie mein jüngster Bruder Billy im Alter von 46 Jahren am traurigsten Tag meines Lebens seinen letzten Atemzug tat … war gleichzeitig auch eine Erinnerung daran, den Zauber in jedem Augenblick unseres Lebens zu erkennen.
- Als unser Sohn sich bei einem Unfall mit einer Tischkreissäge beinahe die Hand abgetrennt hätte … erfuhr ich dadurch, wie großartig unser modernes Gesundheitssystem ist.
- Als ich mit ansehen musste, wie der Daumen meiner Mutter bei einem Traktorunfall, bei dem ich am Steuer saß, von

ihrer Hand abgetrennt wurde … lernte ich die Demut unserer Ältesten kennen. Auf dem Weg ins Krankenhaus erklärte meine Mutter mir, wie dankbar sie dafür war, dass dieses Unglück sie getroffen hatte und nicht mich oder meinen Vater.
- Als eines unserer Kinder am anderen Ende der Welt in einer Krise steckte … setzte ich alle Hebel in Bewegung, um möglichst schnell bei ihm sein zu können (was mir innerhalb von 24 Stunden auch gelang), und erlebte die Güte und Freundlichkeit eines fremden Fluggasts, dem aufgefallen war, dass ich weinte.

Sich inspirieren zu lassen, ist eine Sache. Inspiriert zu bleiben, ist sehr viel schwieriger. Um das zu schaffen, muss man dem Sturm standhalten.

Übung: Der Sturm

Stell dir vor, du bist ein Baum und stehst auf dem Gipfel eines Berges. Aber du bist nicht einfach nur irgendein Baum, sondern der höchste Baum in diesem Wald. Deine Wurzeln sind tief, reich verzweigt und verankern dich sicher in der Erde. Deine Äste und dein Laub sind dicht und bieten allen möglichen Lebensformen Unterschlupf. Dein Stamm ist dick und kräftig. Die vielen Ringe in deinem Stamm zeugen von den vielen Jahren, die du schon auf diesem Berg verbracht hast und – stolz und beschützend – über die Brüder und Schwestern um dich herum wachst und dabei tagtäglich Liebe schenkst und empfängst.

Wie fühlst du dich?

Du hörst ein fernes Grollen und schaust zum westlichen Horizont hinüber. Ein Sturm zieht auf. Ein sehr heftiger Sturm mit dunklen Wolken, die einen bedrohlichen grünen Schimmer haben. Sehr schnell – fast zu schnell – wird das ferne Grollen immer lauter.

Und dann (es scheinen nur ein paar Sekunden vergangen zu sein) ist das Gewitter plötzlich direkt über dir. Die Wolken sind schwarzviolett vor Wut. Blitze zucken vom Himmel herab, und der Donner ist so laut, dass du seine Schallwellen in deinem ganzen Körper spürst.

Jetzt fegt der Wind durch den Wald. Du siehst, wie Bäume entwurzelt werden, und spürst ihren Schmerz, wenn sie mit einem lauten Krachen zu Boden stürzen. Mit Entsetzen beobachtest du, wie andere Bäume, die größer und stärker sind als du, wie kleine Stöcke entzweigebrochen werden.

Wie fühlst du dich?

Das Gewitter ist jetzt fast über dir. Du weißt, dass deine Wurzeln tief, stark und reich verzweigt sind. Du weißt, dass der Sturm dich nicht entwurzeln wird. Du weißt auch, dass dein Stamm biegsam ist wie Gummi. Wenn es sein muss, können deine Äste sich bis zum Boden hinunterbiegen. Du weißt, dass dein Stamm dank deiner Biegsamkeit und deiner Fähigkeit, mit allem mitzufließen, was um dich herum geschieht, niemals brechen wird.

Wie fühlst du dich?

Es gibt Tage mit strahlend blauem Himmel, die wir genießen können. Es ist wichtig, dass wir dankbar dafür sind und es zu schätzen wissen, wenn alles gut läuft. Doch egal, was wir tun – das Leben wird immer wieder Stürme mit sich bringen. Wir können sie nicht verhindern. Aber wir können sie voraussehen und lernen, damit umzugehen, wenn sie sich vor unserer Haustür zusammenbrauen.

Wie war dir in der obigen Übung zumute, als der Sturm heraufzog, und wie hast du dich dem Unwetter gestellt? Hast du die Zähne zusammengebissen und dich mit gemischten Gefühlen – halb ängstlich, halb hoffnungsvoll – auf den Kampf vorbereitet? Hast du dir Sorgen darüber gemacht, dass dein Baumstamm brechen könnte oder dass womöglich wichtige Äste abknicken werden?

Die Zähne zusammenzubeißen und dem Sturm mit der sturen Entschlossenheit eines unbeweglichen Objekts zu trotzen, ist zwar auch eine Möglichkeit, doch das Aufeinandertreffen von zwei starken Kräften in einem heftigen Zusammenstoß kann sehr riskant sein. Eine viel bessere Alternative besteht darin, genau das Gegenteil zu tun: Statt aufrecht und unbeweglich dazustehen, könntest du dich so flexibel wie möglich im Wind wiegen und biegen und einfach mit dem Unwetter mitfließen, das um dich herum tobt. Dein Gipfel berührt dabei fast den Boden, und dein Stamm zeigt seine ganze Gewandtheit und Elastizität, indem er sich biegt, aber nicht bricht. Mit Flexibilität kannst du dem Sturm besser trotzen.

Wenn wir dem Sturm in einer Haltung der Neugier und Flexibilität begegnen (die auf Glauben und Zuversicht beruht), haben wir unsere Angst im Griff. Wenn wir den Sturm akzeptieren und mit ihm mitfließen, statt ihn zu bekämpfen, kann diese Angst sogar völlig verschwinden. Statt den Sturm verängstigt oder gar schreckensstarr über uns ergehen zu lassen, können wir uns auch entscheiden, darin eine Chance zu sehen – eine Chance, die uns in den Lektionen bestätigt, die wir im Lauf unseres Lebens gelernt haben, und eine Chance, noch mehr zu lernen.

Vielleicht werden wir uns sogar darüber klar, dass Stürme manchmal auch etwas Gutes sein können. Womöglich gibt es dabei ein paar Kollateralschäden; aber vielleicht mussten die toten Äste in unserem Leben ja sowieso abgehackt werden, um neues Wachstum zu ermöglichen? Die Blätter, die uns entrissen wurden, tragen zur Erhaltung unseres Ökosystems bei, indem sie Humus und Kompost für andere Pflanzen liefern, die darauf wachsen können. Unsere kleinen Verluste können zum größeren Wohl des Lebens in unserer Umgebung beitragen.

Denk einmal an die Stürme, die dir in deinem Leben schon begegnet sind. Was glaubst du: Hast du sie bekämpft, bist du vor ihnen davongelaufen oder eingeknickt, oder hast du sie akzeptiert und bewältigt? Blicke auf ein paar große Krisen in deinem Leben zurück: Was kannst du daraus lernen? Was könntest du anders machen als bisher, wenn das nächste Mal ein Sturm deinen blauen Himmel verdüstert?

In der spirituellen Weltsicht der Aborigines sind die meisten Stürme des Lebens willkommen. Sie sagen: »Die Prüfungen, vor denen du stehst, gäbe es nicht, wenn du nicht bereit dafür wärst. Also hab Vertrauen zu deinen Lehrern, hab Vertrauen zu deinem Lernprozess und hab Vertrauen zu dir selbst.«

Doch manchmal gibt es Stürme, die uns vernichtend treffen – ohne Hoffnungsschimmer am Horizont. So ein Sturm war der Tod meines Bruders für mich. Solche Stürme sind katastrophale Ereignisse, die man niemandem wünschen würde. Meistens sind die Stürme, mit denen wir konfrontiert werden, jedoch gar nicht so verheerend – nur unsere Reaktion darauf ist schädlich.

Natürlich werden wir in schweren Zeiten trotzdem manchmal Wut, Angst, Besorgnis und Traurigkeit empfinden. Doch wenn wir unsere Herausforderungen in einer Haltung der Akzeptanz und Einsicht bewältigen, werden ihre negativen Auswirkungen unser Leben nicht so sehr durcheinanderbringen und auch nicht so lange anhalten.

Wissen bereitet dich darauf vor, alle Ängste und Sorgen zu überwinden, mit denen du in deinem Leben möglicherweise konfrontiert wirst. So war es auch in der traditionellen Gemeinschaft der Aborigines. Eigentlich hätten wir damals schon ein bisschen Angst davor haben können, dass unsere Nahrung vielleicht nicht immer ausreichen würde. Doch da wir das Land und seine Nahrungsquellen aus unseren Liedern, Tänzen und Geschichten genau kannten, wussten wir, dass wir immer genug zu essen haben würden. Zum Beispiel wussten wir, dass der Quandong-Baum jedes Jahr Früchte trägt, und wir wussten auch, *wann* diese Früchte reif sein würden, weil wir unsere Welt so gut kannten. Und da uns die Witterungsbedingungen vertraut waren, wussten wir auch, dass es Zeiten gab, in denen diese Bäume keine Früchte trugen. Auch das hätte uns Angst einjagen können. Doch da wir dank unserem Wissen über das Land genau wussten, wann das geschehen würde, konnten wir uns darauf vorbereiten und andere Nahrungsquellen finden.

Dadurch, dass wir mit dem Land und dem Geist in Einklang lebten, das Land und den Geist genau kannten und mit unserem gesamten Lebensumfeld in Verbindung standen, konnten wir gut umgehen mit der Angst vor den Gefahren, die uns möglicherweise bevorstanden.

In unserer heutigen Welt leben viele Menschen in Angst vor dem Klimawandel. Doch wenn wir wissen, dass wir etwas dagegen tun müssen, können wir unser Wissen nutzen, um uns darüber klar zu werden, *was* getan werden muss, und unsere Ängste durch gezieltes Handeln abbauen. Aber sind wir auch bereit, die notwendigen Maßnahmen zu ergreifen? Sind wir bereit, die Werte unserer Gesellschaft zu ändern, um dieses Ziel zu erreichen? Liegt uns das Wohlergehen künftiger Generationen am Herzen, oder denken wir nur an uns selbst?

Wenn wir unser Wissen ständig erweitern, sind wir besser in der Lage, alles zu verstehen, womit das Leben uns konfrontiert. Und wenn wir diese Probleme verstanden haben, können wir auch besser darauf reagieren. Manchmal müssen wir gezielte Maßnahmen ergreifen; manchmal ist es aber auch am besten, das Geschehen einfach zu akzeptieren. Das ist dann eine ganz bewusste Wahl: Wir beschließen, so lange mit dem Strom zu schwimmen, bis wir uns für eine bestimmte Vorgehensweise entschieden haben. Das ist etwas ganz anderes, als vor Angst untätig zu bleiben. Sind wir in der Kampf-Flucht-oder-Erstarrungs-Reaktion gefangen und wird die Strömung zu reißend, haben wir vielleicht das Gefühl, unter Wasser gezogen zu werden – und dann fühlen wir uns wie gelähmt und sind handlungsunfähig. Doch selbst wenn wir das Gefühl haben, nichts an unserer Situation ändern zu können, sollten wir trotzdem in uns hineinschauen und (wenn nötig mit der Hilfe anderer Menschen) den Mut zum Handeln finden.

Manchmal überstehen wir unbeschadet einen Sturm, der durch unser Leben gefegt ist. Ein andermal gehen wir sogar mit neuem Wachstum aus diesem Sturm hervor. Zuweilen müssen wir aber auch feststellen, dass wir durch das Unwetter verletzt oder beschädigt worden sind, obwohl wir unser Bestes getan haben, um das zu vermeiden. In solchen Fällen ist unsere Widerstandskraft oder Resilienz – die Art und Weise, wie wir uns von Unglück, Veränderungen oder schwierigen Lebensereignissen erholen – von entscheidender Bedeutung.

Um richtig zu verstehen, was Resilienz bedeutet, müssen wir uns zunächst einmal den Unterschied zwischen Resilienz und Ausdauer klarmachen. Wenn wir unseren Geist und unseren Körper bis an die äußerste Grenze belasten und immer so weitermachen, egal, was um uns herum passiert, zeugt das von einem enormen Durchhaltevermögen. Diese Eigenschaft kann uns das Leben retten, wenn wir uns in der Wildnis verirrt haben und ohne Nahrung oder Wasser in bitterer Kälte überleben müssen. In unserer heutigen Welt ist Durchhaltevermögen fast unerlässlich, um all die vielen miteinander konkurrierenden Anforderungen zu bewältigen, die auf uns einstürmen. Durchhaltevermögen ist die Fähigkeit, etwas Schwieriges oder Schmerzhaftes geduldig zu ertragen. Der Schlüsselbegriff in dieser Definition ist das Wort »ertragen«: Wenn wir Durchhaltevermögen zeigen, befinden wir uns in einer Situation, in der wir Schmerzen haben. Das ist kein guter Zustand, in dem man sich über einen längeren Zeitraum aufhalten sollte.

Bei Resilienz dagegen geht es um den Prozess der Erholung oder Genesung: Es geht darum, eine schwierige Zeit *durchzustehen*, statt sie einfach nur zu ertragen. Wenn wir in körperlicher, geistiger und seelischer Hinsicht gut für uns selbst sorgen, können wir diese Notsituation überwinden und uns hundertprozentig auf die Gegenwart einlassen – mit dauerhafter Inspiration und standhaftem Glauben an uns selbst und unseren Weg. Sich in der Welt zurechtzufinden, ist manchmal gar nicht so einfach. Ohne Resilienz kann es noch schwieriger sein.

Und wenn das Leben dich tatsächlich einmal umgehauen hat, solltest du diese Situation nicht noch verschlimmern, indem du wütend auf dich selbst einprügelst und dich am Boden hältst. Versuche, das Geschehen lieber aus einer gewissen Distanz zu betrachten. Frage dich: »Warum ist das passiert? Wie fühle ich mich dabei? Wie sollte ich mich angesichts dieser Situation verhalten? Welche Lehren kann ich daraus ziehen? Brauche ich jemanden, der mir hilft, damit fertigzuwerden?«

Wenn du dich vom Leben besiegt fühlst, wirst du wahrscheinlich nicht besonders enthusiastisch, optimistisch oder hoffnungsvoll in die Gegenwart oder Zukunft schauen. Das ist auch verständlich, denn schließlich hast du ein traumatisches Erlebnis hinter dir. Also setze dich nicht unter Druck, wieder in die reißende Strömung zu springen, wenn du noch nicht bereit dazu bist. Gleichzeitig solltest du dich aber auch nicht länger als nötig aus dem Leben zurückziehen. In dieser Situation ist es am sinnvollsten, sich in kleinen Schritten wieder an den Alltag zu gewöhnen und zu akzeptieren, dass es einem dabei anfangs vielleicht noch nicht ganz so gut geht.

Wenn du dich in solch einer Situation richtig verhältst, werden die Sonnenstrahlen sich irgendwann wieder ihren Weg durch die Wolken der Verzweiflung bahnen. Du brauchst nicht nach dem blauen Himmel zu suchen. Sobald der richtige Zeitpunkt dafür gekommen ist, wird er sich ganz von selbst zeigen.

Übung: Resilienz entwickeln

In der unten stehenden Liste findest du ein paar Eigenschaften, die dir helfen können, dich nach einem vernichtenden Schlag wieder aufzuraffen. Gib dir für jede dieser Eigenschaften maximal fünf Punkte. Eine Fünf bedeutet, dass du diese Fähigkeit perfekt beherrschst, eine Eins, dass du noch nicht besonders gut darin bist:

- Flexibilität,

- erkennen, was in einer bestimmten Situation getan werden muss, und dann die richtigen Maßnahmen ergreifen,
- etwas aus Situationen lernen, die nicht nach Plan verlaufen,
- mit anderen in Kontakt treten und sie bei Bedarf auch um Hilfe bitten,
- etwas tun, um innere Anspannung abzubauen,
- an dich selbst glauben,
- deine Lebensaufgabe erkennen und daran glauben,
- gesunde Lebensgewohnheiten praktizieren, die dich geistig aufbauen,
- gesunde Lebensgewohnheiten praktizieren, die dich körperlich aufbauen,
- gesunde Lebensgewohnheiten praktizieren, die dich spirituell aufbauen,
- lachen,
- optimistisch sein,
- dich in der Natur aufhalten sowie
- selbstzerstörerische Gedanken erkennen und loslassen (und der Versuchung zum Katastrophisieren widerstehen).

An welchem dieser Bereiche musst du besonders dringend arbeiten?

- Was solltest du tun?
- Wie kannst du sicherstellen, dass du die nötigen Maßnahmen auch wirklich ergreifen wirst?

Wenn dein Durchhaltevermögen gerade auf die Probe gestellt wird, wirst du dem bevorstehenden Tag wahrscheinlich nicht jeden Morgen mit Spannung und Begeisterung entgegensehen.

Diese mangelnde Inspiration sehe ich leider in viel zu vielen Gesichtern, wenn ich unterwegs bin. Ich bezeichne solche Menschen als »die Grauen«.

Das erste Mal fiel mir auf, wie viele »Graue« es gibt, als ich vor ein paar Jahren mit Uncle Paul in Sydney war. Es war um die Mittagszeit, und wir saßen im Restaurant eines Einkaufszentrums in der Nähe des Hauptbahnhofs. Während ich nebenbei aus den Augenwinkeln alle möglichen Leute beobachtete, die hierhin und dorthin hasteten, fiel mir auf, dass keiner von ihnen lächelte. Tatsächlich sah keiner dieser Menschen auch nur im Entferntesten glücklich aus. Sie schienen alle in einer Blase grauer Trostlosigkeit dahinzuvegetieren.

Als wir uns hinsetzten und die Speisekarte studierten, pries ich Uncle Paul die köstlichen vietnamesischen Schweinebaguettes (Banh mi) an. Während wir sie aßen, stimmte er mir darin zu, dass sie durchaus mit einem seiner Lieblingsgerichte – in der Asche gebackenem Känguruschwanz – mithalten konnten. Wir befanden uns in einem Zustand totaler Glückseligkeit – von bunten Blasen umhüllt, die in den herrlichsten Regenbogenfarben leuchteten.

Wenn du zurzeit auch so ein Leben führst, das in allen Regenbogenfarben leuchtet, bist du auf dem besten Weg, eine gute Geschichte zu leben. Das ist deine Chance, diese leuchtenden Farben in deiner ganzen Umgebung zu verbreiten, damit die Menschen, die vom Grau des Alltags aufgefressen werden, die Tretmühle ihres Durchhaltevermögens hinter sich lassen können. Das ist deine Chance, andere Menschen zu inspirieren, damit sie das Magische an jedem Tag entdecken. Dabei können alle Beteiligten etwas gewinnen: du, diese Menschen, ihre Familie und ihre ganze Gemeinschaft.

Wenn wir unsere Mitmenschen dabei unterstützen, mehr

Farbe in ihr Leben hineinzubringen, müssen wir darauf achten, die Grenze vom gesunden zum pathologischen Helfen nicht zu überschreiten: Ein »Retterkomplex« oder Helfersyndrom liegt vor, wenn jemand ein übermächtiges Bedürfnis danach hat, andere zu retten, indem er ihre Probleme für sie löst. Dieses Verhalten ist für die Menschen, denen wir helfen wollen, nicht hilfreich, da es ihnen zum Beispiel eine Entschuldigung dafür liefern kann, keine Verantwortung für ihr eigenes Handeln zu übernehmen, und sie dann auch keine Motivation mehr dazu haben, die Lösung ihrer Probleme selbst in die Hand zu nehmen.

Wenn wir andere Menschen wirklich unterstützen wollen, ist es daher wichtig,

- ihnen keine unerbetenen Ratschläge zu erteilen,
- Grenzen zu setzen,
- ihnen nicht einreden zu wollen, was sie denken oder fühlen,
- ihnen die Arbeit an ihrem Problem nicht abzunehmen,
- mit ihnen zusammenzuarbeiten, statt ihre Probleme zu lösen, und
- ihnen zuzuhören.

Im Lauf meines Lebens habe ich festgestellt, dass die Ältesten der Aborigines sich sehr genau an diese Regeln halten. Sie sind immer da, wenn es darum geht, jemanden zu unterstützen, achten aber darauf, die Grenze nicht zu überschreiten und den Menschen, dem sie helfen wollen, nicht zu bevormunden.

Es ist wichtig, dass wir uns gegenseitig dabei helfen, unsere bestmögliche Geschichte zu leben. Aus Sicht der Aborigines ist ja alles, was auf der Welt existiert – unser Planet, die Pflanzen- und Tierwelt und die Menschen – ein zusammenhängender Organismus. Wenn irgendetwas oder irgendjemand leidet, sind wir alle davon betroffen. Wir können nicht zu wahrem Wohlbefinden gelangen, wenn es nicht jedem gut geht. Wir sitzen alle im selben Boot.

Jeder von uns ist heilig. Jeder Mensch ist etwas Besonderes. Und jeder ist mit einer bestimmten Aufgabe auf diese Welt gekommen. Ein Teil dieses Lebenszwecks besteht darin, zu akzeptieren, dass wir ein ganz spezieller Funke in Kooperation mit beinah acht Milliarden anderer ganz spezieller Funken auf dieser Welt sind. Außerdem sollten wir uns alle gemeinsam fest vornehmen, für unseren Lebensraum, für die Gesamtheit dessen, was dort existiert, und füreinander zu sorgen. Damit setzen wir einen Erneuerungsprozess in Gang, der unser aller Wohlergehen dient.

Das sollte das Ziel sein, das uns zuvorderst inspiriert, wenn wir morgens aufwachen.

Was kannst du tun, um dieses Ziel zu erreichen?

Botschaft Nr. 15

Jeder Tag ist eine Gelegenheit, dich inspirieren zu lassen und andere Menschen zu inspirieren.

Botschaft Nr. 16

Um dich stark und mächtig zu fühlen, musst du an dich und deinen Weg glauben. Wenn du glänzt, solltest du nicht zulassen, dass andere dein Licht unter den Scheffel stellen: Das gelingt ihnen nämlich nur dann, wenn du es ihnen erlaubst.

Botschaft Nr. 17

Wenn die Stürme des Lebens dir entgegenwehen, dann stell dich diesem Unwetter im Glauben an alles, was du gelernt hast und noch lernen wirst. Biege dich im Wind, aber zerbrich nicht.

Botschaft Nr. 18

Jedes Mal, wenn du eine schwierige Situation überwunden hast, solltest du dir über deinen Mut und deine Resilienz klar werden und stolz darauf sein.

Kapitel 6

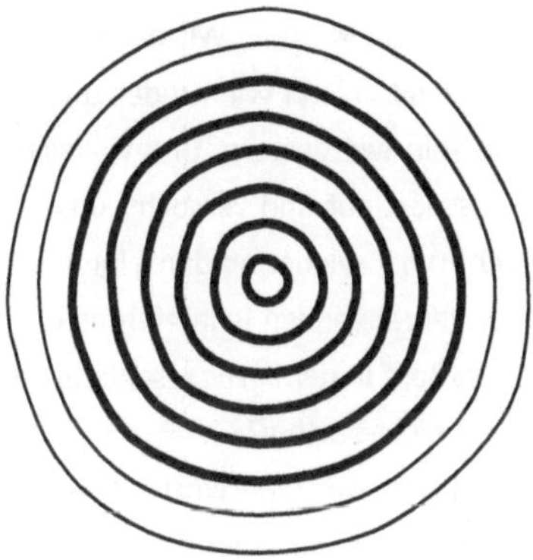

Präsent sein und Verletzungen aus der Vergangenheit heilen

Die Emu-Küken waren heute schon sehr früh wach. Lächelnd schaute die Mutter in ihre kleinen Gesichter. »Wohin wollen wir heute gehen, um Futter zu suchen?«, fragte sie.

»Wir könnten doch wieder dorthin gehen, wo wir gestern waren«, antwortete eines der Küken.

»Ja. Das war ein guter Ort«, sagte ein anderes Küken. »Lass uns wieder dorthin gehen.«

»Warum?«, fragte die Mutter. »Wir haben doch schon genug Futter von dort geholt. Wenn wir wieder dorthin gehen, wird es nicht mehr so sein wie gestern. Und vielleicht lauert dieser schlaue Dingo uns dort auf und versucht, uns zu fangen. Nein, Kinder. Wenn wir immer wieder an denselben Ort zurückgehen, bleiben wir in der Vergangenheit festgefahren.«

»Ich sehe einen Berg in der Ferne«, sagte ein anderes Küken. »Warum gehen wir nicht dorthin?«

»Die Berge sind weit weg«, antwortete die Mutter. »So weit kommen wir heute nicht mehr. Aber jetzt sind wir hier.« Sie betrachtete ihre Umgebung genau und lächelte. »Das sieht doch nach einem schönen Platz aus, um Buschfutter zu sammeln. Wie wäre es, wenn wir uns hier mal ein bisschen umsehen?«

Sie blickte auf die kleinen Gesichter ihrer Küken hinab, die zustimmend nickten.

»Wir müssen im Jetzt leben, aber auch daran denken, das Wissen und die guten Erinnerungen aus der Vergangenheit mitzunehmen. Auf diese Weise können wir uns mit einem Lächeln an das Gestern erinnern. Aber wir müssen uns auch auf das Heute konzentrieren und das Lächeln finden, das der heutige Tag uns schenken wird.«

Die Mutter blickte zu den Bergen hinüber. »Wir wollen uns vornehmen, kleine Schritte in Richtung dieser Berge zu machen. Und an jedem Tag, an dem wir Futter sammeln, kommen wir ihnen ein bisschen näher. Wenn wir zu schnell zu den Bergen hinüberlaufen, wird uns all das Schöne, das es unterwegs zu sehen gibt, gar nicht auffallen.«

Die Küken nickten immer noch. Sie hörten sehr gern die Geschichten, die ihre Mutter ihnen erzählte.

»Lasst uns im Jetzt bleiben und mit dem Heute in Verbindung treten. Morgen ist ein anderer Tag und eine andere Geschichte. Mit dem morgigen Tag werden wir in Kontakt treten, wenn es so weit ist.«

Schon nach ein paar Minuten hatte die Familie einen Baum entdeckt, an dem viele Früchte hingen. »Dieser Ort ist anders als gestern, aber es ist trotzdem ein sehr guter Ort«, sagte eines der Küken, während sie zu fressen begannen.

»Das stimmt«, sagte ein anderes Küken. »Ich bin so froh, dass wir hier sind und nicht woanders. Das ist genau der richtige Ort für uns.«

Die Emu-Mutter saß da, beobachtete ihre Kinder und lächelte. Es war tatsächlich genau der richtige Ort.

Während ich das hier schreibe, denke ich über die letzten zwei Tage meines Lebens nach. Die Geschichte dieser beiden Tage beginnt mit einer viel größeren Geschichte rund um einen Hautkrebs (Plattenepithelkarzinom) an meiner rechten Wade, der vor sechzehn Tagen operativ entfernt werden musste. Aus einem drei Millimeter großen Fleck auf meiner Haut war ein fünfzig

Millimeter langer Schnitt geworden, der über ein Dutzend Stiche von außen und auch eine Naht von innen erfordert hatte. (Das sollte uns allen eine Lehre sein, genau auf unsere Haut zu achten.) Wegen der Stelle, an der die Wunde sich befand, musste ich mein rechtes Bein zwei Wochen lang hoch lagern.

Elf Tage nach der Operation spürte ich ein dumpfes Pochen in meinem Unterschenkel. Es fühlte sich so ähnlich an wie ein Krampf. Ich ging zum Arzt, der mir sagte, falls es schlimmer würde, müsse ich eine Computertomografie von meinem Bein anfertigen lassen. Vierzehn Tage nach der Operation fand ich mich in einer radiologischen Praxis wieder, wo ich erfuhr, dass ich eine sehr große (22 Zentimeter) tiefe Venenthrombose in vier großen Venen hatte.

In den nächsten fünf Minuten wurde alles, was ich über die Welt dachte und fühlte, ernsthaft infrage gestellt. Am Telefon riet mir meine Hausärztin (mit einer Stimme, die ein bisschen unheilverkündend klang), mich so wenig wie möglich zu bewegen und zu warten, bis der Krankenwagen eintraf. Sie befürchtete, dass ein Blutgerinnsel zu meinem Herzen geschwemmt werden könnte. Als die Ärztin mir mitteilte, dass sie sich mit der Notaufnahme des Krankenhauses in Verbindung setzen würde, um dafür zu sorgen, dass man dort auf meine Ankunft vorbereitet war, begann mein Herz noch schneller zu rasen. Mir gingen Bilder von Fernsehsendungen durch den Kopf, in denen schwerkranke Patienten durch die Krankenhausflure gefahren wurden.

Wieder klingelte mein Telefon. Es war der Rettungsdienst, der mir mitteilte, dass der Krankenwagen erst in einer Stunde da sein würde.

Meine Ärztin war fassungslos. Ihrer Meinung nach stellte diese Wartezeit ein inakzeptables Risiko für mich dar. Wir einigten uns darauf, dass meine Frau Alison mich ins Krankenhaus unserer

Stadt fahren sollte, das nur fünfzehn Minuten von unserem Zuhause entfernt war. Die Zeit schlich im Schneckentempo dahin, und jede Ampel schien auf Rot zu schalten, sobald wir uns ihr näherten. Die Minuten vergingen viel zu langsam, doch ich tat mein Bestes, um mich nicht von negativen Gedanken und Szenarien überwältigen zu lassen.

Als ich in die Notaufnahme des Maitland Hospital humpelte, wurde ich hervorragend versorgt. In Sekundenschnelle lag ich in einem Bett und wurde von einem Arzt behandelt, bei dem ich mich sofort gut aufgehoben fühlte. Als ich in dieser Nacht nach Hause kam, empfand ich es als Segen, noch am Leben zu sein. Diese unerwartete Konfrontation mit meiner Sterblichkeit gab mir viel Stoff zum Nachdenken.

Ich schaue auf diese letzten zwei Tage zurück und habe daraus gelernt,

- wie wichtig es ist, auf seinen Körper zu hören,
- wie hervorragend das australische Gesundheitssystem arbeitet,
- was für ein Segen es für mich ist, eine so wunderbare Partnerin zu haben,
- wie schnell man in eine unerwartete gefährliche Situation hineingeraten kann,
- wie bedeutsam mein Glaubenssystem in Krisenzeiten sein kann,
- dass ich nichts bereue, was ich in meinem Leben getan habe,
- wie wichtig es ist, in akuten Stresssituationen präsent zu bleiben, selbst wenn unser Gehirn alles tut, um uns abzulenken, und
- dass man die magischen und besonderen Momente jedes Tages erkennen sollte.

Vielen Menschen gelingt es nicht, diese besonderen Augenblicke in ihrem täglichen Leben überhaupt zu bemerken, weil sie nicht danach suchen. Dafür gibt es viele Gründe. Doch eines der größten Probleme besteht darin, dass wir es immer eilig haben.

Wenn du dich das nächste Mal während der Hauptverkehrszeit etwa an einer belebten S-Bahn-Station befindest, bleib einfach mal für ein paar Sekunden stehen und achte darauf, was ringsumher passiert. Ich wette, du wirst dabei Menschen beobachten,

- die auf ihre Handys starren und sich nicht trauen, Kontakt miteinander aufzunehmen,
- die sich gegenseitig schubsen und anrempeln, noch ehe die S-Bahn anhält,
- die versuchen, aus der Bahn auszusteigen, aber von anderen Fahrgästen, die einsteigen wollen, daran gehindert werden,
- die sich durch die sich schließenden Türen zwängen, obwohl das Abteil offensichtlich schon voll ist,
- die in die S-Bahn zu springen versuchen, während die Türen bereits zugehen, obwohl in zehn bis fünfzehn Minuten schon die nächste Bahn kommt,
- die ihre Tasche(n) auf den leeren Sitz neben sich stellen, damit sich niemand zu ihnen setzen kann (und das war schon *vor* Corona so).

Wenn ich solches Verhalten beobachte, frage ich mich, ob das symbolisch für das Leben dieser Leute steht – ständiges Hetzen, Rennen, Drängeln, Schieben, Sichisolieren, keine Bereitschaft zum Teilen, mangelnde Rücksichtnahme, die sogar so weit geht, dass man das Leben anderer in Gefahr bringt.

Wenn unsere Ältesten solche Szenen zu sehen bekämen, würden sie den Kopf schütteln. Sie würden dann zum Beispiel folgende Fragen stellen:

- »Warum drängeln und schubsen die Leute sich gegenseitig?«
- »Wozu die Eile?«
- »Wenn es für sie so wichtig ist, mit dieser Bahn mitzufahren, warum kommen sie dann nicht schon ein bisschen früher?«
- »Ist es so schlimm, zehn bis fünfzehn Minuten auf die nächste Bahn zu warten?«
- »Warum reden die Leute nicht miteinander?«
- »Warum teilen sie sich nicht die Sitzplätze, die doch eigentlich für alle da sein sollten?«

Wenn wir uns ständig in affenartigem Tempo durchs Leben bewegen, kann das die im vorigen Kapitel beschriebene Kampf-Flucht-oder-Erstarrungs-Reaktion auslösen. Und solange keine echte, akute Gefahr besteht, ist dieser Zustand nicht gut für Geist, Körper und Seele. Wir können uns in unserem täglichen Leben abhetzen und dadurch mit der Zeit immer mehr Ängste entwickeln, oder wir können uns beibringen, unser Tempo zu verlangsamen und den gegenwärtigen Augenblick zu genießen, egal, was das bedeutet. Welche der beiden Verhaltensweisen wirkt sich wohl positiver auf unser Wohlbefinden aus? Natürlich könnte man dagegenhalten, dass es kein so schlimmes Verbrechen ist, einmal loszurennen, um in letzter Minute noch eine Bahn oder einen Zug zu erwischen – aber passiert uns das wirklich nur einmal? Oder ist uns diese Hetzerei inzwischen nicht schon zur Gewohnheit geworden?

Im traditionellen Leben der Aborigines gab es kaum einen Grund zur Eile. Jeder Tag bot viele Gelegenheiten, alles in unserem Umfeld zu genießen. Verbringst du deinen Tag auch damit, alles um dich herum bewusst wahrzunehmen und wertzuschätzen ... oder kommt dir jeder Tag wie ein Wettlauf mit der Zeit vor?

In gewisser Weise ist es natürlich schon sinnvoll, die Uhr im Auge zu behalten. Denn Zeit ist eine verderbliche Ressource, die man nicht aufbewahren kann. Sie ist sogar die wertvollste, die es gibt: Wenn unsere Zeit abgelaufen ist, haben alle anderen Ressourcen (finanzielle, menschliche, natürliche und physische) für uns keinen Nutzen mehr.

Bedenkt man, wie kostbar unsere Zeit ist, wird nur zu verständlich, dass wir möglichst viel daraus zu machen versuchen. Aber überlege dir einmal Folgendes: Wenn deine Zeit auf dieser Erde fast abgelaufen ist und du auf dein Leben zurückblickst – wie viel dessen, was du damals in großer Eile erledigt hast, wirst du dann noch als wichtig oder entscheidend für deine Lebensgeschichte betrachten?

Unsere Ältesten lehren uns, das Wichtigste in unserem Dasein sei unsere Geschichte. Diese umfasst zwar auch sämtliche Handlungen aus der Vergangenheit, aber sie baut auf dem auf, was wir in der Gegenwart tun. Unserer Verantwortung gerecht zu werden, ist ein wichtiger Teil unseres jetzigen Tuns. Zu diesen Verantwortlichkeiten gehört es vielleicht, uns unseren Lebensunterhalt zu verdienen und unser Grundbedürfnis nach Sicherheit und Überleben zu befriedigen, aber auch uns an allem zu erfreuen, was uns umgibt (zum Beispiel am Gesang eines Vogels oder am Anblick einer blühenden Blume).

Die Aborigines praktizieren das schon seit über 60 000 Jahren: Wir üben uns darin, achtsam und im gegenwärtigen Augenblick präsent zu sein, wenn wir durchs Land wandern, eine Geschichte erzählen oder einer scheinbar unbedeutenden Beschäftigung nachgehen.

Dieser Mythos von den Aborigines, die gar nichts zu tun scheinen, spiegelt sich in dem Wort »Walkabout« wider und ist dadurch entstanden, dass Nicht-Aborigines ein Verhalten beobachteten, ohne die dahinterstehende Geschichte zu verstehen. Hätten sie diese kennengelernt, dann hätten sie begriffen, dass das Umherwandern auf dem Land eine äußerst zielgerichtete Aktivität ist, die das Wohlbefinden von Körper, Geist und Seele fördert.

Der Mythos von den Aborigines, die scheinbar gar nichts tun, drückt sich auch in dem Begriff »faule Schwarze« aus. Hätten die Menschen unsere Geschichte verstanden, dann wäre ihnen klar geworden, dass die Aborigines wichtige Alltagsaktivitäten – zum Beispiel das Sammeln von Nahrung, die Zubereitung von Mahlzeiten, das Essen und die Errichtung von Unterkünften – so ausführten, dass ihnen immer noch genügend Zeit zum Dasitzen, Lehren und Pflegen von Beziehungen blieb. Beobachter, die nicht verstanden, dass das Land einem schon bei minimalem Aufwand alles gibt, was man braucht, wenn man alles über sein Land weiß, bezeichneten das als Faulheit.

Solche Mythen, die vor Jahrhunderten entstanden sind, können sich in einer Gesellschaft verwurzeln, und dadurch können Klischees entstehen, die das soziale Unbehagen und das Trauma noch verstärken, unter dem manche Mitglieder dieser Gesellschaft vielleicht ohnehin schon leiden. Wir alle müssen wachsam gegenüber Bemerkungen sein, in denen sich vorgefasste Meinungen über die Eigenschaften und Fähigkeiten von Menschen widerspiegeln, die einer bestimmten Gruppe angehören. Denn sonst kann es sehr leicht passieren, dass wir unbewusst anfangen, ähnliche Denkweisen und Vorurteile zu übernehmen. Klischeevorstellungen und Racial Profiling sind eine Missachtung unserer Individualität und Einzigartigkeit, schüren Hass und erzeugen Uneinigkeit.

Stereotype wie »Man darf sein Team nicht im Stich lassen« oder »Jeder muss seinen Beitrag leisten« wurden im Lauf der Jahre immer wieder in der einen oder anderen Form verwendet. Sie können ein Zeichen von Defizitdenken sein, und wenn wir nicht aufpassen, kann die solchen Sätzen zugrunde liegende Botschaft »Sei nicht faul« zu einem ungesunden Mantra werden, das uns dazu antreibt, mehr zu arbeiten, als vernünftig wäre.

Obwohl Arbeit ein wichtiger Bestandteil unseres Lebens ist, darf sie andere Prioritäten nicht außer Kraft setzen. Wenn wir nicht genau darüber nachdenken, welchen Platz die Arbeit in unserem Leben einnehmen sollte, kann sie unser Wohlbefinden untergraben: Habe ich meine Arbeit im Griff, oder hat sie mich im Griff? Ich musste das auf sehr schmerzhafte Weise lernen, als ich noch jünger war und meine fehlende Distanz zu meiner Arbeit zu chronischem Stress, Schlafstörungen, Konzentrationsschwierigkeiten und Familienproblemen führte. Und ich bin bei Weitem nicht der Einzige, der unter der ungesunden Überzeugung gelitten hat, ich müsse »meinen Beitrag leisten« und dürfe »mein Team nicht im Stich lassen«. Eine solche Erfahrung würde ich niemandem wünschen.

Damals geriet mein Leben völlig aus dem Gleichgewicht. »Gleichgewicht« ist ein wunderbares Wort und ein Aufruf an uns alle, so mit unseren Bedürfnissen, Prioritäten und Verantwortlichkeiten umzugehen, dass ein Zustand persönlicher Balance entsteht.

Die Natur wird immer ein Gleichgewicht finden, wenn man sie in Ruhe lässt. Nacht und Tag ... die Jahreszeiten ... Geburt und Tod ... alles befindet sich in einem Zustand der Harmonie. Die traditionelle Gesellschaft der Aborigines lebte in harmonischem Einklang mit dem Land. Wir sorgten bei allem, was wir taten, für die richtige Balance, indem wir genau auf das Land achteten und ihm zuhörten.

Wenn wir nicht auf das Land achten und hören, schaffen wir ein Ungleichgewicht ... Dadurch entsteht Disharmonie. Wenn wir nicht aufeinander achten und hören, schaffen wir ein Ungleichgewicht ... Dadurch entsteht Disharmonie. Wenn wir nicht auf uns selbst achten und hören, schaffen wir ein Ungleichgewicht ... Dadurch entsteht Disharmonie.

Um eine gute Geschichte zu leben, müssen wir zu einem gesunden Gleichgewicht finden und Harmonie in unser Leben hineinbringen. Wir müssen unsere Wahrheit finden und uns darüber klar werden, was für uns wichtig ist.

Schau dir die Welt einmal an. Befindet sie sich in einem Zustand der Harmonie oder Disharmonie? Ist sie im Gleichgewicht oder im Ungleichgewicht? Wenn die Lore in Vergessenheit gerät, wächst die Disharmonie, und die Balance geht verloren. Es gibt keine bessere Zeit als die Gegenwart, um sie wiederherzustellen.

Wenn unser persönliches Leben sich nicht im Gleichgewicht befindet, wie können wir dann von unseren Familien erwarten, dass sie im Gleichgewicht sind? Wie können wir erwarten, dass unsere Gemeinschaften im Gleichgewicht sind? Wie können wir erwarten, dass die Welt im Gleichgewicht ist?

Unser Leben kann sehr leicht aus der Balance geraten, ohne dass wir etwas davon merken. Wir setzen uns ständig unter Druck, den Anforderungen unseres Arbeitsplatzes gerecht zu werden. Wir verbringen den größten Teil unserer Zeit damit, es unseren Mitmenschen recht machen zu wollen. Wir reden uns ein, dass das ja nur ein vorübergehender Zustand ist (aber mit der Zeit wird er zu einer festen Gewohnheit). Und wir messen unseren Erfolg daran, wie viel Reichtum und wie viele materielle Besitztümer wir angehäuft haben. All das sind Verhaltensweisen, durch die ein Ungleichgewicht entstehen kann.

Im Berufsleben ist es wichtig, sein Arbeitspensum genau im Blick zu behalten und eine Grenze zu ziehen, die sich daran orientiert, was vernünftig ist und was nicht. Der Druck am Arbeitsplatz, mit immer weniger Arbeitskräften immer mehr zu leisten, kann – in Kombination mit der Angst vor dem Verlust des Arbeitsplatzes – eine gefährliche Mischung sein.

Es ist zwar gut, andere zu unterstützen, doch man sollte es aus den richtigen Gründen tun. Wenn man nur hilft, um anderen zu gefallen, macht man sich angreifbar für das Urteil seiner Mitmenschen. Die einzige Person, der du Rechenschaft schuldest, bist du selbst. Wenn du etwas nur tust, um es deinen Mitmenschen recht zu machen, gibst du deine Macht aus der Hand.

Wenn wir etwas tun, wovon wir wissen, dass es nicht gut für uns ist, sagen wir uns manchmal, dass das ja nur ein einmaliges Vorkommnis ist, und versuchen uns einzureden, dass unser Verhalten in Ordnung ist. Wenn es sich dabei tatsächlich nur um eine einmalige Aktion handelt – kein Problem! Aber falls du dich selbst belügst, wird das Konsequenzen haben. Wenn man sich selbst belügt, lebt man seine Wahrheit nicht.

Etwas Geld auf der Bank zu haben, ist natürlich ganz gut, um ruhig schlafen zu können – aber wie viel ist genug? Es schadet nichts, uns hin und wieder etwas Schönes zu gönnen. Das kann zum Beispiel ein Restaurantbesuch, ein Kleidungsstück oder irgendein Einrichtungsgegenstand für das Haus sein. Aber es ist wichtig, dass wir diese Anschaffungen als Bereicherung für unser Leben betrachten und nicht als wichtigste Quelle unserer Freude. Ein großes Bankguthaben bedeutet nicht, dass wir eine gute Geschichte leben, und es bedeutet auch nicht, dass wir uns auf dem Traumpfad befinden.

Obwohl es wichtig ist, all diese potenziellen Auslöser für ein Ungleichgewicht in unserem Leben genau im Blick zu behalten, sollten wir ganz besonders auf unser Konsumverhalten achten, da die Samen für dieses Verhalten bereits in jungen Jahren in unser Bewusstsein gelegt werden. Ab dem Augenblick, in dem wir zum ersten Mal fernsehen, werden wir mit Werbung und anderen Botschaften überschwemmt, die uns weismachen wollen, dass wir ein bestimmtes Spielzeug oder ein bestimmtes Lebensmittel brauchen, um glücklich zu sein. Diese Botschaften versuchen, uns einzureden, dass der Kauf eines bestimmten Autos, Hauses, Kleidungsstücks, eine bestimmte Urlaubsreise, ein bestimmter Look oder irgendwelche anderen Produkte uns glücklich machen. Wenn wir nicht aufpassen, können sie

- dazu führen, dass wir darüber nachdenken, was wir alles *nicht haben*, statt uns vor Augen zu halten, was wir *haben*,
- uns dazu verleiten, etwas zu wollen, was wir eigentlich gar nicht brauchen,
- uns von dem ablenken, was auf einer tieferen Ebene wichtig für uns ist,
- dazu führen, dass wir neidisch auf andere sind, die sich etwas leisten können, wofür unsere finanziellen Mittel nicht ausreichen,

- dazu führen, dass wir uns als Versager fühlen, wenn wir uns nicht das kaufen können, was wir wollen, und
- durch eine übermäßige Priorisierung von Geld und materiellem Besitz ein Ungleichgewicht in unserem Leben schaffen.

Konsumdenken hat (im Gegensatz zum Handel) noch nie zur traditionellen Kultur der Aborigines gehört. Dieses Denken ist ein Bestandteil der vorherrschenden australischen Kultur, in der wir heute aufwachsen. Die vorherrschende Kultur definiert die Normen einer Gesellschaft – beispielsweise Sprache, Religion, soziale Werte und soziale Sitten und Gebräuche – und kann uns unter Druck setzen, den Erwartungen dieser Gesellschaft zu entsprechen, statt unsere besondere Individualität zu akzeptieren.

Wenn das passiert, fühlen wir uns vielleicht hin- und hergerissen. Und wenn dieser innere Konflikt nicht gelöst wird, beginnen wir tatsächlich, unsere ursprünglichen Überzeugungen und Wertvorstellungen infrage zu stellen, und wissen nicht mehr genau, wer wir sind und worin unser Lebenszweck besteht. Vielleicht haben wir dann das Gefühl, uns im Kreis herumzudrehen, und beginnen uns zu fragen, worum es im Leben eigentlich geht. Dann sind wir ernsthaft in Gefahr, unseren Weg, unser Ziel oder unser Gefühl der Verbundenheit aus den Augen zu verlieren und den Traumpfad zu verlassen. Konsumdenken ist nur eine von vielen Möglichkeiten, die uns von diesem Weg abbringen können. Wir müssen unbedingt daran glauben, dass wir, wenn wir uns verirren, stets die Option haben, wieder nach Hause und zu unserer wahren Bestimmung zurückzufinden.

Im Lauf der Jahre habe ich viele Menschen gesehen und kennengelernt, die von ihrem Weg abgekommen waren. Einige kamen aus dem Gefängnis, andere von der Universität. Wieder andere waren Menschen mit einem ganz alltäglichen Schicksal. Aber egal, woher sie kamen – allen fehlte etwas in ihrem Leben, und das machte sie unglücklich.

Manche tranken zu viel Alkohol, manche nahmen Drogen, manche waren wütend, manche traurig. Doch sobald sie durch Spiritualität wahre Verbundenheit erlebten, sobald sie sich Zeit nahmen, wieder mit der Natur in Kontakt zu treten, und lernten, wie alles in der Natur voneinander abhängig ist, sobald sie sich hinsetzten, auf das Land hörten und es spürten, sobald sie Geschichten darüber hörten, wie unsere Geister einst über das Land wanderten, sobald sie akzeptierten, dass es viel mehr im Leben gibt, als einfach nur zu existieren, sobald ihnen klar wurde, dass wir im Leben nur eines zu tun brauchen – nämlich dieses Land zu lieben und uns darum zu kümmern, denn dann wird es uns alles geben, was wir brauchen (Unterkunft, Nahrung, Glück, Wohlbefinden und so weiter) –, hatten sie ihren Weg wiedergefunden.

Wenn solche verirrten Menschen anfangen zuzuhören wird ihnen klar, dass die materielle Welt voller Wünsche ist, die uns nicht glücklich machen. Materielle Besitztümer führen nur dazu, dass wir immer mehr haben wollen. Sobald wir begreifen, dass wir nur das Land und das brauchen, was es uns gibt, ist alles andere nicht mehr so wichtig, nicht mehr so unbedingt notwendig. Dann sind die Menschen zufrieden mit dem, was sie haben, und fühlen sich innerlich nicht mehr leer, weil ihr Verlangen nach immer mehr materiellem Besitz abnimmt. Ihr Glück beruht auf der Zufriedenheit mit dem, was sie *haben,* und nicht auf dem, was sie *haben wollen*.

Tausende indigener Völker sind durch die Wünsche und die Habgier anderer Menschen vom Angesicht der Erde ausgelöscht worden.

Frage dich einmal: »Reicht mir ein Badezimmer oder brauche ich drei Badezimmer in meinem Haus?« Kannst du mir sagen, wieso es dich glücklich machen sollte, drei Badezimmer zu haben? Und wozu brauchst du fünf Schlafzimmer, wenn ihr nur zu zweit seid?

Wenn du mehr willst, dann nimmst du dir automatisch auch mehr. Und wenn du dir mehr nimmst, verliert irgendjemand anders mehr. Das ist vielen indigenen Völkern auf der Welt passiert. Und dennoch scheinen die indigenen Völker als Kollektiv die Einzigen zu sein, die sich um unsere Erde kümmern und sie so lieben, wie man es eigentlich sollte.

Zu Beginn der Zeit waren wir alle indigene Völker. Wir alle liebten das Land, und das Land liebte uns. Doch im Lauf der Zeit haben sich die Menschen vom Land entfernt und aufgehört, es zu lieben. Sie entfremdeten sich vom Land, indem sie zuerst Dörfer, dann Städte und schließlich Riesenstädte bauten. Heute spürt die Mehrheit der Weltbevölkerung das Land gar nicht mehr. Sie sieht das Land nicht mehr und tritt nicht mehr mit ihm in Kontakt.

Erst im 18. Jahrhundert kamen die Europäer vermehrt mit indigenen Kulturen in Nordamerika, Südamerika und anderen Gegenden der Welt in Berührung. Es war, als müssten sie nach Hause zurückkehren, um etwas zu lernen und wieder mit ihrer wahren Heimat in Kontakt zu treten. Leider wurden durch diesen Prozess viele indigene Völker für immer von der Erde ausradiert. Wir müssen dafür sorgen, dass ihre Geschichten nicht in Vergessenheit geraten.

Das Konsumdenken, unsere heutige Kultur, unser Arbeitsplatz, der Wunsch, beliebt zu sein, und die Verliebtheit ins Geld – all das verführt uns dazu, unser Leben aus dem Gleichgewicht zu bringen. Eine weitere Gefahr, unsere Macht aus der Hand zu geben, besteht darin, uns zu sehr auf die Vergangenheit oder Zukunft zu konzentrieren.

Wenn wir uns zu sehr auf die Vergangenheit konzentrieren, können wir uns in einer Zeitschleife verfangen, die wir selbst geschaffen haben. Egal, ob es glückliche oder unglückliche Erinnerungen sind, die wir noch einmal durchleben – in der Vergangenheit zu leben, ist ein Zeichen dafür, dass wir mit unserem jetzigen Leben nicht sonderlich zufrieden sind. Wir benutzen das Geschehene dazu, uns vor unserer Verantwortung in der Gegenwart zu drücken. Das ist ein bisschen so, als würden wir ein Auto über eine Straße steuern, indem wir in den Rückspiegel schauen.

Für die Zukunft vorauszuplanen, ist zwar durchaus eine sinnvolle und motivierende Beschäftigung. Doch da die Zukunft noch nicht eingetreten ist und es keine Garantie dafür gibt, dass wir das Morgen überhaupt erleben werden, sollten wir es mit dieser Vorausschau nicht übertreiben. Denn wenn wir nicht aufpassen, denken wir vielleicht zu viel über Künftiges nach, und das kann zum »Wenn-dann«-Denken führen. Beispiele dafür spiegeln sich etwa in folgenden Konditionalsatzgefügen wider:

- Wenn ich mein neues Videospiel bekomme, dann wird mir nicht mehr so langweilig sein.
- Wenn ich mein neues Auto erhalte, dann weiß ich, dass ich es zu etwas gebracht habe.
- Wenn ich ein Haus am Strand habe, dann kann ich Leute einladen.

- Wenn ich fünfzehn Kilo abnehme, dann werde ich mich wohl in meiner Haut fühlen.
- Wenn ich Feierabend mache, dann kann ich endlich den ganzen Stress hinter mir lassen.
- Wenn ich Urlaub mache, dann kann ich irgendwohin fahren, wo es keinen Handyempfang gibt und ich meine Ruhe habe.
- Wenn ich in Rente gehe, dann kann ich endlich machen, was ich will.

Das Problem bei dieser Einstellung ist, dass sie uns davon abhält, die Freuden der Gegenwart zu erkennen und zu genießen. Uns zu sehr auf unser vermutliches künftiges Glück zu konzentrieren, mag zwar sehr verlockend sein, doch müssen wir dieser Versuchung widerstehen, wenn wir unser Wohlbefinden verbessern wollen. Denn wenn man sich zu sehr auf die Zukunft konzentriert und ständig in »Wenn-dann«-Sätzen denkt, ist das ein bisschen so, als würde man die Autobahn entlangfahren und dabei fünfhundert Meter weit nach vorn schauen: Irgendwann wird das Auto garantiert von der Straße abkommen.

Um auf der Straße zu bleiben, muss man sich darauf konzentrieren, was unmittelbar vor einem liegt – sein Augenmerk auf die Gegenwart richten. Ein solches Leben in der Gegenwart bringt uns viele Vorteile:

- Es baut Stress ab,
- steigert die Konzentration,
- verbessert unsere Emotionsregulation,
- erhöht unsere emotionale Intelligenz,
- macht uns zu einfühlsameren und dankbareren Menschen,
- lässt uns resilienter werden,

- steigert die Kreativität,
- baut negative Gefühle ab,
- vermindert das Risiko für Herz-Kreislauf-Erkrankungen,
- senkt den Blutdruck,
- schwächt chronische Schmerzen ab,
- verbessert den Schlaf und
- lindert Magen-Darm-Probleme.

Diese Vorteile sind überzeugende Argumente dafür, dem Leben im Hier und Jetzt eine hohe Priorität einzuräumen. Wenn du dir über diese Vorteile der Präsenz oder Achtsamkeit klar wirst, ist das der erste Schritt dazu, um dich in der Gegenwart zu verankern. Dann kannst du es dir abgewöhnen, zu viel über die Vergangenheit oder die Zukunft nachzudenken.

Während du dir erlaubst, dich auf dich selbst zu konzentrieren, und dir Zeit nimmst, dich regelmäßig in Achtsamkeit zu üben, wirst du vielleicht feststellen, dass du dich nicht mehr unter Druck setzt, ständig mit irgendetwas beschäftigt sein zu müssen. Anfangs mag sich das ein bisschen komisch anfühlen, aber du solltest trotzdem der Versuchung widerstehen, wieder in deine negative alte Gewohnheit der ständigen Hetzerei zurückzufallen. Wenn es dir weiterhilft, halte dir einfach immer wieder die Vorteile vor Augen, in der Gegenwart zu leben. Du bist es wert!

Seit ich ein »Lore Man« geworden bin, übe ich mich fast ständig darin, im Jetzt zu sein – so lange, bis mir das schließlich zur Gewohnheit geworden ist. Natürlich gibt es auch in meinem aktuellen beruflichen und privaten Leben immer noch Zeiten, in denen ich über die Vergangenheit oder die Zukunft nachdenke und vielleicht sogar vorausplane; aber ich verliere dabei niemals den Kontakt zur Gegenwart.

Wie eng stehst du mit deinem Lebensumfeld in Kontakt? Wann ist dir das letzte Mal aufgefallen, wie gut sich das Sonnenlicht auf deiner Haut anfühlt? Wann hast du zuletzt die Farbenpracht eines Sonnenuntergangs wahrgenommen? Wann das letzte Mal den Klang von Gelächter gehört? Wann den Geschmack von Butter auf einem Maiskolben geschmeckt? Wann den Duft von frisch gemähtem Gras gerochen? Die Kontaktaufnahme mit unseren Sinnen und unserem Lebensumfeld hilft uns, in der Gegenwart zu bleiben.

Um mir diese Präsenz anzugewöhnen, habe ich vor vielen Jahren eine kleine Übung entwickelt, die ich als »ZAHNO«-Übung bezeichne.* Die Anfangsbuchstaben dieses Akronyms sollen dich daran erinnern, dich der Reihe nach auf deine fünf Sinne einzustimmen (siehe Tabelle).

	Sinnesorgan	**Was habe ich heute schon Gutes …**
Z	Zunge	… geschmeckt?
A	Augen	… gesehen?
H	Haut	… gespürt?
N	Nase	… gerochen?
O	Ohren	… gehört?

Wenn du dir vornimmst, jeden Tag zehn Minuten lang diese Übung zu machen (das entspricht zwei Minuten pro Sinnes-

* Für die deutschsprachige Ausgabe adaptiert. Im Original: »T. E. N. S. E. routine« als Akronym für *tongue* (Zunge), *eyes* (Augen), *nose* (Nase), *skin* (Haut) und *ears* (Ohren) (Anm. d. Red.).

organ), wirst du darüber staunen, wie sehr deine innere Anspannung nachlässt.

Wenn es dir schwerfällt, abends einzuschlafen, oder du nachts öfters wach liegst, könnte diese Übung dir große Erleichterung verschaffen.

Besser schlafen mit System (ZAHNO)

Versuche dir die folgenden Übungsanleitungen einzuprägen. Mach diese Übung immer dann, wenn du Probleme mit dem Einschlafen oder Wiedereinschlafen hast.

Geh den heutigen Tag noch einmal durch – vom Aufwachen bis zum Zubettgehen.

Denke der Reihe nach an alle fünf Buchstaben und daran, wofür sie stehen.

Z (Zunge): Denke daran, was du heute Gutes geschmeckt hast.

Das kann zum Beispiel der Geschmack von Toast, Butter und Marmelade sein, den du beim Frühstück auf der Zunge hattest. Vielleicht ist es aber auch der Geschmack von Müsli und Milch.

Schwebe in Gedanken in aller Ruhe durch den restlichen Tag und erinnere dich an all die wunderbaren Aromen, die du heute genossen hast.

A (Augen): Denke daran, was du heute Gutes gesehen hast.

Vielleicht war es dein Partner, der noch schlief, als du aufgewacht bist. Vielleicht war es auch nur die Sonne, die durch ein Fenster schien.

Geh den heutigen Tag in aller Ruhe durch und achte dabei auf verschiedene Dinge, die du gesehen hast und die ein Lächeln auf deine Lippen gezaubert haben.

H (Haut): Denke daran, was du heute Gutes auf deiner Haut gespürt hast.
Vielleicht war es das warme Wasser unter der Dusche. Vielleicht war es auch die Sonne, ein Windhauch oder ein Regentropfen auf deinem Gesicht.

Geh den heutigen Tag in aller Ruhe durch und erinnere dich dabei, was du auf deiner Haut gespürt hast und was sich gut anfühlte.

N (Nase): Denke daran, was du heute Gutes gerochen hast.
Vielleicht war es deine erste Tasse Kaffee an diesem Tag oder die Luft, die dir in die Nase stieg, als du das erste Mal nach draußen gegangen bist.

Geh den heutigen Tag in aller Ruhe durch und erinnere dich dabei an Dinge, deren Duft du genossen hast.

O (Ohren): Denke daran, was du heute Gutes gehört hast.
Vielleicht war es der Wecker, der dich daran erinnerte, dass du am Leben bist. Es kann aber auch ein Musikstück auf dem Weg zur Arbeit gewesen sein.

Geh den heutigen Tag in aller Ruhe durch und erinnere dich daran, was du gehört hast und was dich glücklich machte.

Vielleicht wirst du angenehm überrascht sein, wenn du am nächsten Morgen feststellst, dass du gar nicht bis zum Ende dieser Übung gekommen bist – du hast es nicht geschafft, alle fünf Sinneswahrnehmungen durchzugehen. Normalerweise bewertet man einen Prozess, den man nicht zu Ende geführt hat, nicht als großen Erfolg, doch in diesem Fall kannst du dir tatsächlich dazu gratulieren!

Wenn du diese Übung regelmäßig machst, wirst du – ähnlich wie bei den Übungen »Dankbarkeitstagebuch« und »Besondere Augenblicke« – anfangen, automatisch auf Positives in deinem Leben zu achten, und dabei feststellen, dass wir uns für viele Highlights unseres Alltagslebens gar keine besondere Mühe zu geben brauchen – sie fallen uns einfach in den Schoß. Du musst also gar nicht viel tun, sondern einfach nur wahrnehmen, was ringsumher geschieht – dann wirst du dich gleich viel wohler fühlen.

Diese Wahrnehmung dessen, was in deinem Umfeld geschieht, ist aber leider nicht immer so einfach, wie sie sich anhört. Wenn du beispielsweise zum ersten Mal versuchst, dich achtsam in deiner Umgebung umzuschauen, wird dein Geist diese innere Ruhe vielleicht als langweilig empfinden. Schließlich ist er es gewöhnt, dass ständig wichtige oder auch unwichtige Nachrichten und Signale auf ihn einstürmen, die er irgendwie einordnen muss. Lässt dieses geistige Arbeitstempo plötzlich nach, wird er dich vielleicht warnen und dir einzureden versuchen, dass da irgendetwas nicht stimmt. Doch wenn du lange genug still sitzt, wird deine Umgebung allmählich zum Leben erwachen.

Angenommen, du hast ein ruhiges Plätzchen im Wald entdeckt, wo du ruhig sitzen kannst. Während du deine Langeweile geduldig kommen und gehen lässt, fällt dir vielleicht auf, dass jeder Baum ein Individuum ist – du siehst, wie jeder Baum sich anders im Wind bewegt, wie jeder eine andere Farbe, Größe und Form hat. Und wenn du dich in Gedanken auf diese Bäume einstimmst, stellst du vielleicht sogar fest, dass jeder Baum eine eigene Persönlichkeit hat.

Vielleicht fällt dir ein Vogel auf, der mal hierhin und mal dorthin flattert, und du fragst dich, ob er wohl schon die ganze Zeit da war. Und allmählich siehst du vielleicht auch andere Vögel. Wundere dich nicht, wenn einige von ihnen dich interessiert beobachten! Vielleicht überraschst du dich auch selbst, indem du feststellst, dass du die Stille hören kannst – und wie schön sie klingt.

Möglicherweise schaust du auf den Boden und nimmst Insekten wahr. Während du sie beobachtest, überlegst du dir vielleicht, warum sie in verschiedene Richtungen krabbeln. Oder du beobachtest eine Ameise und fragst dich: »Hat sie irgendeinen Plan? Woher weiß sie, wie sie nach Hause kommt? Ist sie im Stress oder langweilt sie sich, genau wie ich?« Und dann wird dir vielleicht klar, dass du keine Antworten auf diese Fragen brauchst, und du lässt deine Gedanken behutsam los.

Oder du achtest auf die Wolken am Himmel und erinnerst dich daran, wie gern du als Kind ihre verschiedenen Formen betrachtet hast. Vielleicht fällt dir auf, wie der Wald seine Farbe verändert, wenn sich Wolken über die Sonne schieben. Und wenn du eine Zeit lang dort bleibst, merkst du möglicherweise, wie sich die Schatten im Lauf des Tages bewegen und dass das Moos vor allem an der Nord- und Westseite der Bäume wächst.

Wenn du bis in den Abend hinein dort bleibst, wird dir vielleicht auffallen, wie der Wald vom Nachmittag über den Abend in die Nacht übergeht. Vielleicht entschließt du dich sogar zu einem kurzen Spaziergang in der Dunkelheit und staunst darüber, wie viel man dort sieht, selbst wenn die Landschaft kaum vom Mondlicht erhellt wird. Schaust du nach oben, bemerkst du vielleicht, wie hell die Sterne leuchten, wie sehr sie sich in ihrer Farbe und Größe voneinander unterscheiden, wie sie am Himmel zu funkeln scheinen – und dass es unglaublich viele sind. Möglicherweise fallen dir einzelne Sternbilder auf, und du siehst, wie sie durch die Nacht wandern und dir als Orientierungspunkte dienen können. Bemerkst du auch, wie dunkel der Himmel zwischen den Sternen ist? In diesen dunklen Räumen stecken viele Geschichten. Manchmal ist das, was man nicht sieht, am wertvollsten …

Wenn du aktiv hinschaust und zuhörst, wird dir vieles auffallen, und unter Umständen gelangst du dann zu überraschenden Erkenntnissen. Vielleicht entdeckst du dabei auch Geduld, Schönheit, Ausdauer, Hoffnung, Vertrauen, Veränderung, Vielfalt, Einheit – und wer weiß, was noch alles. All das entsteht, wenn wir das ständige Gerede unseres Verstandes hinter uns lassen und einfach mit allem mitfließen, was uns hier und jetzt umgibt.

Indem du das regelmäßig machst, wirst du allmählich eine Beziehung zu allem in deinem Umfeld aufbauen und zu verstehen beginnen, dass alles auf der Welt miteinander in Verbindung steht. Sobald du diese Übung ein paarmal durchgeführt hast, wirst du feststellen, dass du sie überall praktizieren kannst – in einem Einkaufszentrum, im Park, auf der Straße, auf deiner Terrasse oder im Garten. Solange du dabei nicht in die Privatsphäre anderer Menschen eindringst, kann diese Beobachtung der Welt, die an dir vorüberzieht, eine sehr lohnende Erfahrung sein.

Übung: Die Welt an dir vorüberziehen sehen

Plane in den nächsten Tagen eine zehn- bis fünfzehnminütige Auszeit ein.

Such dir ein Plätzchen, wo du bequem und gefahrlos an der frischen Luft sitzen kannst und dich niemand stört.

Atme einmal durch die Nase ein, halte den Atem ein paar Sekunden lang an und lass ihn dann langsam durch den Mund wieder aus deiner Lunge hinausfließen. Tu das ein paarmal und beobachte, wie dein Bauch sich dabei hebt und senkt, je nachdem, ob die lebensspendende Luft in ihn hinein- oder aus ihm herausströmt.

Lass deine Gedanken mit müheloser Leichtigkeit in dich hinein- und wieder aus dir herausfließen. Versuche nicht, sie festzuhalten oder von dir wegzuschieben. Nimm sie einfach zur Kenntnis und lass sie dann wieder los.

Sobald du bereit dazu bist, beobachtest du die Objekte um dich herum, als kämst du von einem anderen Planeten. Betrachte alles in deiner Umgebung ganz sanft, geduldig, neugierig, ruhig und distanziert. Wenn du dein Augenmerk auf ein bestimmtes Objekt richten möchtest, betrachte es in aller Ruhe, nimm jedes Detail in dich auf; und sobald du innerlich bereit dazu bist, richtest du dein Augenmerk auf etwas anderes. Versuche nicht, dir *alles* in deiner

Umgebung genau anzuschauen. Du bist eher daran interessiert, nur ein paar Sachen in allen Details wahrzunehmen.

Nachdem du dein Umfeld drei Minuten lang in dir aufgenommen hast, schließt du die Augen und hörst zu, als kämst du von einem anderen Planeten. Achte auf die Geräusche in deiner Nähe und in der Ferne. Mach das ungefähr drei Minuten lang, ohne darüber zu urteilen.

Wenn du sechs bis sieben Minuten lang genau hingeschaut und zugehört hast, denke darüber nach, was du gesehen und gehört hast. Gab es irgendetwas, was dich überrascht hat? Sind dir Einzelheiten aufgefallen, die du vorher nicht bemerkt hattest? Wie fühlst du dich? Haben sich die Gedanken, die dich an dem Tag bisher beschäftigten, immer wieder zwischen deine Sinneswahrnehmungen gedrängt, oder konntest du dieser Welt für eine Weile entfliehen? Hast du dabei irgendwelche Erkenntnisse gewonnen? Wirst du diese Übung noch einmal machen?

Je öfter du sie ausführst, umso besser wird es dir gelingen, in der Gegenwart zu leben.

Obwohl es wichtig ist, in der Gegenwart zu leben und sich bewusst zu machen, dass ein Leben in der Vergangenheit nicht gut für dich ist, solltest du die Vergangenheit deshalb noch lange nicht vergessen. Die meisten von uns haben schon einmal etwas Schwieriges, Trauriges oder Traumatisches erlebt. Manchmal heißt es, man könne am besten mit solchen Erfahrungen umgehen, indem man sie vergisst und einfach weiterlebt; aber das hilft uns nicht unbedingt weiter.

Deine Vergangenheit ist wichtig. Wenn du sie nicht kennst, wenn du deine Geschichte nicht kennst, wenn du nicht weißt, woher du kommst, dann bist du im jetzigen Augenblick verloren.

Viele Leute sagen zu mir: »Schau mal, das Problem mit euch Aborigines ist, dass ihr die Vergangenheit nicht vergessen wollt. Ihr denkt immer daran, was man euch angetan hat. Vergesst die Gräueltaten, die euch widerfahren sind, doch – lasst sie hinter euch und lebt einfach weiter.«

Viele Menschen sind der Ansicht, dass nur die Zukunft zählt. Aber wie kann man vorwärtsgehen, wenn man nicht weiß, woher man kommt? Was nimmst du mit in die Zukunft, wenn du die Vergangenheit nicht mitnimmst? Die Vergangenheit ist das Einzige, was du hast.

Stell dir vor, du wärst irgendwo anders als hier. Stell dir vor, ich hätte mit den Fingern geschnippt und dich an irgendeinen Ort versetzt, von dem du nicht weißt, wie du dorthin gekommen bist – du bist einfach plötzlich da. Wie wäre dir dann zumute? Du würdest dir verloren vorkommen. Du wärst verwirrt. Du hättest Angst, weil dir ein Teil deiner Geschichte fehlt.

Und wenn dich dann jemand fragt: »Warum gehst du nicht nach Hause?«, kannst du das nicht, weil du nicht weißt, wie du überhaupt an deinen jetzigen Aufenthaltsort gekommen bist. Wenn dich also jemand auffordert: »Geh doch nach Hause«, musst du ihm antworten: »Ich weiß nicht, wie ich das machen soll.«

Wenn du über deine Vergangenheit Bescheid wüsstest, könntest du dorthin zurückkehren, wo du hergekommen bist, und das ist sehr wichtig. Die Leute sagen immer: »An der Vergangenheit kann man nichts mehr ändern.« Stimmt: Die Vergangenheit kann man tatsächlich nicht ändern. Aber man kann dorthin zurückschauen, wo man früher einmal war, um zu wissen, woher man kommt. Dann hat man einen Ort, an den man zurückkehren kann.

Für mich gibt es also immer einen Weg zurück, auch wenn ich mich vielleicht dafür entscheide vorwärtszugehen. Ich habe diese Wahl. Aber wenn ich die Geschichte meiner Vergangenheit nicht kenne, kann ich nicht zurückkehren. Und wenn es Begebenheiten aus der Vergangenheit gibt, die mich verletzen, niederdrücken und sich negativ auf mein Selbstwertgefühl auswirken, werde ich vielleicht wütend oder traurig sein. Ich kann an meiner Vergangenheit nichts mehr ändern, aber ich kann mich damit auseinandersetzen. Ich kann auf die Vergangenheit zurückblicken und mich fragen: »Warum fühle ich mich so? Wie kann ich das, was mir widerfahren ist, sodass ich mich jetzt schlecht fühle, aufarbeiten?«

Nur wenn ich die Möglichkeit habe, in die Vergangenheit zurückzuschauen, kann ich mich mit früheren Geschehnissen auseinandersetzen. Und dann kann ich auch etwas an meiner jetzigen Situation ändern. Man muss also seine Geschichte kennen. Sehr viele Aborigines kennen ihre Geschichte nicht, weil man ihnen ihre Vergangenheit geraubt und sie nicht einmal zur Kenntnis genommen hat.

Durch Gesetze, Massaker, Vertreibung der Aborigines von ihrem Land, die gestohlene Generation und das Sterben unseres Volkes durch Krankheiten wurde vielen von uns ihre Vergangenheit genommen. Deshalb versuchen unsere Leute jetzt einfach, in der Gegenwart irgendwie zu funktionieren – ohne Geschichte, ohne Kontakt zur Vergangenheit.

Es gibt viele solche Menschen, die wie Waisenkinder sind: Sie versuchen, in der Gegenwart zu leben, ohne eine Verbindung zur Vergangenheit zu haben. Sie sind wie Kinder – völlig verloren.

Dass es bei den Aborigines mehr Drogensucht, mehr Alkoholismus und mehr Suizide gibt, liegt daran, dass viele von ihnen entwurzelt sind. Nur wenn man sich mit ihrer Geschichte auseinandersetzt, kann man ihre Situation wirklich verbessern.

Ohne unsere Vergangenheit haben wir keine Geschichte. Wenn wir unsere Vergangenheit ausblenden, fehlt ein Teil von uns. Dann haben wir unser Fundament und das darin enthaltene Wissen verloren.

Auch früher durchlebten die Aborigines schwere und gute Zeiten, genau wie heute. Als Kollektiv mussten sie mit Dürreperioden, Überschwemmungen und anderen Veränderungen ihres Lebensumfelds fertigwerden. Doch sie konnten auf diese Herausforderungen reagieren, indem sie etwas aus der Vergangenheit lernten. Dieses Lernen vermittelte ihnen ein Verständnis für die Natur und dafür, wie man mit ihr mitfließt, statt sie zu bekämpfen oder unter Kontrolle bringen zu wollen.

Unsere Geschichten aus der Vergangenheit erzählen, dass harte Zeiten auf uns zukamen, als wir aufhörten, uns an die Lore zu halten. Einige dieser Geschichten berichten von großen Dürreperioden und Überschwemmungen, die eintraten, als die Menschen glaubten, über der Lore zu stehen. Sie erinnerten uns daran, wie wichtig es ist, die Lore zu befolgen.

Aus diesen Geschichten erfuhren wir, wie wir mit Nöten und Problemen umgehen können, die auf uns zukommen: zum Beispiel, wo man in Dürrezeiten Wasser findet. Eine dieser Geschichten erzählt uns, dass das Wasser manchmal nicht im Fluss, sondern in den Wurzeln der Bäume oder den Mäulern der Frösche zu finden ist.

Seit Anbeginn der Schöpfung haben alle einheimischen Pflanzen und Tiere gelernt, sich an das Klima anzupassen, in dem sie leben. Für die Aborigines war das Leben vielleicht zwar manchmal hart, aber niemals lebensbedrohlich.

Und das liegt daran, dass ihre Vorfahren die gleichen schweren Zeiten durchlebt, daraus gelernt und dieses Wissen an uns weitergegeben haben. Hätten wir dieses Wissen aus der Vergangenheit nicht angenommen, so wären wir untergegangen. Und das Gleiche wird auch mit dir passieren, wenn du das Wissen aus der Vergangenheit ablehnst.

Aus globaler Sicht kann man aus den vielen Nöten, welche die Menschheit durchgemacht hat, zahlreiche Lehren ziehen. In den letzten Jahren wurde die Welt von Kriegen, Terroranschlägen, Vulkanausbrüchen, Tsunamis, Wirbelstürmen, Erdbeben, Dürren, Überschwemmungen, Buschbränden, Wirtschaftskrisen und Pandemien heimgesucht. Es ist wichtig, dass wir aus solchen Tragödien etwas lernen. Noch wichtiger ist es, diese Erkenntnisse an andere weiterzugeben, damit wir ähnliche Ereignisse in Zukunft besser vermeiden oder bewältigen können.

Auch als Individuum muss man im Lauf seines Lebens oft große Nöte und Entbehrungen durchmachen. Manchmal können aus solchen Traumata Ketten entstehen, die uns gefangen halten. Ein Trauma ist eine unangenehme Erfahrung. Und wenn es sich auf unsere Gegenwart auswirkt, müssen wir uns diesem Problem stellen. Sobald wir die Ursache unseres seelischen Schmerzes verstehen, können wir Maßnahmen ergreifen, um diese Ketten zu sprengen, und leichten Herzens in Freiheit und Frieden leben. Und falls dieser Schmerz sehr stark ist, müssen wir vielleicht professionelle Hilfe in Anspruch nehmen, um darüber hinwegzukommen.

Du hast nur eine einzige Geschichte, und es ist wichtig, alle Teile dieser Geschichte zu akzeptieren – das Gute, das Schlechte und das Hässliche. Deine Vergangenheit ist ein Teil von dir. Wenn du dich mit ihr anfreundest, sie wertfrei betrachtest und dir vor Augen hältst, dass deine Vergangenheit dein Weg in die Gegenwart war, wirst du das Bedürfnis, die Entschlossenheit und die Kraft haben, in Gedanken in diese Vergangenheit zurückzukehren und dir darüber klar zu werden, welchen negativen Erlebnisse du noch aufarbeiten musst.

Sobald du das getan hast, wirst du feststellen, dass du in der Lage bist, das Geschehene zu akzeptieren und dich aus den Fesseln der Selbstverurteilung zu befreien, statt vermeintliche Fehler zu bereuen.

Manchmal können wir aus der Vergangenheit etwas für die Gegenwart lernen. Ich weiß, dass ich meine Lebenskompetenzen durch die schwierigen Zeiten, die ich hinter mir habe, in vielerlei Hinsicht verbessern konnte. Die Stürme der Vergangenheit haben mir Folgendes gebracht:

- Ich bin dadurch resilienter geworden,
- habe mehr Selbstdisziplin,
- kann besser mit dem Gefühl meiner Verletzlichkeit umgehen,
- anderen Menschen mehr Einfühlungsvermögen entgegenbringen,
- um Hilfe bitten und auch anderen helfen.
- Ich bin mutig und unerschrocken.
- Ich kann Probleme besser lösen,
- habe mehr Geduld,
- kann besser im Jetzt und Hier präsent sein,
- besser aktiv zuhören,

- besser über mein Leben nachdenken,
- den Sinn meines Lebens klar und deutlich erkennen, und
- ich vertraue darauf, dass alles so ausgehen wird, wie es sollte.
- Zudem kann ich negative Gedanken leichter loslassen.

Wenn du auf dein Leben zurückblickst, wirst du vielleicht feststellen, dass die schwierigen Zeiten, die du durchgemacht hast, auch dir in manchen der oben aufgezählten Lebensbereiche weitergeholfen haben. Die Liste des Lernstoffs und des Wissens, das die Schule der harten Schicksalsschläge uns vermittelt, ist endlos. Um von diesen Lernchancen profitieren zu können, müssen wir ehrlich mit unserer Vergangenheit umgehen und aus unseren Fehlern lernen. Bei dieser Auseinandersetzung mit unserer Vergangenheit ist es auch wichtig, die guten Seiten unserer bisherigen Lebensreise zu würdigen. (Falls es dir schwerfällt, diese positiven Seiten zu erkennen, kann dir die Übung »Unsere Geschichte erzählen« in Kapitel 5 weiterhelfen.) Wenn du dich mit deiner Vergangenheit auseinandersetzt, etwas aus ihr lernst und sie freudig akzeptierst, wird es dir auch leichter fallen, über deine Gegenwart nachzudenken und zu beurteilen, ob du deine Wahrheit lebst; und dann kannst du eine ehrlichere Bilanz aus deinem bisherigen Leben ziehen und dir darüber klar werden, ob du deinen eigenen Weg gehst und deine eigenen Fußspuren im Sand hinterlässt.

Daraus ergeben sich zwei naheliegende Fragen: Woher weiß ich, ob ich auch wirklich meine Wahrheit lebe? Und woran merke ich, ob ich eigene Fußspuren hinterlasse?

Die traditionellen Aborigines hatten eine sehr einfache Antwort auf diese Fragen. Sie würden dir sagen: »Hör auf dein Bauchgefühl und achte darauf, was es dir sagt. Wenn dein Bauch sich warm und glücklich anfühlt, bist du auf dem richtigen Weg.

Wenn er sich kalt und irgendwie nicht richtig anfühlt, bist du auf dem falschen Weg.«

Kommst du besser mit analytischen und kognitiven Ansätzen zur Problemlösung zurecht, könntest du dich fragen: »Habe ich das Gefühl, das zu tun, was ich in meinem Leben tun soll?« Und dann kannst du dir eine Antwort notieren, die beschreibt, wie dir zumute ist.

Eine weitere Frage könnte lauten: »Habe ich das Gefühl, zu leben … oder habe ich das Gefühl, nur zu existieren?« Auch auf diese Frage kannst du eine Antwort aufschreiben, damit du etwas zum Nachdenken hast.

Natürlich haben wir alle hin und wieder mit Schwierigkeiten und Herausforderungen zu kämpfen; aber wenn dein Leben dir wie eine nicht enden wollende Reihe von Dramen und Kämpfen vorkommt, könnte das ein Zeichen dafür sein, dass du nicht deine Wahrheit lebst, dass du dich nicht auf dem Traumpfad befindest und deinen Lebenszweck nicht erfüllst.

Wenn deine Antworten darauf hindeuten, dass du nicht deine Wahrheit lebst, wirst du vielleicht über Veränderungen in deinem Leben nachdenken müssen. Viele Menschen haben Angst vor Veränderungen, weil sie Ungewissheit und einen möglichen Kontrollverlust mit sich bringen. Ungewissheit drängt uns aus unserer Komfortzone heraus und kann innere Widerstände erzeugen. Manchmal ist unsere Angst vor Veränderungen sogar so groß, dass wir uns lieber damit abfinden, unglücklich zu sein, als uns in die Welt des Unbekannten hinauszuwagen. (Routine ist für viele etwas Bequemes und Tröstliches.) Den Status quo der Gewissheit zu durchbrechen, fühlt sich daher oft sehr bedrohlich an. Manchmal sind die Menschen ganz zufrieden damit, sich ständig im Kreis herumzudrehen.

Oft ändern die Leute sich erst dann, wenn sie das Gefühl haben, an einem Tiefpunkt ihres Lebens angelangt zu sein. Das ist ein bisschen so, als würde man erst zum Arzt gehen, wenn man eine Lungenentzündung hat, und nicht, wenn man Grippesymptome aufweist. Vorbeugen ist besser als Heilen!

Die Aborigines machten sich schon immer Veränderungen zunutze. Wir kannten die vielen Jahreszeiten und freuten uns darauf – und zwar deshalb, weil wir das Land kannten, es lesen konnten und wussten, was auf uns zukam. Wir wussten, dass wir zu verschiedenen Zeiten an verschiedene Orte gehen mussten. Und wir wussten: Wenn wir dort ankamen, gab es verschiedene Nahrungsmittel zu essen, verschiedene Orte zu besuchen, verschiedene Zeremonien zu praktizieren und verschiedene Geschichten zu erzählen. Manchmal trafen wir bei unseren Versammlungen auch Menschen, die uns noch fremd waren und die wir erst kennenlernen mussten.

Für uns waren Veränderungen niemals ein Schritt in die Ungewissheit, und wir hatten auch nie Angst davor. Wir wussten, wohin unser Weg uns führte. Veränderungen sind ein Teil des Lebenszyklus und eine wichtige Voraussetzung für jede Erneuerung. Wenn wir zu sehr in unseren Gewohnheiten festgefahren sind und nicht mit allem um uns herum mitfließen, bleiben wir in der Vergangenheit gefangen und kommen nicht weiter. Wie können wir dann verbunden bleiben? Veränderung ist ein Teil des Flusses. Fluss ist ein Teil der Verbundenheit. Verbundenheit ist der Weg zur Zufriedenheit.

Du kannst deine Vergangenheit und das, was du bisher aus deiner Geschichte gelernt hast, nutzen, um dafür zu sorgen, dass du von nun an selbst der Autor deiner Lebensgeschichte bist. Das ist eine faszinierende Zukunftsaussicht.

Sehr vielen Menschen fällt es nicht leicht, ein Buch zu schreiben. Vielleicht kommen uns ein paar gute Ideen dazu. Aber es kann eine beängstigende Aufgabe sein, diese Ideen zu einer lesbaren Erzählung zusammenzusetzen. Den meisten von uns wäre es nicht peinlich, sich bei diesem schwierigen Prozess Hilfe zu holen.

Beim Schreiben deiner Lebensgeschichte ist das genauso. Hole dir dabei ruhig Rat, Hilfe, Anleitung und Unterstützung! Das kann ein guter Weg sein, um deine Geschichte in Gang zu bringen. Es gibt keinen Grund, dich dafür zu schämen. Aber denke daran, dass man für ein solches Vorhaben viel Geduld braucht! So eine Geschichte schreibt sich nicht über Nacht. Es wird Zeiten geben, in denen dir die Worte nur so aus der Feder sprudeln, und Zeiten, in denen sie sehr schwer zu finden sind. Manche Seiten wirst du immer wieder umschreiben, und sicherlich wirst du auch die eine oder andere Seite wegwerfen. Geh in solchen Situationen liebevoll mit dir selbst um, das gehört alles zum kreativen Prozess.

Übung: Etwas verändern

Überlege dir irgendetwas in deinem Leben, womit du unzufrieden bist und was du gern ändern würdest.

Das Ziel deiner Veränderung sollte etwas sein, was wichtig, für dich, aber einigermaßen gut zu erreichen ist. Nimm dir keine allzu große Aufgabe vor! Die großen Ziele kannst du später ins Auge fassen. (Wenn es dir schwerfällt, dich für ein Ziel zu entscheiden, blättere noch einmal zu der Übung »Selbstachtung aufbauen« in Kapitel 3 zurück. Vielleicht findest du dort eine gute Anregung dafür.)

Schreibe alle Gründe auf, aus denen du diese Veränderung an deinem Leben vornehmen solltest. Sobald du damit fertig bist, lies dir diese Gründe noch einmal langsam und aufmerksam durch. Was du da aufgelistet hast, ist die Geschichte für deine Veränderung – deine Beweisgrundlage. Sie wird dich zum Weitermachen motivieren, wenn du vielleicht am liebsten das Handtuch werfen würdest. Du hast jetzt ein Warum für deine Veränderung.

Als Nächstes schreibst du auf, was du alles tun musst, um dieses Ziel zu erreichen. Damit hast du das Wie für deine Veränderung.

Und nun schreibe auf, was dich davon abhalten könnte, diese Veränderung vorzunehmen. Lies dir diese Hinderungsgründe noch einmal genau durch und überlege, wie du damit umgehen willst, damit sie dir nicht im Weg stehen. Jetzt hast du den Notfallplan für deine Veränderung.

Schließe die Augen und stell dir vor, wie dein Leben aussehen wird, wenn du diese Veränderung vollzogen hast. Beobachte dich selbst in zukünftigen Situationen, in denen die Veränderung deutlich zutage tritt. Wie siehst du in diesen Situationen aus?

Öffne deine Augen. Wie fühlst du dich?

Nun setzt du deinen Plan in die Tat um.

Sobald du die Veränderung durchgeführt hast, solltest du dir unbedingt Zeit nehmen, dich dazu zu beglückwünschen und deinen Erfolg zu feiern. Du hast es dir verdient!

So – nun bist du bereit, dir eine oder mehrere weitere Veränderungen zu überlegen, die du in deinem Leben gern vornehmen würdest. Indem du die Initiative ergreifst und selbstständig etwas in deinem Leben veränderst, wirst du zu einem mündigeren Menschen, der seine eigenen Entscheidungen trifft. Und wenn du mehr Entscheidungsfreiheit hast, dann hast du auch mehr Möglichkeiten, deinen eigenen Weg zu gehen und mehr Zufriedenheit und Wohlbefinden zu erlangen.

Denk einmal an eine Zeit in der Vergangenheit zurück, in der du dir etwas Schwieriges vorgenommen und dieses Ziel schließlich auch erreicht hast. Vielleicht hast du gelernt, ein Musikinstrument zu spielen, zu kochen oder etwas zu bauen, zu nähen oder zu malen. Vielleicht hast du aber auch ein paar Kilo abgenommen oder dein eigenes Gemüse angebaut. Oder du hast den Führerschein gemacht. Bist du innerhalb von 24 Stunden zum Meister in dieser Disziplin geworden? Natürlich nicht. Du musstest das alles deinem eigenen Tempo und Leistungsvermögen entsprechend erlernen – genau so, wie es für dich passte. Üben … scheitern … wieder aufstehen … weiterüben … dich verbessern … lernen … Rat suchen … fast schon aufgeben … es weiter versuchen … dich weiter verbessern … nicht aufgeben … dein Ziel erreichen … deinen Erfolg feiern. So langsam und oft mühselig entfaltet sich dieser Weg häufig vor unseren Augen, aber er ist es wert.

Wenn du diesem Weg folgst, denke daran, dass er deiner Wahrheit entsprechen muss, und dass dein Weg in der spirituellen Weltsicht der Aborigines Teil eines übergreifenden Wegs – des Traumpfades – ist. Wenn unser Weg und der Traumpfad miteinander in Einklang stehen, geht es uns gut. Wenn das nicht der Fall ist, können wir krank werden.

Das Ngurrampaa erklärt, wie die Dinge entstanden sind, welche Beziehung du zu allem hast und welche Verantwortung du dafür trägst. Deine Verbindung zum Traumpfad besteht darin, wie du diese Verantwortung tagtäglich wahrnimmst. Wie du dich an die Lore hältst. Dabei geht es darum, etwas aus der Vergangenheit zu lernen, damit du in der Gegenwart das Richtige tun kannst. Wenn du dem Traumpfad nicht folgst, kannst du krank werden. Wenn du krank wirst, kannst du deine Verantwortung nicht mehr erfüllen. Wenn ich mich in meiner Umgebung umschaue, sehe ich viele Menschen, die krank sind. Und wenn ich mich auf der Welt umschaue, sehe ich viele Orte, die krank sind. Die Erde selbst ist krank.

Aufgrund unserer ganzheitlichen Vorstellung von Wohlbefinden und unserer genauen Kenntnis unserer Nahrungs- und Heilmittelquellen gab es bei uns in früheren Zeiten kaum Krankheiten. Den Menschen ging es gut, und der Erde ging es gut.

Und wenn doch einmal jemand an einem unbekannten Leiden erkrankte, gab es alte Männer und Frauen, die Geistheiler waren: Sie konnten dem kranken Menschen die Hände auflegen und ihn heilen. Wir glauben, dass manche Krankheiten durch eine Krankheit in unserem Geist verursacht werden. Und da wir von Geistern umgeben sind, kann ein kranker Mensch auch durch eine Reinigungszeremonie geheilt werden.

Bei der Heilung eines Menschen spielt alles eine Rolle – nicht einfach nur eine Pille. Dank unserer natürlichen Lebensweise und unserer Verbindung mit dem Geist und dem Land wurden viele unserer Leute sehr alt. Viel älter als heute.

Wenn ich mich umschaue, sehe ich viele Menschen, die an einer Krankheit ihres Geistes leiden. Das ist eine andere Art von Pandemie, welche die Welt in Gefahr bringt. Doch aus verschiedenen

> Gründen sehen die meisten Menschen das nicht oder wollen es nicht sehen. Wenn sie es nicht sehen, wie können sie es sich dann eingestehen? Und wenn sie es sich nicht eingestehen, wie können sie dann geheilt werden?
>
> Ohne Wahrheit kann keine Heilung stattfinden.

Wenn wir irgendeine Art von Schmerz, Verletzung oder Trauma durchmachen, müssen wir davon geheilt werden. Heilung ist ein Prozess, der auch schon in der Vergangenheit und in den verschiedensten Kulturen als wichtig anerkannt wurde. Im einfachsten Sinn ist Heilung der Prozess, der jemanden dazu befähigt, wieder gesund zu werden. Gesund zu sein, hat für verschiedene Menschen und Kulturen unterschiedliche Bedeutungen; doch im ganzheitlichen Sinn gibt es vier Säulen, die fest und stabil im Boden verankert sein müssen, damit wir einen Zustand des Wohlbefindens erreichen können:

1. die emotionale Säule (Achtsamkeit, Stressbewältigung, positive Lebenseinstellung, Lernen),
2. die soziale Säule (Verbundenheit, Beziehungen, Gemeinschaft),
3. die spirituelle Säule (Zeit in der Natur verbringen, Meditation, Glaube, Vertrauen) und
4. die körperliche Säule (Schlaf, gesunde Ernährung, Bewegung, nicht rauchen).

Wenn du dir über das traditionelle Leben der Aborigines Gedanken machst, wirst du feststellen, dass diese vier Säulen und die damit einhergehenden Aktivitäten in unser Alltagsleben integriert waren. Daher führten die Aborigines normalerweise ein langes, zufriedenes Leben.

Die meisten von uns wissen, wie wichtig Ärzte, Psychologen, Psychiater und andere Gesundheitsexperten für den Heilungsprozess sind. Unser westliches Gesundheitssystem ist etwas, wofür wir alle dankbar sein können. Doch auch alternative Gesundheitspraktiken können dieses westliche System manchmal ergänzen oder sogar noch bessere Ergebnisse erzielen (ein Beispiel dafür sind die traditionellen Heiler der Aborigines, die manchmal »Ngangkari« genannt werden).

Deine Geschichte ist einzigartig, genau wie du selbst. Dein Weg zum Wohlbefinden wird also ebenfalls ein individueller Prozess sein. Da der Weg zur Heilung so komplex und von Mensch zu Mensch verschieden ist, ist es wichtig, dir (vielleicht mithilfe von Gesundheitsexperten) Gedanken darüber zu machen, was »Heilung« für dich bedeutet, damit du gemeinsam mit deinen Ärzten oder Heilern einen therapeutischen Prozess in Gang setzen kannst, der auch deine Vergangenheit aufarbeitet und dank dessen du dich auf gesunde, positive Weise auf die Gegenwart einlassen kannst.

Aus Sicht der Aborigines bedeutet Heilung, mit dem Land, dem Geist und der Lore in Verbindung zu treten und über die vielen Themen nachzudenken, um die es in diesem Buch geht (Geschichten, Beziehungen, Einheit, Teilen, Liebe, Respekt, Dankbarkeit, Bescheidenheit, Lernen, Wahrheit, Inspiration, Resilienz und In-der-Gegenwart-Leben). Es gibt noch zwei weitere wichtige Elemente im traditionellen Leben der Aborigines, über die es sich nachzudenken lohnt.

Das erste Element ist das Lachen.

Wenn du jemals Gelegenheit hast, Archivaufnahmen unseres Volkes in ihrem täglichen Leben zu sehen, wirst du feststellen, dass sie viel lachten. Das alte Sprichwort »Lachen ist die beste Medizin« ist ein sehr kluger Ratschlag.

Denk einmal an deinen Lieblingskomiker, deine Lieblingskomödie oder deinen Lieblingsfilm im Kino oder Fernsehen. Wie fühlst du dich, wenn du so etwas siehst? Kannst du dich an ein Erlebnis erinnern, bei dem du so sehr lachen musstest, dass dir die Tränen kamen? Wie gut fühlt sich das an?

Für die traditionellen Aborigines war Lachen ein wichtiger Bestandteil des Lebens. Lachen förderte die Verbundenheit, bildete eine wichtige Basis für Beziehungen und wurde von den Aborigines früher auch als Lehrmethode eingesetzt.

> Jeden Abend spielten die Aborigines zur Unterhaltung irgendetwas Lustiges nach, was tagsüber passiert war, sodass alle, die nicht dabei gewesen waren, es auch miterleben konnten. Dank diesen schauspielerischen Darbietungen wussten alle, was an diesem Tag passiert war, und konnten gemeinsam darüber lachen.
>
> Die Ältesten unterrichteten uns nicht nur in unserem täglichen Leben, sondern neckten uns auch mit kleinen Geschichten und Witzen und brachten uns bei zu lachen, statt uns über die vielen dummen Menschen auf der Welt aufzuregen.

Die Aborigines nutzen die verbindende Kraft des Lachens auch heute noch, um Beziehungen zu knüpfen und aufrechtzuerhalten. Für viele Aborigines ist Lachen aber auch ein Mittel, um mit dem Leid fertigzuwerden, das sie seit der Besatzung ihres Landes Ende des 18. Jahrhunderts durchmachen mussten.

Lachen als Heilmittel gegen Leid und emotionalen Schmerz einzusetzen ist auch in unserer heutigen Welt nicht unüblich, weil man davon ausgeht, dass das viele Vorteile bringt. Lachen

- stärkt das Immunsystem,

- ist ein gutes Training für Zwerchfell, Bauch- und Schultermuskeln,
- senkt den Stresshormonspiegel,
- verbrennt Kalorien,
- lindert Schmerzen,
- senkt den Blutdruck,
- entspannt die Muskulatur,
- wirkt sich positiv auf die Atmung aus,
- beugt Herz-Kreislauf-Erkrankungen vor,
- verbessert unsere Stimmung,
- baut Ängste, innere Anspannung und Stress ab,
- steigert das Selbstvertrauen,
- stärkt die Resilienz,
- lenkt uns ab,
- verändert unsere Perspektive,
- fördert Wohlwollen und zwischenmenschliche Beziehungen,
- verbessert die Teamarbeit sowie den Gruppenzusammenhalt und
- lässt uns anziehender wirken.

Es lohnt sich also, uns auf unserem Weg zu mehr Wohlbefinden auch mit den positiven Auswirkungen des Lachens zu beschäftigen.

Vor meinem Nervenzusammenbruch hielten viele Menschen mich für sorglos und unbekümmert, ja sogar für eine richtige Stimmungskanone. Dieser Eindruck war zwar nicht ganz falsch; doch zu einem großen Teil war meine witzige Art und mein Draufgängertum nur eine Fassade, hinter der ich meine Selbstzweifel und meine große Unsicherheit versteckte. Oft setzte ich meine »Smiley-Maske« nur auf, damit meine Mitmenschen mich mochten. Ich war süchtig nach Anerkennung. Ich brauchte sie, um mich wertvoll zu fühlen.

Wenn du dich also beim Lachen ertappst, ist es manchmal hilfreich, über den Grund deines Lachens nachzudenken. Lachst du, um »dazuzugehören«? Wenn ja, solltest du dich vielleicht fragen, warum. Lachst du über jemand anders? Wenn ja – ist das fair und respektvoll gegenüber dieser Person? Wenn nicht, solltest du vielleicht darüber nachdenken, warum du das tust. Lachst du, weil du glücklich bist? Wenn ja: herzlichen Glückwunsch. Mach weiter so! Lachen ist ansteckend. Hoffentlich kannst du damit zu einem Katalysator für andere werden.

Ich weiß noch, wie ich eines Tages während meines Nervenzusammenbruchs vor dem Haus meiner Eltern saß und ein seltsames Geräusch hörte, das ich nicht sofort erkannte. Nachdem ich ein paar Sekunden hin und her überlegt hatte, wurde mir klar, dass es sich bei diesem komischen Geräusch um Lachen handelte. Es war sogar mein eigenes Lachen. Ich hatte schon so lange nicht gelacht, dass ich gar nicht mehr wusste, wie sich das anhört. Als mein Heilungsprozess Fortschritte machte, begann ich öfter zu lachen. Heute lache ich viel, und was noch besser ist: Ich lache aus den richtigen Gründen.

Wie oft lachst du? Lachst du genug? Lachst du über dich selbst, wenn du etwas Dummes getan hast, oder wirst du wütend? Würden andere Menschen dich als lustig oder vielleicht sogar als Stimmungskanone bezeichnen? Falls ja: Bist du tatsächlich so?

Wenn du glaubst, in deinem Leben nicht oft genug zu lachen, solltest du dir regelmäßig Zeit dafür nehmen. Das hört sich vielleicht ein bisschen konstruiert an, aber wenn du vorausplanst, kannst du tatsächlich für Gelegenheiten zum Lachen sorgen. Du kannst mit Freunden oder alleine lachen. Du kannst über irgendetwas Lustiges lachen, was dir passiert ist, dir einen amüsanten Film oder eine Comedy-Sendung anschauen, ein lustiges Buch lesen oder die Liveshow eines Komikers besuchen. Das wird dir garantiert guttun, selbst wenn dein Lachen nur vorgetäuscht wäre.

Das zweite Element, über das du im Zusammenhang mit dem Thema »Heilung und Präsenz« nachdenken solltest, ist Verlust.

Von allen Traumata, die uns widerfahren können, ist das Gefühl des Verlusts wohl eines der schmerzhaftesten. Wenn wir einen schweren Verlust erleiden, haben wir vielleicht zu Recht das Bedürfnis, die Pausentaste des Lebens zu betätigen. Aber irgendwann müssen wir auch wieder auf »Play« drücken … Wir müssen uns mit unseren Gefühlen auseinandersetzen, damit unser Leben nicht dauerhaft auf Eis gelegt wird.

Verluste kann man in allen möglichen Lebensbereichen erleiden. Der Verlust eines geliebten Menschen kann eine furchtbar schmerzhafte, lähmende Erfahrung sein. Es gibt aber auch viele andere traumatische Erfahrungen, den Verlust

- unserer Gesundheit,
- einer Liebe,
- unseres Arbeitsplatzes,
- eines Hauses,
- des Vertrauens,
- unserer Freiheit,
- unseres Seelenfriedens,
- unseres Glaubens oder
- unserer finanziellen Sicherheit.

Unsere Reaktion auf einen Verlust kann von leichter Verärgerung bis hin zu völliger Überwältigung und Atemnot reichen. Bei schweren Verlusten ist es wichtig, zu trauern.

Dabei kann es dir eine große Hilfe sein, etwas über Trauer und die eng miteinander verflochtenen Phasen zu wissen, die man dabei immer wieder durchläuft. Denn dann wirst du besser verstehen und akzeptieren, wie du dich gerade fühlst, und das kann den Heilungsprozess erleichtern. Da Verlust ein so tiefgreifendes, traumatisches Erlebnis ist, erarbeitet man sich dieses Verständnis am besten mithilfe eines anerkannten und qualifizierten Therapeuten.

Wenn dir die Vorstellung, dich mit anderen Menschen unterhalten zu müssen, in deiner Trauer zu viel ist, kann ein erster Schritt zur seelischen Regeneration darin bestehen, dich regelmäßig in der Natur aufzuhalten. Suche dir einen Ort im Freien, an dem du wieder mit deinen Sinnen und der Natur in Kontakt treten kannst, und zwar auf eine Weise, die sich für dich richtig und sicher anfühlt und in einem von dir selbst gewählten Tempo abläuft. Das kann dir die nötige seelische Unterstützung geben, ohne dir allzu viel abzuverlangen.

Nach diesen ersten Schritten kannst du auf der heilenden Wirkung, die die Natur dir bietet, aufbauen und dich behutsam wieder dem Leben zuwenden, und zwar auf eine Weise, die deine Geschichte berücksichtigt und dir hilft, Frieden zu finden. Dazu gehört vielleicht auch, dass du – wie erwähnt – professionelle Unterstützung in Anspruch nimmst, um besser zu verstehen, was du gerade durchmachst. Falls du dich in deiner Trauer jemandem anvertraust, solltest du allerdings genau darauf achten, dass du auch die richtige Person dafür wählst … Es ist also absolut vernünftig, vorsichtig damit zu sein, was du anderen mitteilst und wem du dein Herz ausschüttest.

Wenn du anfängst, wieder mehr mit anderen in Kontakt zu treten, werden sie dir vielleicht alle möglichen Ratschläge geben. Es kann ein schönes Erlebnis sein, von einem Büfett zu essen, wenn man sich aussucht, was man haben möchte, und nicht zu viel davon isst. Mit dem Anhören von Ratschlägen verhält es sich oft ganz ähnlich: Es ist wichtig, dir vor Augen zu halten, dass es letztendlich *deine* Entscheidung ist, welche Ratschläge du annimmst, und dass du nicht zu viele beherzigen solltest. Und es ist auch deine Entscheidung, welche Schritte du unternehmen möchtest und wann. Auf deinem Heilungsweg geht es darum, was für dich das Beste ist, und nicht darum, es anderen recht zu machen.

Hast du in deinem Leben einen Verlust erlitten, solltest du dich fragen: »Hat dieser Verlust mich daran gehindert, meine Geschichte zu leben? Hat er mich von der Welt um mich herum abgekoppelt?« Wenn die Antwort Ja lautet, was solltest du dann deiner Meinung nach tun?

Von solchen persönlichen Verlusten abgesehen kann es natürlich auch passieren, dass jemand, der uns sehr am Herzen liegt, einen Verlust erlitten hat und trauert. Es gibt mehrere Möglichkeiten, andere in ihrem Trauerprozess zu unterstützen; allerdings solltest du dir dabei der Gefahr des bereits beschriebenen »Retterkomplexes« bewusst sein und wissen, wie man jemanden in einer Krisensituation angemessen unterstützt, zum Beispiel folgendermaßen:

- Sei ein guter Zuhörer.
- Respektiere die Art und Weise, wie dieser Mensch trauert.
- Akzeptiere seine Stimmungsschwankungen.
- Erteile ihm keine unerbetenen Ratschläge.
- Versuche nicht, ihm seinen Verlust zu erklären.
- Hilf ihm bei praktischen Aufgaben.
- Bleibe mit ihm in Kontakt.
- Sei für ihn da.

In der traditionellen Gesellschaft der Aborigines wurde die ganze Gemeinschaft in den Trauer- und Heilungsprozess eines einzelnen Mitglieds einbezogen. Dazu gehörten spezielle Zeremonien, Lieder und Tänze, die manchmal über lange Zeiträume hinweg stattfanden.

Die heutige Aborigine-Gesellschaft hat einen großen Verlust erlitten: Verlust der Kultur, Verlust des traditionellen Lebens, Verlust der Sprache, Verlust des Landes, Verlust der Kinder, Verlust der Lore, Verlust der Identität, Verlust der Unabhängigkeit, Verlust des Lebenssinns, Verlust von Lernsystemen und Wissen. Viele Aborigine-Reservate befinden sich in einem permanenten Zustand von Kummer und Leid.

Die Verlusterfahrung der Aborigines ist gleichzeitig auch eine weltweite Erfahrung, wenn man bedenkt, was der Welt alles abhandengekommen ist: Menschen haben vielerorts ihre Verbindung zu ihrem Land und ihrer Sprache verloren. Das kann freilich ein unbewusster Verlust sein; das heißt, dass die Leute gar nicht wissen, was sie verloren haben. Doch dieser Verlust wirkt sich auch heute noch auf ihr Leben aus. Denn durch die gekappte Verbindung zum Land ist ihre Beziehung zu ihrem Lebensraum und allem, was dort existiert, verschwunden.

Meiner Ansicht nach besteht der Heilungsprozess unserer Gemeinden und Reservate in erster Linie darin, die Verbindung zu unserem Land wiederherzustellen. Wir alle müssen uns also zunächst auf eine Reise begeben, um diese Verbindung wiederzufinden. Zu dem Zweck sollten wir uns zuallererst einmal damit beschäftigen, wer wir sind und woher wir kommen. Wer sind unsere Vorfahren? Welche Verantwortung trugen sie für ihren Lebensraum und für alles, was es dort gab? Worin besteht *unsere* Verantwortung? Je intensiver wir uns mit dieser letzten Frage beschäftigen, umso klarer wird uns, dass wir uns um *unseren Lebensraum* kümmern sollten. Denn zurzeit leben wir auf dem Land wie Flöhe auf dem Rücken eines Hundes. Wir sind Parasiten. Wir nehmen, aber wir geben nichts.

Wir müssen wieder zu einem Teil des Landes werden, und der einzige Weg dazu führt über die uralte spirituelle Verbindung, die unsere Vorfahren überall auf der Welt zu ihrem Land hatten. Indem wir uns ganz langsam, Schritt für Schritt, wieder auf unsere Geschichte einstimmen, nach Menschen suchen, die uns dabei anleiten können, ihnen zuhören und etwas daraus lernen, können wir diese Verbundenheit und dieses Verständnis für unser Land zurückgewinnen. Das ist eine Zeit der Erneuerung; und sie beginnt auf der Ebene unserer Reservate.

Viele Menschen, die in Aborigine-Gemeinden leben, kommen zu mir und sagen: »Früher war es in unserer Community viel schöner.« Wenn wir uns daran erinnern, dass es in unserer Community früher einmal schön war, dann brauchen wir nur zusammenzukommen, uns an diese Geschichte zu erinnern und sie weitergeben. Auf diese Weise können wir sie zurückholen. Genau wie Einzelne an Depressionen leiden können, kann das auch einer Gemeinschaft widerfahren. Die meisten Menschen mit Depressionen erinnern sich daran, wann es ihnen zuletzt gut ging, und die meisten wissen auch, wann ihnen dieses seelische Wohlbefinden abhanden kam. Für Gemeinschaften aller Art gilt das ebenso.

Wenn wir zusammenkommen und uns darüber austauschen, wie schön es in unserer Community früher war, können wir diesen früheren Zustand wiederherstellen. Ohne Erinnerung an die Vergangenheit kann ein einzelner Mensch oder eine Gemeinschaft niemals geheilt werden.

Jeder Tag bietet uns buchstäblich Hunderte von Möglichkeiten, den Augenblick zu genießen und uns lebendig zu fühlen. Sich auf seine fünf Sinne einzustimmen, die Schönheit im Alltäglichen zu entdecken, über Albernheiten zu lachen, sich nicht darum zu kümmern, was andere Menschen denken, und einfach nur etwas zu tun, was einem Spaß macht – all das sind Möglichkeiten, jeden Tag mit Sinn und guten Absichten zu leben, statt ihn mit sturem Durchhaltevermögen einfach nur zu ertragen. Es liegt an dir, das zu deiner Priorität zu machen.

Wenn wir unsere Vergangenheit akzeptieren und etwas daraus lernen, bringt uns das wertvolle Erkenntnisse darüber, wie wir die Gegenwart nutzen und genießen können. Dazu müssen wir auch unsere Narben akzeptieren und uns mit ihnen auseinandersetzen, falls sie uns daran hindern, unseren eigenen Weg zu gehen. Denn wir können diesen Weg nur im jetzigen Augenblick beschreiten. Wohin wir gehen, wissen wir nicht. Wir können zwar für die Zukunft vorausplanen, doch eigentlich haben wir keine Ahnung, was vor uns liegt … es hat also keinen Sinn, uns allzu sehr darauf zu fixieren.

Jeder Verlust ist eine quälende Erfahrung: Er ist in der Vergangenheit geschehen, wird in der Gegenwart immer noch nachempfunden und begleitet uns auch in die Zukunft hinein. Verlust ist ein unvermeidlicher Wirbelsturm, mit dem wir alle irgendwann in unserem Leben konfrontiert werden. Unser persönlicher Heilungsweg und der Heilungsprozess von Gemeinschaften, Ländern und unserem ganzen Planeten – all das ist ein eng verwobenes Netz, über das wir uns Gedanken machen und für das wir uns engagieren müssen.

Indem wir die Lehren der Lore verstehen und uns auf den Traumpfad einstimmen, können wir besser über unsere eigene

Geschichte nachdenken, sie verstehen und zu schätzen wissen. So können wir Veränderungen herbeiführen, durch die sich nicht nur unser persönliches Wohlergehen verbessert, sondern wir auch mehr für das Wohlbefinden der Menschen in unseren Gemeinden und Reservaten tun können.

Botschaft Nr. 19

Deine Vergangenheit ist ein wichtiger Weg zu deiner Gegenwart. Mach dir deine Vergangenheit bewusst, akzeptiere sie, lerne etwas daraus und setze dich mit allem auseinander, was dich daran hindert, im Hier und Jetzt Zufriedenheit zu finden.

Botschaft Nr. 20

Wenn du dich zu sehr auf die Zukunft konzentrierst, lenkst du dich vom Zauber der Gegenwart ab.

Botschaft Nr. 21

Lass dich bereitwillig auf Veränderungen ein.

Botschaft Nr. 22

Lache oft.

Botschaft Nr. 23

Wenn du einen Verlust erlitten hast, erlaube dir, darüber zu trauern und von deinem Schmerz geheilt zu werden.

Kapitel 7

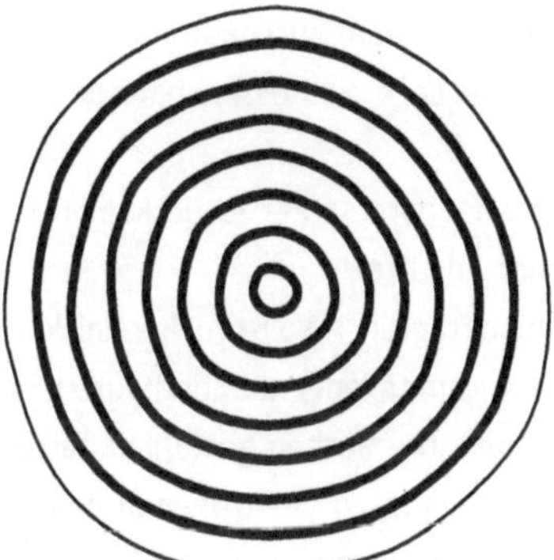

Zufriedenheit

Weda war ein kluger Mann mit besonderen magischen Fähigkeiten. Doch er und seine Frau Bullen Bullen waren nie zufrieden mit dem, was sie hatten. Jeden Tag wachten sie schon frühmorgens auf, bevor irgendjemand anders wach war, und sammelten lauter schöne Dinge, die sie rund um ihr Ngurra (Lager) aufstellten.

Von den vielen hübschen Sachen, die sie sammelten, gefiel ihnen ganz besonders alles, was funkelte und glitzerte. Wenn niemand von ihrem Stamm zuschaute oder die anderen Stammesmitglieder ihre Lager verlassen hatten, stahlen sie ihnen Schmuckstücke.

Wenn die Männer dann später zurückkamen, fragten sie: »Wo ist mein Zeremoniengürtel?«

Und die Frauen fragten: »Wo ist meine Halskette?«

Als die Stammesmitglieder durchschauten, dass Weda und Bullen Bullen ihnen ihre Sachen gestohlen hatten, beschlossen sie, die beiden zu bestrafen. Sie trugen ihre Coolamon-Schalen zusammen und füllten sie mit glühenden Kohlen.

»Wenn Weda und Bullen Bullen unbedingt Sachen haben wollen, die glitzern und funkeln, können sie ja diese glühenden Kohlen bekommen«, sagten sie.

Dann gingen alle zu Wedas Lager hinüber. »Kommt heraus, wir haben schöne glänzende Geschenke für euch«, forderten sie die beiden auf.

Als Weda und Bullen Bullen ihr Lager verließen, erblickten sie die vielen Coolamon-Schalen; und als sie sahen, dass der Inhalt dieser Schalen genauso hell leuchtete und funkelte wie die Sonne, fanden sie das ungeheuer aufregend.

Dann warfen die Stammesmitglieder die Kohlen in die Luft,

und sie regneten auf Weda und Bullen Bullen herab, die vor Freude tanzten – bis sie merkten, dass es sich dabei um Feuer handelte. Um nicht in den Flammen umzukommen, verwandelten sie sich mithilfe ihrer magischen Fähigkeiten in Laubenvögel und flogen davon.

Bis zum heutigen Tag baut der Laubenvogel Weda eine Laube aus Gras. Dann sammelt er lauter glänzende Gegenstände und stiehlt schöne Schmuckstücke, um sie rund um seine Laube aufzustellen. Aber er ist trotzdem immer noch nicht zufrieden.

Und auch Bullen Bullen ist unzufrieden. Sie kommt und schaut sich an, was er gesammelt hat, doch dann sagt sie jedes Mal: »Das ist nicht schön genug. Ich glaube, ich werde mir einen neuen Mann und ein neues Lager suchen.«

Weda sammelt also immer weiter schöne Gegenstände, weil er glaubt, dass sie ihm und Bullen Bullen Zufriedenheit schenken – weil er sich einbildet, dass sie beide dadurch glücklich werden.

Die meisten Menschen konzentrieren sich stärker auf das Negative als auf das Positive, wenn sie über die Welt nachdenken. Falls das bei dir auch so ist, sei deshalb nicht allzu streng mit dir: Unser Gehirn geht nun einmal so mit Informationen um, weil es uns vor möglichen Gefahren warnen will. Psychologen bezeichnen das als »Negativitätseffekt« oder »Negativitätsdominanz«. Aufgrund dieses Denk- und Verhaltensmusters neigen wir dazu,

- uns eher an unschöne Erfahrungen zu erinnern als an positive,
- Beleidigungen leichter im Gedächtnis zu behalten als Lob,
- auf negative Reize stärker zu reagieren als auf positive,

- öfter an negative Dinge zu denken als an positive und
- stärker auf negative Ereignisse zu reagieren als auf positive.

Wenn unser Gehirn so stark darauf programmiert ist, sich auf das Negative zu konzentrieren, ist es dann ein Wunder, dass es uns so schwerfällt, zufrieden zu sein?

In der traditionellen Gesellschaft der Aborigines war es selbstverständlich, einen Zustand der Zufriedenheit zu erreichen. Dank der Integration von Spiritualität und Lore in die Erziehung hatten die Kinder beim Übergang ins Erwachsenenleben alles, was sie brauchten, um eine gute Geschichte zu leben.

Bei meinem Traum geht es um mein Leben und um das, was ich daraus mache. Ohne Verbindung zu den Träumen meiner Vorfahren durch den Traumpfad kann mein Traum nicht existieren.

In meinem Traum soll sich meine Verbindung zur Vergangenheit widerspiegeln, und zwar durch meine Verbindung zu den Geschichten meines Landes und meine Beziehung zu meinen Vorfahren. Mein Traum sollte das, was diese Vorfahren mir hinterlassen haben, damit ich mich gut darum kümmere, nicht schmälern. Ich muss ihre Fußspuren ehren.

Mein Traum sollte allen Dingen zugutekommen, statt ihnen etwas wegzunehmen. Ein Teil meines Traums besteht also darin, mein Wissen über das Land und alles andere, was man mir beigebracht hat, weiterzugeben. Denn dem Wissen wohnt nur dann eine Macht inne, sofern es geteilt wird. Wenn ich glaube, etwas Gutes zu besitzen, sollte ich es weitergeben, damit auch andere Menschen davon profitieren können.

Dein Traum handelt von deinem Leben und davon, was du daraus machst. Was möchtest du auf der Erde zurücklassen? Gar nichts? Zerstörung? Oder möchtest du den kommenden Generationen etwas Positives, Reales und Gutes hinterlassen?

Du kannst dir dein Leben wie einen Baum vorstellen – einen Traumbaum. Zuallererst musst du starke Wurzeln schlagen. Als Nächstes brauchst du einen kräftigen Stamm und dann dicke Äste voller Blätter und Früchte, die du mit der nächsten Generation teilen kannst.

Die Wurzeln sammeln Nährstoffe aus der umliegenden Erde, um wachsen zu können. Viele kleine Lebewesen teilen sich die Nahrung mit den Wurzeln des Baums, indem sie etwas von seinen Wurzeln wegnehmen, sie dabei aber niemals töten. Andere Lebewesen leben im Stamm und nutzen ihn als Nahrung und Unterschlupf; wieder andere leben in den Zweigen. Gemeinsam teilen sie alle deinen Traum mit dir, und du hast wiederum an ihren Träumen teil. Ihr seid nicht allein. Du bist eins mit allem, was um dich herum und in deiner Nähe ist. Du bist etwas Besonderes.

Unser Traum; das, was wir mit unserem Leben anfangen; die Art, wie wir unseren Weg gehen und unsere Geschichte leben – all das entsteht aus dem Gefühl heraus, dass unser Leben einen Sinn und ein Ziel hat. Ohne Sinn und Ziel werden wir wohl kaum wahre Zufriedenheit erlangen. Aus den Gründen, die ich in diesem Buch bereits erklärt habe, fällt es vielen Menschen schwer, ihre Bestimmung zu finden. Oft geben unsere verschiedenen Zukunftsmöglichkeiten uns das Gefühl, in viele Richtungen gleichzeitig gezogen zu werden – und das führt zu Überforderung, Erschöpfung, Verwirrung und Ängsten.

Wie wichtig es ist, ein Leben zu führen, das einen Sinn und ein Ziel hat, haben im Lauf unserer Geschichte schon viele Menschen erkannt. Diese Einsicht spiegelt sich zum Beispiel in folgenden Zitaten wider:

- »Anstrengung und Mut reichen nicht aus, wenn man weder ein Ziel noch eine Richtung hat« (John F. Kennedy).
- »Die Seele, die kein festes Lebensziel hat, ist verloren. Überall zu sein heißt, nirgends zu sein« (Michel de Montaigne).
- »Die beste Methode, unsere Tage zu verlängern, besteht darin, festen Schrittes und mit einem Ziel durchs Leben zu gehen« (Charles Dickens).
- »Wahres Glück erreicht man nicht durch Befriedigung der eigenen Bedürfnisse, sondern durch konsequente Verfolgung eines würdigen Ziels« (Helen Keller).
- »Ein Mensch ohne Ziel ist wie ein Schiff ohne Ruder« (Thomas Carlyle).
- »Das Herz menschlicher Vortrefflichkeit beginnt oft erst dann zu schlagen, wenn wir eine Beschäftigung entdecken, in der wir ganz aufgehen, die uns befreit, herausfordert oder uns ein Gefühl von Sinn, Freude oder leidenschaftlicher Begeisterung vermittelt« (Terry Orlick).
- »Das Geheimnis der menschlichen Existenz liegt nicht nur darin, am Leben zu bleiben, sondern etwas zu finden, wofür es sich zu leben lohnt« (Fjodor Dostojewski).
- »Musiker müssen musizieren, Künstler müssen malen, Dichter müssen schreiben, wenn sie letztendlich mit sich selbst im Reinen sein wollen. Der Mensch muss das sein, was er sein kann« (Abraham Maslow).

Diese Zitate bieten uns Anhaltspunkte dafür, woran wir unseren Lebenszweck erkennen können. Sie deuten darauf hin, dass dieser Zweck darauf beruht,

- was uns fasziniert,
- was uns ein Gefühl der Freude vermittelt,
- was uns begeistert,
- was uns ein Gefühl innerer Freiheit gibt, wenn wir darüber nachdenken oder uns damit beschäftigen,
- was uns einen Grund zum Leben gibt,
- wodurch wir mit uns selbst im Reinen sein können und
- was unserer Vorstellung von dem entspricht, was wir sein müssen.

Dank unserem Lebenszweck können wir morgens aufwachen und uns auf den bevorstehenden Tag freuen.

Die Menschen sind verschieden, daher wird auch jeder von uns seinen Lebenszweck anders definieren. Es spielt keine Rolle, ob wir ihn in Form eines schriftlichen Statements festhalten, nur ein paar allgemeine Oberbegriffe dazu formulieren oder ein Bild darüber malen. Wichtig ist nur, dass wir einen Lebenszweck haben, der sich für uns richtig anfühlt, an den wir glauben und der uns tagtäglich aufs Neue inspiriert.

Aus Sicht der Aborigines geht es bei diesem Lebenszweck – und somit auch bei dem Fundament für unsere Zufriedenheit – eher um den Weg dorthin als um das eigentliche Ziel. Manche Leute werden jetzt vielleicht genervt die Augen verdrehen und sagen, das klinge wie ein New-Age-Klischee. Doch das ist ein abwertendes, törichtes Urteil. Weisheit ist Weisheit, so kitschig sie auch klingen mag.

Wenn man über das Leben nachdenkt, so ist unser letzter physischer Bestimmungsort der Tod. Wenn du wüsstest, dass du nur noch 48 Stunden zu leben hättest – würdest du dich dann darauf konzentrieren, das Ende so schnell wie möglich zu erreichen, oder würdest du versuchen, die Zeit zu verlangsamen, um jede Sekunde so intensiv wie möglich zu genießen? Würdest du dich auf das Ziel (den Tod) oder auf die Reise (den kostbaren jetzigen Augenblick) konzentrieren?

Für die traditionellen Aborigines war die Reise – sich in jeder Sekunde ihres Lebens an die Lore zu halten und sich an der Gegenwart zu freuen – das, worum es im Leben ging. Daher brauchte man den Tod nicht zu fürchten. Egal, wann er eintrat, man hatte auf jeden Fall eine gute Geschichte gelebt. Also musste man sich nicht in letzter Minute noch abhetzen in dem Versuch, irgendetwas wiedergutzumachen, Fehlverhalten zu sühnen oder ein dauerhaftes Vermächtnis zu hinterlassen.

Für die Aborigines bestand der Lebenszweck – und somit auch die Grundlage ihrer Zufriedenheit – darin, jeden Tag darauf zu achten, dass sie

- sich um das Land kümmerten,
- alle Dinge respektierten,
- bereichernde Beziehungen zu Menschen und Orten pflegten,
- alles, was sie hatten, miteinander teilten,
- alles dafür taten, sich einig zu sein und miteinander verbunden zu bleiben,
- alle Dinge liebten und diese Liebe auch praktizierten,
- ein Leben in Dankbarkeit führten,
- bei allem, was sie taten, demütig und bescheiden waren,
- bei allem, was sie taten, innerlich beflügelt und inspiriert waren,
- in der Gegenwart lebten,
- die Vergangenheit ehrten,
- sich an die Lore hielten und
- ihrer Verantwortung gerecht wurden.

Dieses Verhalten passte zur Weltanschauung der Aborigines, die sich – wie die Tabelle zeigt – in einigen Punkten von der westlichen Weltsicht unterscheidet. Natürlich ist diese Tabelle nur ein sehr allgemeiner Vergleich; denn wir alle sind Individuen mit unterschiedlichen Ansichten und Wertvorstellungen. Sie bietet uns aber eine hilfreiche Grundlage, um über die Beweggründe für unser Verhalten nachzudenken.

Weltsicht der Aborigines	**Westliche Weltsicht**
Unsere spirituellen Überzeugungen sind in sämtliche Lebensbereiche eingebettet.	Manchen Menschen ist Spiritualität wichtig, anderen nicht.
Geschichten, Gesänge, Tänze und andere Kunstformen dienen als Plattform für Lernprozesse.	Den westlichen Lernprozessen liegen Wissenschaft und evidenzbasiertes Wissen zugrunde.
Alle Mitglieder der Gesellschaft stehen in Beziehung zueinander – mit allem in Verbindung zu sein, ist für unser Leben von zentraler Bedeutung.	Die Gesellschaft zerfällt in einzelne Schichten; welche Beziehungen wir aufbauen und pflegen, hängt von unseren Bedürfnissen ab.
Menschen, die mit allem mitfließen, was sich um sie herum befindet: Sie sind sehr gut darin, ihre Umgebung zu lesen und mit dem Strom zu schwimmen.	Leistungs- und erfolgsorientierte Menschen: Ihnen ist es wichtig, etwas zu tun; sie sind sehr gut darin, ihre Umgebung so zu verändern, dass sie der Erfüllung ihrer Bedürfnisse dient.
Ihre Identität beruht auf Beziehungen und auf ihrer Kultur (Lore, Sprache, Land, Familie, Zeremonien).	Ihre Identität beruht auf ihrem Beruf und ihrem materiellen Besitz.

Zeit ist nichts Sukzessives, sondern beruht auf der Beobachtung der Natur; unsere Lebensweise fließt mit der Zeit mit.	Zeit ist etwas Geordnetes, was mithilfe von Geräten gemessen und überwacht wird; unsere Lebensweise ist ein Kampf gegen die Zeit.
Autorität leitet sich vom Wissen über unsere Kultur her. Autoritätspersonen nutzen dieses Wissen, um anderen zu helfen.	Autorität beruht auf Rollen oder Funktionen, die den Menschen im Rahmen bestimmter Systeme zugewiesen werden.
Zufriedenheit erreicht man durch sinnvolle Beziehungen und dadurch, dass man sich an die Lore hält.	Zufriedenheit beruht auf der Erreichung von Zielen.

Keine dieser beiden Weltanschauungen ist falsch oder richtig. Sie sind einfach nur unterschiedlich. Die meisten von uns leben in der Welt, die ich in der rechten Spalte geschildert habe. Doch die in der linken Spalte beschriebene Welt besitzt Eigenschaften, die nach Meinung vieler Menschen vielleicht einen Beitrag zu mehr individuellem, gemeinschaftlichem, nationalem und globalem Wohlbefinden leisten könnten. Da erhebt sich natürlich die Frage: »Wie können wir diese beiden Welten zusammenbringen?«

Die Erfüllung von Verpflichtungen und Verantwortlichkeiten ist eine wichtige Voraussetzung, ohne die es uns nicht gelingen wird, unseren eigenen Weg zu gehen und unsere Träume zu leben. Wofür wir uns verantwortlich und wozu wir uns verpflichtet fühlen, hängt von unserer Weltsicht ab.

Die Spiritualität der Aborigines lässt sich nicht von der Natur, von ihren täglichen Aktivitäten und von der Vergangenheit, Gegenwart und Zukunft trennen. Sie ist eng mit allen Bereichen unseres Lebens und auch mit unserem Lebenszweck verwoben.

In der spirituellen Weltsicht der Aborigines geht es um die Verbundenheit von allem und um die Verpflichtungen, die alle Dinge untereinander haben. Das beschränkt sich nicht nur auf eine bestimmte Sache, dabei geht es um alles. Es ist das Gesetz der Verpflichtung und Verantwortung gegenüber allem.

In der Welt der Aborigines gibt es Geschichten, Lieder und Tänze, und all das hängt miteinander zusammen. Die Geschichten erzählen uns von unseren Verpflichtungen – gegenüber Felsen, Bäumen, Fischen, Vögeln und anderen Tieren. Von unseren Verpflichtungen gegenüber allem – auch unseren Mitmenschen gegenüber.

Doch in der traditionellen Welt der Aborigines ging es nicht nur um unsere Verpflichtungen gegenüber allem, was es hier unten auf der Erde gibt, sondern auch um unsere Verpflichtungen gegenüber dem, was am Himmel ist. Wenn man also nachts emporschaut und Sterne sieht, gibt es Geschichten über die Sterne. Wenn man den Mond sieht, gibt es eine Geschichte über den Mond, und wenn man die Sonne sieht, gibt es Geschichten über die Sonne. Alles, was wir sehen oder berühren konnten, hatte eine Geschichte, ein Lied, einen Tanz – und ging mit bestimmten Verpflichtungen einher.

In früheren Zeiten trugen die Aborigines in sämtlichen Bereichen ihres Alltagslebens Verantwortung. Zu diesen Pflichten gehörte es, sich an die Lore zu halten (für unseren Lebensraum und alles zu sorgen, was dort existierte), Wissen weiterzugeben, an Zeremonien teilzunehmen, Unterkünfte zu bauen, Nahrung zu sammeln und zuzubereiten und viele andere Aktivitäten. Wir alle tragen Verantwortung – zum Beispiel dafür, der bestmögliche Mensch zu sein, für unsere Familie zu sorgen, unsere Pflichten bei der Arbeit zu erfüllen, unser Wissen ständig zu erweitern und Freundschaften zu pflegen – aber wie oft setzen wir uns tatsächlich hin und denken darüber nach?

Übung: Verpflichtungen

Schreibe all deine persönlichen Verantwortungen auf ein leeres Blatt Papier. Wenn es dir weiterhilft, kannst du im Rahmen dieser Übung über deine Verpflichtungen in folgenden wichtigen Bereichen nachdenken:

- du selbst,
- deine Familie,
- deine Arbeit,
- deine Aus- oder Fortbildung,
- finanzielle Sicherheit,
- soziale Beziehungen,
- Sonstiges.

Und nun mach dir einmal Gedanken über das Thema »Verantwortung und Verpflichtungen« aus Sicht der Aborigines, das heißt: »für deinen Lebensraum und alles, was dort existiert, zu sorgen«. Dabei kommen wichtige Lebensbereiche wie Umwelt, Gemeinschaft und globale Verantwortung ins Spiel.

Gibt es sonst noch irgendwelche Verpflichtungen, die du zu

deiner Liste hinzufügen musst? Dazu könnte zum Beispiel auch das Nachdenken über mehr Selbstfürsorge gehören.

Sobald du deine Liste fertiggestellt hast, solltest du sie im Rahmen eines Realitätschecks überprüfen. Sind deine Verpflichtungen angemessen und überschaubar? Wenn die Antwort Nein lautet, weißt du jetzt vielleicht, warum du dich manchmal überfordert fühlst.

Geh die Liste deiner Verpflichtungen noch einmal durch, und ordne sie in die Kategorien U (muss ich *u*nbedingt erledigen), NU (muss ich *n*icht *u*nbedingt erledigen, sind aber wichtig) und KÜR (spielen *k*eine *ü*bergeordnete *R*olle) ein. Hinterfrage dabei, ob sich in diesen Verpflichtungen deine eigene Wahrheit widerspiegelt oder ob es dabei nur um die Erwartungen anderer geht.

Was musst du tun, um deinen Verpflichtungen in einer Weise nachkommen zu können, die dein emotionales und geistiges Gleichgewicht und Wohlbefinden fördert? Musst du vielleicht ein paar Aufgaben von deiner Liste streichen, mit anderen teilen, delegieren oder dir dabei Hilfe suchen?

Lege nun eine endgültige Liste deiner Verpflichtungen fest, und erstelle einen Plan, wie du sie so erfüllen kannst, dass sie dein Wohlbefinden fördern, statt es zu untergraben.

Da wir alle mit einer bestimmten Lebensaufgabe in diese Welt hineingeboren werden, sollte die Erfüllung unserer Verpflichtungen eine lohnende Erfahrung sein, vorausgesetzt, dass sie mit unserem Lebenszweck im Einklang stehen.

Aus der spirituellen Sicht der Aborigines wird es zwar immer wieder schwierige Zeiten geben – das ist ein Teil unseres Lernprozesses –, doch die Erfüllung unserer Verpflichtungen sollte tagtäglich einen Beitrag zu unserem Wohlbefinden leisten. Sie sollte es nicht durch Stress und unkontrollierte Geschäftigkeit untergraben.

Wenn wir eine gute Geschichte leben, befindet sich unser Leben im Gleichgewicht. Wenn es aus dem Gleichgewicht gerät, ist unsere Fähigkeit, inneren Frieden oder Zufriedenheit zu empfinden, stark beeinträchtigt. Denn dieser Mangel an Gleichgewicht kann uns mit der Zeit auslaugen. Außerdem wird unsere Welt dadurch grau.

Um das zu vermeiden, müssen wir unser Wohlergehen selbst in die Hand nehmen, statt zu einem Opfer unseres Umfelds zu werden.

Wir müssen lernen, gut auf uns aufzupassen und für uns zu sorgen.

Übung: Selbstfürsorge

In der unten stehenden Liste findest du eine Reihe von Eigenschaften, Lebensgewohnheiten und Fähigkeiten, die zu einer guten Selbstfürsorge gehören. Gib dir für jede dieser Eigenschaften maximal fünf Punkte. Eine Fünf bedeutet, dass du diese Fähigkeit perfekt beherrschst, eine Eins, dass du noch nicht besonders gut darin bist:

Allgemein

- Ich pflege Gewohnheiten und gehe Aktivitäten nach, die mir Energie geben, meinen Stress abbauen und zu meinem Wohlbefinden beitragen.

- Ich achte genau darauf, wie es mir in seelischer, körperlicher und spiritueller Hinsicht geht.
- Meine Gesundheit und mein Wohlbefinden sind mir sehr wichtig.
- Ich achte darauf, was ich alles noch lernen muss, und handle dann danach.
- Ich treffe mich regelmäßig mit einem Mentor.
- Ich feiere besondere Anlässe in meinem Leben.
- Ich bringe meine Bedürfnisse zum Ausdruck und suche mir bei Bedarf Hilfe.

Psychisch

- Wenn ich merke, dass ich mich zu sehr abhetze, kann ich mein Leben »entschleunigen«.
- Wenn ich das Gefühl habe, dass mein Dasein eine lästige Pflicht ist, kann ich meine inneren Dialoge so verändern, dass darin Dankbarkeit zum Ausdruck kommt.
- Ich akzeptiere Veränderungen und mache das Beste daraus.
- Ich fühle mich innerlich stark und habe das Gefühl, auf eigenen Füßen zu stehen.
- Ich kann gut Entscheidungen treffen.
- Ich nehme mir Zeit für Erholung, Entspannung und/oder ein Hobby.
- Ich treffe mich regelmäßig mit Familienangehörigen und Freunden, die eine positive Lebenseinstellung haben.

Körperlich

- Ich habe gute Schlafgewohnheiten.
- Ich ernähre mich gesund.
- Ich treibe jeden Tag Sport.

Spirituell

- Ich meditiere regelmäßig beziehungsweise befreie meinen Kopf von allen Gedanken.
- Ich wandere regelmäßig.
- Ich widme mich regelmäßig religiösen oder spirituellen Praktiken beziehungsweise Zeremonien.

Berufsleben

- Ich achte auf eine gute Work-Life-Balance.
- Ich setze Grenzen.
- Ich gönne mir tagsüber immer wieder kleine Auszeiten zur Selbstfürsorge.
- Ich achte darauf, mich nicht ständig zu überfordern.
- Ich beginne den Tag, indem ich meine Prioritäten festlege.
- Nach Feierabend schalte ich mein Arbeitstelefon aus und schaue auch nicht mehr in meine E-Mails.
- Wenn ich mit meiner Tagesarbeit fertig bin, kann ich mich innerlich davon lösen.

In welchem dieser Bereiche bist du gut? An welchem musst du besonders dringend arbeiten? Was solltest du tun? Wie kannst du sicherstellen, dass du die nötigen Maßnahmen auch wirklich ergreifen wirst?

Ein gesunder Geist, ein gesunder Körper und eine gesunde Seele werden einem nicht geschenkt; so etwas erfordert Engagement und zielgerichtetes Handeln. Außerdem muss man flexibel sein, um dieses Ziel zu erreichen. Im traditionellen Leben der Aborigines sorgte die Lore für Struktur und Stabilität – aber auf eine Weise, die gleichzeitig Flexibilität begünstigte, sodass der Einzelne und der ganze Stamm das Auf und Ab der Natur und den Herzschlag des Landes spüren, sich darauf einstimmen und in harmonischem Einklang damit leben konnten.

Um in unserem Leben etwas schaffen zu können, brauchen wir ein gewisses Maß an Struktur, Kontinuität und Beständigkeit. Es ist jedoch wichtig, dass wir dabei nicht zu Robotern werden oder ein total durchprogrammiertes, inflexibles Leben führen. Wir müssen fließen wie Wasser – wir müssen unseren Bestimmungsort erreichen, indem wir uns in aller Ruhe und synchron mit unserer Umgebung durch das Leben hindurchschlängeln und -mäandern wie ein Fluss. So lernen wir viele verschiedene Topografien kennen und erfahren auf Schritt und Tritt von Dingen, von deren Existenz wir vorher noch nichts wussten.

Damit du lernst, dich besser durchs Leben hindurchzuschlängeln und zu -mäandern, kannst du folgende Strategien einsetzen:

- Nimm dir dreißig Minuten mehr Zeit am Arbeitsplatz, um die Gesellschaft eines anderen Menschen zu genießen oder einen Spaziergang im Park zu machen.
- Gönn dir ab und zu ein Stück Schokolade, auch wenn dir deine körperliche Gesundheit und Fitness sehr wichtig sind.
- Mach beim Joggen zwischendurch eine kleine Pause, um an einer Rose zu riechen.
- Nimm dir eine Auszeit vom Abwasch, um einen Sonnenuntergang zu beobachten.

- Schalte die sozialen Medien aus und rufe jemanden an, um ihm zu sagen, dass du an ihn denkst.
- Mach einen Ausflug ins Blaue hinein.
- Probiere ein neues Lebensmittel oder Gericht aus.
- Beschäftige dich mit Kunst.
- Nimm morgens ein Bad.
- Beobachte die Wolken.
- Tu irgendetwas Spontanes, was außerhalb deiner Komfortzone liegt.
- Sprich mit einem Fremden.

Gelegenheiten zu solchen Aktivitäten bieten sich tagtäglich in Hülle und Fülle. Man braucht nur Mut, Glauben, den guten Vorsatz und das Vertrauen, sie zu nutzen – und man muss es sich auch erlauben.

Damit du eine solche Einstellung entwickeln kannst, sollten natürlich zunächst einmal deine Grundbedürfnisse erfüllt sein. Leider haben viele Menschen keine Möglichkeit, ihre elementaren Bedürfnisse – zum Beispiel Unterkunft, Einkommen, Arbeit, soziale Kontakte, Bildung, Verkehrsmittel, guter Gesundheitszustand und persönliche Sicherheit – zu befriedigen. Diejenigen von uns, die nicht mit solchen Nöten zu kämpfen haben, sind verpflichtet, darüber nachzudenken, wie wir die Welt für alle Menschen gerechter gestalten können. Aus der spirituellen Perspektive der Aborigines kann man nur dann eine gute Geschichte leben, wenn dabei niemand auf der Strecke bleibt.

Es ist etwas Wunderbares, wenn man sein Glück zu schätzen weiß, jeden Tag aufs Neue dankbar dafür ist und daran glaubt, dass das Leben es besonders gut mit einem meint. Doch selbst wenn wir diesen Zustand erreichen, werden wir trotzdem nicht in jeder Sekunde jedes Tages glücklich sein. Daher sollten wir lieber darauf hoffen, dass wir es schaffen, die Höhen und Tiefen des Lebens zu meistern, die unweigerlich auf uns zukommen werden. Das ist eine sehr viel realistischere Erwartung.

Obwohl es wichtig ist, zu handeln, wenn wir dazu in der Lage sind, wird es auch immer wieder Zeiten geben, in denen etwas geschieht, worüber wir keine Kontrolle haben. In solchen Fällen ist es am besten, diese Situation einfach zu akzeptieren, statt sie zu »katastrophisieren«: So können wir den Sturm am leichtesten überstehen und die innere Ruhe finden, die jenseits dieses Missgeschicks auf uns wartet.

Also akzeptiere, was in deinem Leben geschieht (Gutes ebenso wie Schlechtes), setze dich nicht unter Druck, begegne dem Leben stets voller Freude und koste den Zauber eines jeden Tages aus! Dann hast du eine solide Basis, von der aus du auf dein Lebensziel hinarbeiten kannst – im festen Glauben an deine Fähigkeit, auf alle unvorhergesehenen Herausforderungen angemessen und mit Zuversicht zu reagieren.

Nun, da du erkannt hast, wie wichtig Verantwortung, Selbstfürsorge, Flexibilität und ein sinnvoller Lebenszweck für deine Zufriedenheit sind, kannst du dir Gedanken über deine Lebensziele machen.

Bei diesen Zielen geht es um unsere Ambitionen – um das, was wir in unserem Leben erreichen möchten, um Ergebnisse, für die wir bereit sind, uns anzustrengen. Wir alle haben solche Ziele. Normalerweise legen wir sie nicht schriftlich fest, sondern haben sie einfach nur im Hinterkopf. Und aufgrund dieser Unsichtbarkeit können wir sie sehr leicht oder bequem vergessen.

Dein Traum ist eine Reise, die ohne Eile und in Ehrfurcht vor dem jetzigen Augenblick dahinfließen sollte. Gleichzeitig ist es aber auch wichtig, beim Träumen konsequent zu sein und eine bestimmte Richtung zu verfolgen. Genau deshalb solltest du dir Ziele setzen: Sie können dir helfen, diese Richtung zu finden, und sorgen dafür, dass du das, was dir wichtig ist, nicht aus den Augen verlierst.

Stell dir einmal vor, wie es wäre, auf dein Leben zurückzublicken und zufrieden damit zu sein, wo du gewesen bist und was du gelernt und getan hast, wenn sich deine Lebensreise dem Herbst zuneigt! Stell dir vor, du könntest dir dann sagen, dass du deinen eigenen Weg gegangen bist, die bestmögliche Geschichte gelebt und der Welt stets deine ganz besondere Farbpalette gezeigt hast! Wenn du dir bewusst Ziele setzt, wird dir das leichter gelingen.

Manche Menschen glauben, dass es bei der Erfüllung ihrer Bestimmung nicht darum geht, nach etwas Besonderem zu streben. Sie behaupten, dass unser Schicksal bereits feststeht – dass der Weg zur Zufriedenheit darin besteht, uns von allen Erwartungen freizumachen und darauf zu vertrauen, wohin die Reise uns führt. Ich muss sagen, dass ich zumindest teilweise auch dieser Ansicht bin. Man kann sich aber auch ein paar allgemeine Ziele setzen, die mit dieser Philosophie vereinbar sind.

Unsere Lebensreise erinnert ein bisschen an eine Kanufahrt auf einem schönen Fluss: Es wird Zeiten geben, in denen wir das Paddel beiseitelegen, uns von der Strömung treiben lassen und all das Schöne um uns herum in aller Ruhe in uns aufnehmen können. Manchmal treibt uns die Strömung aber auch in stehendes Gewässer; dann müssen wir das Paddel zum richtigen Zeitpunkt wieder in die Hand nehmen und uns in Bewegung setzen. Und manchmal werden wir bei unserer Flussfahrt auch auf Stromschnellen stoßen. Auch dann brauchen wir unser Paddel vielleicht wieder, um nicht zu kentern.

Wenn du dein Leben selbst in die Hand nimmst, wird es immer wieder Zeiten geben, in denen du dich nicht passiv verhalten darfst, sondern aktiv werden musst. Vielleicht musst du ein Studium aufnehmen, dich um eine Stellung bewerben, Hilfe suchen, eine Bitte ablehnen oder etwas an deinem Leben verändern.

Die Herausforderung besteht darin zu wissen, wann man paddeln und wann man sich treiben lassen soll. Die Aborigines früherer Zeiten sagten, dass unsere Intuition uns schon leiten wird, wenn wir nur auf sie hören und ihr vertrauen.

Dir Lebensziele zu setzen, kann schwierig sein – vor allem, wenn du dich in der Welt verloren fühlst und nicht weiterweißt. Doch wenn du das Setzen von Zielen als Forschungsreise – als Gelegenheit zum Nachdenken – betrachtest und nicht als Aufgabe, die man unbedingt gleich beim ersten Mal richtig machen muss, wirst du diesen Prozess vielleicht als befreiend empfinden. Deine Ziele sind für dich … von dir … über dich … und du kannst sie jederzeit ändern, wenn du das Bedürfnis danach hast.

Übung: Lebensziele

Schreibe folgende Frage auf ein leeres Blatt Papier: »Wenn ich 85 Jahre alt bin und auf mein Leben zurückblicke, wie sollten die Menschen meine Geschichte dann beschreiben?«

Anschließend liest du diese Worte noch einmal durch und lässt sie sanft in dein Bewusstsein hineinsickern, ohne dich dabei auf etwas Bestimmtes zu konzentrieren oder irgendeine Absicht zu verfolgen.

Schließe die Augen und lass ein bis zwei Minuten lang verschiedene Bilder, Worte und Gedanken durch dich hindurchfließen, ohne darüber zu urteilen oder dir irgendwelche Grenzen zu setzen. Erlaube dir einfach zu träumen.

Sobald du bereit dazu bist, schreibst du in ein paar Worten die wesentlichsten Punkte deiner Geschichte auf.

Dann wiederholst du den obigen Vorgang mit der Frage: »Was ist mir wichtig – was begeistert mich?«

Und zum Schluss machst du das Gleiche mit der Frage: »Wenn ich wüsste, dass ich auf jeden Fall Erfolg haben werde – was würde ich dann gern erreichen?«

Lies dir die Antworten auf diese drei Fragen noch einmal durch und überlege, welche Themen für dich am wichtigsten sind.

Zum Schluss grenzt du deine Liste auf fünf Themen ein und wandelst diese in Ziele um.

Ein Beispiel für so ein Ziel könnte zum Beispiel lauten: »Ich will ein dankbarer Mensch sein und mir jeden Tag die Wohltaten vor Augen halten, mit denen das Leben mich überschüttet.«

Nachdem du nun ein paar Ziele festgelegt hast, solltest du darüber nachdenken, welche Schritte du unternehmen musst, um sie zu erreichen. Anschließend kannst du dir für jedes Ziel überlegen, ob du auf dem richtigen oder falschen Weg bist oder vielleicht sogar ganz von vorn anfangen musst.

Egal, wo du im Hinblick auf die einzelnen Ziele stehst: Du solltest dir auf jeden Fall vor Augen halten, wie gut es ist, in deinem Leben eine Richtung zu verfolgen.

Als Nächstes kannst du dir vornehmen, welche Veränderungen du in deinem Leben durchführen musst. Denn jetzt weißt du, dass diese Veränderungen mit deinem Lebenszweck und mit langfristigen, sinnvollen, starken Zielen übereinstimmen, die auf deiner persönlichen Wahrheit beruhen.

Dieses Wissen wird dich motivieren und mit neuer Energie und Begeisterung erfüllen, sodass du von nun an jeden Tag mit mehr Schwung und Tatendrang bewältigen kannst, egal, welche Herausforderungen auf dich zukommen. Denn jetzt hast du etwas, woran du glaubst: dich selbst. Denke bei deinen ersten Schritten daran, wie gut es ist, klare, deutliche, zielgerichtete Fußspuren im Sand zu hinterlassen, und lass dich von deiner Vorfreude und Begeisterung inspirieren.

Aber vergiss dabei nicht, dass es ein zweischneidiges Schwert sein kann, wenn du in jeder Sekunde jedes Tages die Verantwortung für dein Leben, deinen Weg, deine Entscheidungen und dein Handeln übernimmst. Denn das bedeutet, dass du auch für die Folgen deiner Entscheidungen und Handlungen einstehen musst. Es ist leicht, anderen Menschen die Schuld in die Schuhe zu schieben, wenn etwas schiefgeht (und zugegebenermaßen sind manchmal auch tatsächlich andere Leute daran schuld, wenn etwas nicht nach Plan verläuft); doch unsere Reaktionen auf solche Situationen machen den Menschen aus, der wir sind, und legen den Grundstein für unseren Seelenfrieden und unsere Zufriedenheit.

Wenn wir alles, was um uns herum geschieht, objektiv, geduldig und mit positiver Lebenseinstellung akzeptieren (»Was kann ich daraus lernen? … Dieser Sturm wird schon wieder vorbeigehen … Welche Schritte sollte ich als Nächstes unternehmen?«), werden wir unsere Kraft nicht verlieren. Wir werden feststellen, dass es genauso befreiend ist, die Konsequenzen unserer

Entscheidungen zu tragen, wie die Entscheidungen zu treffen. Durch dieses Gefühl der Freiheit wird unsere Angst so sehr abnehmen, dass wir am Ende vielleicht sogar völlig angstfrei sind. Und wenn du keine Ängste mehr hast, fällt dir der Weg zum Seelenfrieden leichter.

Denke daran, dass deine Geschichte – dein Traum – eine Reise ist. Seit über 60 000 Jahren sind die Aborigines immer wieder durchs Land gereist, um seine Früchte zu ernten, Zeremonien zu veranstalten und für den Erhalt der dortigen Pflanzen- und Tierwelt zu sorgen. Aus der spirituellen Perspektive der Aborigines ist unser Leben eine Reise. Und wenn wir diese Reise in unserer physischen Gestalt beendet haben, kehren wir zu den Sternen zurück, um uns auszuruhen, bevor wir eine neue Reise antreten.

Da unser Leben eine Reise ist und sich innerlich (unsere Denkweise) und äußerlich (was in unserem Umfeld geschieht) ständig verändert, ist es wichtig und sinnvoll, unsere Lebensziele und unsere Fortschritte auf dem Weg dorthin regelmäßig zu überprüfen, damit wir nicht vom Kurs abkommen.

Wenn uns dieses Abweichen von unserem Weg nicht auffällt, sind wir vielleicht innerlich aufgewühlt und unruhig, ohne zu wissen, warum, leben aber trotzdem so weiter, als ob nichts wäre. Falls wir uns nicht damit auseinandersetzen, wie wir uns fühlen, nimmt unsere Unzufriedenheit mit der Zeit vielleicht immer mehr zu, und das führt zu Verhaltensweisen, mit denen wir das Problem notdürftig zu kaschieren versuchen, indem wir zum Beispiel

- anderen Menschen die Schuld zuschieben,
- nach einem neuen Job suchen,
- uns ein neues Auto kaufen,
- uns scheiden lassen oder eine Affäre anfangen,

- uns bei anderen Leuten darüber beschweren, wie schlecht es uns geht,
- härter und länger arbeiten,
- Selbstmedikation betreiben,
- die Bedürfnisse und Interessen anderer Menschen über unsere eigenen stellen.

Früher oder später wird jeden von uns eine persönliche Krise ereilen. Die Midlife-Crisis wird oft als Veränderung des Identitätsgefühls und Selbstbewusstseins beschrieben, die bei manchen Menschen mittleren Alters auftritt (normalerweise mit 45 bis 55 Jahren). Man geht davon aus, dass es sich dabei um eine psychische Krise handelt, die dadurch ausgelöst wird, dass der Betroffene über seine Sterblichkeit, seine Lebensleistung (oder fehlende Lebensleistung) und seine allgemeine Lebenszufriedenheit nachdenkt. Aus Sicht der Aborigines ist diese Krise symptomatisch für einen Menschen, dem klar geworden ist, dass er keine gute Geschichte lebt. Daher ist es eigentlich kein Wunder, dass diese Person sich in einer Krise befindet.

Es gibt auch noch andere Faktoren, die eine Krise auslösen können, sodass man anfängt, seinen Lebensweg zu überdenken, zum Beispiel

- der Tod eines Familienmitglieds,
- ein gesundheitliches Problem, das uns einen Schrecken einjagt (entweder bei uns selbst oder bei einem Menschen, den wir lieben),
- Arbeitslosigkeit,
- wenn die Kinder aus dem Haus gehen,
- Trennung von einem Ehepartner und/oder
- die Wechseljahre.

Einer meiner Lieblingssprüche lautet: »Eine gute Krise sollte man nicht verschwenden.« Eine gesunde, konstruktive Reaktion auf Krisen besteht darin, über deine Hoffnungen und Träume, deinen Lebenszweck und darüber nachzudenken, ob du mit deinem jetzigen Lebensweg zufrieden bist oder nicht. Aufgrund dieser Überlegungen findest du vielleicht etwas Neues, was du mit deinem Leben anfangen möchtest, und kannst etwas Positives aus der negativen Situation machen. Dadurch verschwindet dein Kummer über den ursprünglichen Auslöser der Krise natürlich nicht. Doch wenn du irgendeinen Nutzen aus diesem Geschehen ziehen kannst, solltest du das auf jeden Fall tun.

Aber warum soll man erst auf eine Krise warten, um diesen Prozess des Nachdenkens in Gang zu setzen? Es ist nie zu früh oder zu spät, den eigenen Weg kritisch zu überprüfen und sich zu fragen, ob man auf dem richtigen Kurs ist. Versuche, diese Bewertung objektiv, distanziert und unvoreingenommen durchzuführen. Denn wenn du dabei Werturteile über dein bisheriges Leben fällst und es aus einer negativen Perspektive betrachtest, wird es dir schwerfallen, den Hoffnungsschimmer in den Wolken der Vergangenheit zu erkennen. Dann wird es schwierig, dich mit ungelösten Problemen auseinanderzusetzen, um etwas daraus zu lernen, dich weiterzuentwickeln, geheilt zu werden und mit deinem Leben weiterzukommen.

Wenn wir uns dazu verleiten lassen, alles aus einer negativen Perspektive zu betrachten, wird sich diese verzerrte Weltsicht auch in unseren inneren Dialogen widerspiegeln. Zu diesen Verzerrungen gehören

- Alles-oder-nichts-Denken,
- Pauschalurteile,

- Verallgemeinerungen,
- vorgefasste Meinungen,
- Grübeleien,
- Vergleiche, bei denen wir selbst schlecht wegkommen,
- Katastrophisieren,
- alles persönlich zu nehmen,
- anderen die Schuld zuzuschieben,
- an allen Situationen zu viel Negatives und zu wenig Positives zu sehen sowie
- »Sollte«- und »Muss«-Denken.

Du brauchst nicht unbedingt zu verstehen, wie es zu diesen Verzerrungen kommt. Diese Aufzählung soll dir einfach nur verdeutlichen, wie leicht unsere Gedanken dazu führen können, dass wir uns nicht mehr wohl in unserer Haut fühlen. Da unsere inneren Dialoge zu siebzig Prozent negativ sind, ist es sinnvoll zu wissen, wie man diesen inneren Rundfunksender ein bisschen leiser stellen kann.

Übung: Deinen Geist zur Ruhe bringen

In dieser Übung beschreibe ich ein paar Möglichkeiten, wie du deine negativen inneren Dialoge (manchmal auch als »Affengeist« bezeichnet) zur Ruhe bringen kannst. Nimm dir genügend Zeit, um über jeden der aufgelisteten Punkte nachzudenken und dir zu überlegen, ob die dort beschriebene Strategie etwas für dich sein könnte. Zum Schluss wählst du nur einen einzigen Punkt von dieser Liste aus und entwickelst daraus eine schriftliche Maßnahme, die du von nun an mindestens zwei Wochen lang regelmäßig praktizieren wirst.

Nach Ablauf dieser zwei Wochen überprüfst du deine Fortschritte, wählst gegebenenfalls einen anderen Punkt aus und gehst damit genauso vor. Arbeite dich auf diese Weise immer wieder durch die Liste (wenn nötig, bis ans Ende deines Lebens).

- Achte auf die verfälschten Geschichten, die dein Verstand dir einzureden versucht, und nimm dir fest vor, diesen Geschichten keinen Platz in deinem Leben einzuräumen.
- Suche Hilfe bei einem Therapeuten.
- Meditiere.
- Beobachte deine inneren Dialoge völlig wertfrei.
- Wenn du dich wieder einmal bei negativen Selbstetikettierungen ertappst, versuche, diese Gedanken konsequent beiseitezuschieben.
- Mache Wanderungen in der freien Natur.
- Treibe Sport.
- Stell dir deine innere Stimme als komische oder lächerliche Gestalt vor.
- Schreibe auf, was deine innere Stimme sagt, und frage dich, ob diese Aussage für dich hilfreich ist. Falls nicht, formuliere den Satz um. Zum Beispiel könntest du die Aussage »Meinetwegen ist das Projekt gescheitert« in folgenden Satz umwandeln: »Das war das erste Mal, dass jemand von uns so etwas versucht hat. Beim nächsten Mal werden wir alle wissen, wie man es macht, und dann werde ich auch mehr Selbstvertrauen haben.«
- Lies ein Buch.

- Geh nicht davon aus, dass du weißt, was jemand anders über dich denkt.
- Denke daran, dass du auch früher schon negative Gedanken hattest und diese nicht nur überstanden, sondern seitdem auch positive Gefühle erlebt und gute Erfahrungen gemacht hast.
- Höre Musik, die du liebst. Vielleicht hast du sogar Lust, mitzusingen?
- Distanziere dich von deinem negativen Gedanken und stell dir dann vor, einer deiner Freunde würde so etwas über sich denken: Was würdest du ihm dann sagen?
- Halte dir vor Augen, dass deine Gedanken keine Macht über dich haben. Du kannst auf die Worte deiner inneren Stimme hören, aber du brauchst ihnen nicht zuzustimmen.
- Vergleiche dich nicht mit anderen Menschen.

Da wir in einer Welt ständigen und oft harten Konkurrenzkampfs aufwachsen, gewöhnen wir uns sehr leicht an, uns mit anderen zu vergleichen. Dabei verkennen wir, dass jeder von uns ein einmaliges Individuum ist, dass jeder einen individuellen Fingerabdruck mit ganz besonderen Farben besitzt und dass jeder auf einem anderen großartigen Traumpfad wandelt.

Wenn wir uns mit anderen Menschen vergleichen, untergraben wir damit unsere Fähigkeit, Zufriedenheit zu finden.

Ein wichtiger Teil unserer Kultur ist das Corroboree. Dabei kommen wir zusammen und tanzen. Vor vielen Jahren fand ein großes Corroboree mit über hundert Tänzern und einem Publikum von über tausend Menschen statt. Als die Tänzerinnen und Tänzer sich darauf vorbereiteten, fiel mir ein Mann auf, der einen sehr nervösen Eindruck machte. Es war das erste Mal, dass dieser Mann bei einem öffentlichen Corroboree tanzen sollte.

Ich ging zu ihm hinüber und fragte ihn nach seinem Befinden. »Ich bin so nervös, ich glaube, mir wird gleich schlecht«, sagte der Mann. Da lachte ich und fragte ihn, warum er denn so nervös sei. »Weil mich zweitausend Augen beobachten werden und ich nicht so gut tanzen kann wie die anderen«, antwortete er.

»Was glaubst du, für wen du tanzt?«, fragte ich ihn.

Er wies auf die Menge. »Na, für all diese Leute da drüben«, antwortete er. »Das habe ich dir doch gerade gesagt.«

Doch ich schüttelte den Kopf und zeigte auf die Bäume. »Was siehst du da?«, fragte ich ihn.

»Ich sehe, wie sich die Bäume im Wind bewegen«, antwortete er.

»Und warum ist da plötzlich so ein starker Wind, der vorher nicht da war?«, fragte ich.

»Wegen all der Alten Geister, die hierherkommen, um uns zu beobachten«, antwortete er.

»Das ist das Einzige, woran du denken musst, wenn du heute Abend tanzt«, erklärte ich ihm. »Du tanzt nicht für die Zuschauer, sondern für die Alten Geister. Es ist schön, dass die Zuschauer da sind; aber das ist nicht der Grund für unsere Tänze. Wenn du also später in den Kreis der anderen Tänzer trittst, verbinde dich mit diesen Alten Geistern und tanze nur für sie. Mach dir keine Gedanken über die anderen Tänzer oder darüber, wie sie tanzen und wie gut sie ihre Sache machen. Wenn du dich mit den Alten Geistern verbindest, werden all deine Tanzbewegungen perfekt sein.«

Dieser Mann war Paul Callaghan, der Autor dieses Buches. Es war sein vierzigster Geburtstag, und später erklärte er mir, dass das, was er in dieser Nacht gelernt hatte, sein schönstes Geburtstagsgeschenk gewesen sei. Denn dadurch hat er gelernt, an sich selbst zu glauben, an sein Tun zu glauben und sich nicht mit anderen Menschen zu vergleichen.

Aufgrund des Negativitätseffekts suchen wir unsere Umgebung ständig nach möglichen Gefahren ab. Das kann dazu führen, dass wir unsere Mitmenschen als einschüchternd oder bedrohlich empfinden. Wenn wir das wissen und unsere Selbstgespräche hinterfragen, können wir etwas an dieser negativen Sichtweise ändern und

- beginnen, unsere Erfolge anzuerkennen,
- aufhören, uns mit anderen Menschen zu vergleichen,
- uns so wertschätzen, wie wir sind, und
- tun, was wir für richtig halten, ohne uns Gedanken darüber zu machen, was andere von uns denken oder über uns sagen.

Wenn wir unsere negativen Gedanken hinterfragen, gewinnen wir mehr innere Klarheit und mehr Zutrauen zu unserem eigenen Weg. Dann wird es uns leichter fallen, diese Gedanken loszulassen, die uns an einer positiven, optimistischen Lebenseinstellung hindern.

Übung: Was bedeutet Zufriedenheit für dich?

In dieser Übung findest du ein paar Zitate zum Thema »Zufriedenheit«. Lies sie und notiere dir auf einem leeren Blatt Papier Wörter aus diesen Zitaten, die dich besonders ansprechen:

»Vergleiche machen es uns millionenfach schwerer, Zufriedenheit zu finden« *(Dalai Lama)*

»Nicht die Erfüllung deiner Wünsche bringt dir Zufriedenheit, sondern die Erkenntnis, wie viel du bereits besitzt« *(Dalai Lama)*

»Erkenne, dass das wahre Glück in deinem eigenen Inneren liegt. Verschwende keine Zeit und Mühe damit, nach irgendetwas zu suchen, nur um am Ende festzustellen, dass das Gesuchte sich schon die ganze Zeit in deiner unmittelbaren Nähe befunden hat« *(Dalai Lama)*

»Wenn man ein einfaches Leben führt, stellt sich zwangsläufig ein Gefühl der Zufriedenheit ein. Einfachheit ist eine wichtige Voraussetzung für unser Glück. Es ist sehr wichtig, nur wenige Wünsche zu haben und zufrieden mit dem zu sein, was man hat – zufrieden mit gerade genug Nahrung, Kleidung und einem Obdach, um sich vor den Elementen zu schützen. Und schließlich und endlich macht es auch große Freude, sich in der Meditation von unguten Gemütszuständen zu befreien und um gesunde Gemütszustände zu bemühen« *(Dalai Lama)*

»Zufriedenheit ist natürlicher Reichtum, Luxus ist künstliche Armut« *(Sokrates)*

»Werde einfach von innen heraus vollkommen zufrieden und glücklich. Dann bekommst du alles, was du willst« *(Sri Sri Ravi Shankar)*

»Geduld ist der Schlüssel zur Zufriedenheit«

(der Prophet Mohammed)

»Im Leben kommt es auf Ausgewogenheit an. Sei freundlich, aber lass dich nicht schlecht behandeln. Habe Vertrauen, aber lass dich nicht betrügen. Sei zufrieden, aber höre niemals auf, dich zu verbessern« *(Anonymus)*

Und nun formuliere in einem Satz oder Absatz, was Zufriedenheit für *dich* bedeutet.

Es ist gar nicht so schwierig, einen Ort des inneren Friedens zu finden, egal, welche Stürme auf uns zukommen. Dazu müssen wir nur Folgendes tun:

- uns klarmachen, dass unser Gehirn immer alles übertrieben negativ sieht,
- unseren Lebenszweck erkennen,
- die westliche Weltsicht und die Weltanschauung der Aborigines unter einen Hut bringen,
- uns über unsere Aufgaben und Verpflichtungen klar werden,
- der Selbstfürsorge eine hohe Priorität einräumen,
- flexibel sein,
- uns Lebensziele setzen,
- wissen, wie wir unseren Geist beruhigen können, und
- unsere eigene Definition von Zufriedenheit finden.

Auch wenn Zufriedenheit nicht davon abhängt, sich immer glücklich zu fühlen, ist Glücklichsein doch etwas sehr Schönes.

Und dafür kann man eine ganze Menge tun:

- realistische Erwartungen haben,
- lächeln,
- dankbar sein,
- Wanderungen in der Natur unternehmen,
- sich von Sorgen und Ressentiments befreien,
- Selbstfürsorge praktizieren,
- etwas zurückgeben,
- flexibel sein und experimentieren,
- sich Zeit nehmen,
- Sport treiben, sich gesund ernähren und genügend schlafen,
- einen Lebenszweck haben,
- Komplimente machen,
- allem, was einen beunruhigt oder bekümmert, tapfer ins Auge sehen,
- Freunde besuchen,
- eine Reise planen,
- nachdenken, lernen und sich weiterentwickeln,
- präsent sein,
- meditieren und
- sein Smartphone ausschalten.

Wenn du über die Aborigines und ihre traditionelle Lebensweise nachdenkst, wird dir auffallen, dass sie alle oben aufgezählten guten Gewohnheiten praktiziert haben (außer dem Ausschalten des Smartphones natürlich).

Kein Mensch, keine Gruppe, kein Buch, kein Video, kein Programm und keine Organisation kann dir eine vollständige Lösung für die Probleme bieten, denen du dich stellen musst, wenn du versuchst, eine möglichst gute Geschichte zu leben. Die weisen Ratschläge und die Unterstützung anderer können dir dabei sicherlich weiterhelfen. Doch letztendlich musst du selbst entscheiden, was für dich am besten ist. Also hab keine Angst davor, der Verfasser deiner eigenen Geschichte zu sein, deine Zukunft selbst in die Hand zu nehmen und auf dein Urteilsvermögen zu vertrauen.

Der Fluss bleibt nie derselbe; er verändert sich ständig, ebenso wie die Mutter und all ihre Kinder. Denke daran, dass auch du eines ihrer Kinder bist: geliebt, umsorgt und doch eigenständig – ein Mensch, der selbst entscheiden kann, was er aus seinem Leben machen möchte.

Wir werden in diese Welt hineingeboren, um eine gute Geschichte zu leben und unseren Traum zu verwirklichen. In unserer heutigen Welt gibt es dabei viele Hindernisse zu überwinden. Doch mit Klarsicht, Geduld und Entschlossenheit können wir unsere nächsten Schritte vorwärtsgehen in dem Wissen, dass die Zufriedenheit in greifbare Nähe rückt, wenn wir uns auf diese Reise konzentrieren.

Botschaft Nr. 24

Dein Traum handelt von deinem Leben und davon, was du daraus machst. Ein Teil dieses Traums besteht darin, dich mit dem Traumpfad zu verbinden.

Botschaft Nr. 25

Betrachte die Welt aus einer anderen Perspektive als der westlichen. Wenn du von anderen Kulturen lernst, wird die Geschichte, die du lebst, dir mehr Erfüllung schenken und zur Schaffung einer besseren Welt beitragen.

Botschaft Nr. 26

Um für andere sorgen zu können, muss man zunächst einmal für sich selbst sorgen.

Botschaft Nr. 27

Wir müssen fließen wie Wasser. Wir erreichen unseren Bestimmungsort, indem wir die vor uns liegenden Windungen des Flusses ruhig akzeptieren und unseren Kurs so daran anpassen, wie wir es für richtig halten. Wir müssen uns synchron mit unserer Umgebung bewegen.

Botschaft Nr. 28

Eine gute Geschichte zu leben, bedeutet, dass dabei niemand auf der Strecke bleibt.

Botschaft Nr. 29

Tritt deine Macht nicht an das ständige Geplapper deiner Gedanken ab.

Kapitel 8

Führen

Es war eine Zeit tiefer Trauer. Alle Tiere taten ihr Bestes, um einander beizustehen, nachdem Großvater Adler in die Geisterwelt hinübergegangen war; doch irgendwie schien er ein großes Loch hinterlassen zu haben, das sich durch nichts ausfüllen ließ.

Tiere kamen von nah und fern, um Großvater Adler die letzte Ehre zu erweisen. Er war sehr weise gewesen und hatte mit seinem Wissen im Lauf der Jahre vielen geholfen. »Leb wohl, mein Bruder«, sagte Großvater Eule. »Du hast eine sehr gute Geschichte gelebt.«

Als die Trauerfeierlichkeiten vorüber waren und Großvater Adlers Geist sich auf den Weg in die Geisterwelt gemacht hatte, wurde eine Clanversammlung einberufen, und die Tiere kamen zusammen. Sie mussten jemanden wählen, der Großvater Adler bei der »Großen Versammlung« ersetzen sollte, zu der Clans von nah und fern kamen, um wichtige Fragen zu besprechen. Um diesen Vertreter zu bestimmen, versammelten sie sich heute Nachmittag.

»Wer soll uns in Zukunft führen?«, fragte der Beuteldachs.

»Unsere Ältesten natürlich«, antwortete sein Freund, das Wallaby, und warf einen Blick zu den Ältesten hinüber, die im Schatten eines großen Eukalyptusbaums saßen und das Geschehen in aller Ruhe beobachteten.

»Ja, ich weiß, dass die Ältesten uns in allen Dingen anleiten und beraten; aber wer soll von nun an in der Großen Versammlung sitzen und uns vertreten?«, wollte der Beuteldachs wissen.

»Na ja, wenn wir uns hinsetzen und zuhören, werden die Ältesten uns das sicherlich sagen«, antwortete das Wallaby.

Eine Zeit lang herrschte Schweigen, weil alle darauf warteten, dass die Ältesten das Wort ergreifen würden.

»Warum muss es unbedingt immer ein Ältester sein?«, durchbrach die Kragenechse in herrischem Ton die Stille. »Eigentlich habe ich es satt, dass die Alten mir Befehle erteilen. Es wird höchste Zeit, dass auch junge Leute wie ich ein Mitspracherecht bekommen. Es wird höchste Zeit, neue Ideen zu entwickeln.«

Die Ältesten blieben stumm.

»Wie kommst du darauf, dass du der Chef sein solltest?«, fragte die Elster.

»Nun, zunächst einmal bin ich schlauer als ihr alle. Und außerdem habe ich vor nichts Angst.« Mit diesen Worten stellte die Echse ihren Kragen auf und rannte im Kreis herum. Sie sah sehr grimmig aus, und keines der jüngeren Tiere traute sich, ein Wort zu sagen.

Die Ältesten unterhielten sich leise miteinander, während die anderen Tiere geduldig warteten. Als die Ältesten ihr Gespräch beendet hatten, hüpfte Großvater Eule zu der Kragenechse hinüber.

»Nur zu«, sagte Großvater Eule. »Wir freuen uns schon darauf, zu hören, was du uns heute Abend bei der Versammlung zu sagen hast.«

Da jauchzte die Kragenechse vor Freude und rannte um alle Tiere herum. »Ich bin der Chef, ich bin der Chef, ich bin der Chef, ich bin der Chef, denn ich bin der Beste«, sang sie.

Als die Kragenechse endlich im Kreis der Großen Versammlung saß, konnte sie es kaum erwarten, ihre Meinung zu sagen. Immer wenn einer der Ältesten das Wort ergriff, widersprach die Kragenechse und erklärte ihnen, dass sie wie Dinosaurier dächten und dass sie endlich einmal mit der Zeit gehen müssten.

»Die Lore hat uns lange Zeit gute Dienste geleistet«, sagte sie.

»Aber jetzt muss sich etwas ändern.«

»Nenne uns ein Beispiel dafür, was wir anders machen sollen«, forderte Großmutter Emu die Kragenechse auf.

»Na ja, zum Beispiel können wir nicht länger Sachen verschenken. Wenn in unserem Land die Pflaumen wachsen, werden wir sie in Zukunft alle selber pflücken; und wenn andere Clans und Stämme auch etwas davon haben wollen, müssen sie uns für unser Essen irgendetwas geben, zum Beispiel eine Coolamon-Schale oder eine Axt.«

»Und was ist, wenn sie nichts haben, um unser Essen dagegen einzutauschen?«, fragte Großmutter Emu.

»Dann bekommen sie auch nichts von uns«, antwortete die Kragenechse. »Und wir werden auch eine Sondertruppe aufstellen, die andere Tiere daran hindern soll, unsere Waren zu stehlen.«

Die Ältesten schüttelten den Kopf; doch die Kragenechse schaute nicht hin.

»Und weil unsere Früchte so beliebt sind, denke ich, dass wir auch ein bisschen Wald und Buschland roden sollten, um Pflaumenbäume auszusäen. Wir werden mehr Obst haben als alle anderen. Und wenn die anderen Clans und Stämme wissen wollen, wie wir das machen, verraten wir es ihnen nicht; aber wir können einen Teil ihres Landes in unsere Obhut nehmen und auch für sie Früchte anbauen. Dadurch können wir zum größten Stamm werden – größer als alle anderen.«

»Das reicht«, sagte Großvater Eule, der gerade herbeigeflogen kam und sich zu den anderen versammelten Tieren gesellte. »Du hast den Ältesten keinen Respekt erwiesen und die Lore infrage gestellt. Du willst keine Einigkeit und du willst auch nichts mit den anderen teilen. Du hast keinen Respekt vor Beziehungen und vor dem Land.«

Da wurde die Kragenechse sehr wütend. »Ihr habt unrecht. Ihr habt alle unrecht.«

»Gegen Veränderungen ist nichts einzuwenden, Neffe«, gab Großmutter Emu zu bedenken. »Aber ein Anführer muss über die Konsequenzen seiner Entscheidungen nachdenken ... und er muss auch überlegen, wie seine Entscheidungen sich auf das Land und auf alle Dinge auswirken werden, die es dort gibt, wenn er längst nicht mehr da ist.«

Als Nächstes ergriff Großvater Waran das Wort. »Ein Anführer bahnt einen Weg, damit es anderen leichter fällt, ihm zu folgen. Aber der Weg, den du im Sinn hast, ist einfach nicht richtig, Neffe.«

Inzwischen war die Kragenechse außer sich vor Wut. »Ihr seid alle blöde alte Narren«, rief sie. Mit diesen Worten riss sie einen Ast von einem kleinen Baum ab, warf ihn wütend auf den Boden und lief davon. »Ich brauche euch nicht. Ich brauche niemanden«, sagte sie, huschte über eine Sanddüne und wurde nie wieder gesehen.

Als die Kragenechse älter wurde, begann sie, sich einsam zu fühlen; doch immer wenn du ihr begegnest, stellt sie ihren Kragen auf, um dir zu zeigen, dass sie immer noch sehr wütend ist und meint, dass sie der Chef sein sollte.

Aber wenn du dich ihr entgegenstellst, rennt sie immer noch weg ... und die Spuren, die sie hinterlässt, sind immer noch nicht die richtigen. Es sind keine Spuren, denen man folgen sollte.

Kannst du dir vorstellen, wie das Leben wäre, wenn wir keine Anführer hätten? Führung ist in jeder Gesellschaft von großer Bedeutung, denn unsere Anführer bestimmen über unsere Visionen und Entscheidungen, unser Handeln und unsere Kultur.

Unter Führung versteht man normalerweise das Leiten, Lenken und Beeinflussen einer Gruppe von Menschen oder einer Organisation beziehungsweise die Fähigkeit dazu. Führerschaft steht in engem Zusammenhang mit »Governance«, bei der es darum geht, über bestimmte Vorgehensweisen zu entscheiden. Es versteht sich von selbst, dass gute Führerschaft Großes zu bewirken vermag, während schlechte Führung katastrophale Folgen haben kann.

Daher ist Führen eine der größten Verantwortungen, die wir in unserem Leben tragen können.

Im Lauf unseres Lebens werden wir früher oder später mit Führungsaufgaben betraut. Wir werden zu guten Führungspersönlichkeiten, wenn wir auf die Geschichten unserer Mitmenschen hören, diese Geschichten lieben und verstehen.

Man kann keine Führungspersönlichkeit werden, wenn man die Geschichten anderer Menschen oder seine eigene Geschichte nicht kennt. Die Welt ist voller Anführer, die keine Geschichte haben und keine Liebe empfinden.

Man hat ihnen nicht beigebracht, hinzuschauen und zuzuhören, und deshalb haben sie auch nichts von dem gelernt, was sie lernen müssen. Und doch sind sie unsere Anführer und leiten uns auf den falschen Weg. Sie treffen immer und immer wieder falsche Entscheidungen.

Eine Führungspersönlichkeit ist kein Mensch der Worte, sondern der Taten – Taten, die aus wahrem Wissen entspringen. Die einzige Möglichkeit, wahres Wissen zu erlangen, besteht darin, seine Verantwortung (Lore) zu akzeptieren und zu lieben, hinzuschauen, zuzuhören und zu lernen. Wenn du dich an diese fünf Prinzipien hältst, weißt du, wer du bist, woher du kommst und welche Rolle du im Universum spielst. Sobald du das begriffen hast, bist du bereit für das sechste Prinzip: andere Menschen zu führen.

Wenn du das Wort »Führung« in eine Suchmaschine eingibst, erhältst du lauter Beschreibungen, die sich auf das Führen von Unternehmen und Organisationen beziehen. All diese Suchergebnisse deuten darauf hin, dass es beim Führen um die Maximierung von Effizienz, die Erreichung von Unternehmenszielen und darum geht, durch andere Menschen bestimmte Ergebnisse zu erzielen.

Wenn unsere Ältesten das sähen, würden sie entsetzt den Kopf schütteln. »Wo bleibt die Liebe zum Land?«, würden sie fragen. »Wo bleibt die Liebe zu den Tieren und Vögeln, Felsen und Bäumen?«

Im westlichen System gibt es viele Theorien darüber, welche Eigenschaften eine gute Führungskraft mitbringen sollte: Sie muss

- wissen, wie man Macht und Einfluss ausübt,
- über hervorragende soziale Kompetenzen verfügen,
- in der Lage sein, wichtige organisatorische Funktionen zu erkennen,
- Werte propagieren, die zu den Zielen des Unternehmens oder der Organisation passen,
- alle Mitarbeiter für eine Vision begeistern können,
- ausgeprägte analytische Fähigkeiten besitzen,
- ein gewinnendes Wesen haben und
- gut kommunizieren können.

In früheren Zeiten besaßen die Ältesten der Aborigines alle oben beschriebenen Kompetenzen. Doch sie setzten ihre Fähigkeiten ganz anders ein, als das in den modernen Vorstandsetagen westlicher Unternehmen geschieht.

Die traditionellen Aborigines hatten eine viel umfassendere Definition von Führung, bei der es nicht einfach nur darum ging, »durch andere Menschen Ergebnisse zu erzielen«. Bei den Aborigines bedeutet Führung, »im Interesse meiner Kinder und Kindeskinder meine Verantwortung zu erfüllen, einschließlich der Fürsorge für meinen Lebensraum und alles, was dort existiert«.

Die Tabelle zeigt ein paar wichtige Unterschiede zwischen der westlichen Sichtweise von Führung und der Art, wie die Aborigines eine gute Führungspersönlichkeit definieren.

Westlicher Führungsstil	**Führungsstil der Aborigines**
Richtet sein Augenmerk auf Defizite der Mitarbeiter.	Richtet sein Augenmerk auf die Stärken des Individuums.
Alles ist dringend.	Es ist Zeit für alles da, was getan werden muss.
Macht beherrscht andere Menschen.	Macht wird auf bescheidene, respektvolle und liebevolle Weise mit anderen Menschen geteilt.
Dingen, die man messen kann, wird ein besonders hoher Stellenwert eingeräumt.	Beziehungen wird ein besonders hoher Wert beigemessen.
Das geschriebene Wort steht im Mittelpunkt.	Geschichten und Erzählungen stehen im Mittelpunkt.

Es gibt nur eine richtige Art, etwas zu tun.	Es gibt verschiedene richtige Arten, etwas zu tun.
Erfolg wird an der Erreichung von KPIs* gemessen (normalerweise in Verbindung mit unternehmensinternen Messgrößen wie Umsatz, Gewinn und Vermögenswerten).	Erfolg wird an den Beziehungen zu anderen Menschen, dem Land, dem Himmel und allen Lebewesen gemessen.
Entscheidungen orientieren sich an den Auswirkungen auf die KPIs des Unternehmens in den nächsten drei Jahren.	Entscheidungen orientieren sich an den Auswirkungen auf die Kinder und Kindeskinder.

Die Ältesten (die aus westlicher Sicht das Führungsteam darstellten) haben uns jahrtausendelang gut geführt. Das Führungssystem der Aborigines sorgte dafür, dass Autorität und Macht nicht missbraucht wurden.

Nun wirst du dich vielleicht fragen: »Lässt sich der Führungsstil der Aborigines in unserer heutigen Welt, die von globalen Märkten, Angebot und Nachfrage, Konsumdenken und Cashflow geprägt ist, überhaupt noch praktizieren?«

Die Antwort lautet: »Ja, vor allem, wenn man bedenkt, dass es mittlerweile das Konzept der Corporate Citizenship gibt und dass Unternehmen unter einem starken Druck stehen, gute Corporate Citizens zu sein.« Der Begriff »Corporate Citizenship« wurde bereits in den 1970er-Jahren geprägt, gewinnt inzwischen aber zunehmend an Bedeutung, da sowohl private als auch institutio-

* KPIs sind Key Performance Indicators (Leistungskennzahlen), ein Begriff aus der Betriebswirtschaftslehre: Kennzahlen, anhand deren sich die Erfolge bestimmter Maßnahmen oder Aktivitäten eines Unternehmens messen lassen (Anm. d. Übers.).

nelle Anleger auf der Suche nach Unternehmen sind, die sozial verantwortlich handeln. Bei der Corporate Citizenship geht es um die Verantwortung eines Unternehmens, sich nicht nur um seine Geschäftsergebnisse zu kümmern, sondern auch den Gemeinwesen in seinem Umfeld einen höheren Lebensstandard und eine bessere Lebensqualität zu ermöglichen, vor allem in ökologischer und sozialer Hinsicht.

Immer mehr Unternehmen zeigen mittlerweile ein ausgeprägtes gesellschaftliches Verantwortungsbewusstsein. Im Handeln solcher Firmen spiegeln sich viele Denk- und Verhaltensweisen der Aborigines wider:

- Verringerung des CO_2-Fußabdrucks (Fürsorge für die Mutter),
- Spenden an wohltätige Organisationen (Teilen),
- ehrenamtliche Tätigkeit (Verbundenheit, Beziehungen, Engagement für das Wohlbefinden der Gemeinschaft),
- umweltfreundliches Verhalten (Fürsorge für das Land) und
- gezieltes soziales Engagement, zum Beispiel für psychische Gesundheit, Klimaschutz und das Wohlergehen der indigenen Bevölkerung und gegen soziale Ungerechtigkeit (Fürsorge für unseren Lebensraum und alles, was dort existiert).

Es ist erfreulich, zu sehen, dass vorausschauende Unternehmen inzwischen begonnen haben, eine umfassendere Sichtweise von Führungsverantwortung zu entwickeln. Dadurch, dass solche Unternehmen sich nicht nur auf ihr finanzielles und wirtschaftliches Wohlergehen, sondern auch auf soziale, ökologische und kulturelle Fragen konzentrieren und sich für Gleichberechtigung einsetzen, sind sie in der Bilanz des gesellschaftlichen Wohls nicht mehr nur Nehmer, sondern auch Geber.

Diese Ausweitung des strategischen und operativen Handelns ermöglicht eine bessere Interkonnektivität und Abstimmung von Nachhaltigkeit auf der Ebene von Unternehmen, Gemeinwesen und Umwelt. So entsteht eine Win-win-win-Situation. Das ist wichtig, denn wenn es Unternehmen, Gemeinwesen oder der Umwelt nicht gut geht, leiden wir alle darunter.

Daher sollte jedes Führungsverhalten auf einer ganzheitlichen Sichtweise von Beziehungen beruhen (einschließlich der Kontakte, die das Wohlergehen von Gemeinwesen und unserer Umwelt verbessern).

In früheren Zeiten hatten die Aborigines zwar auch hin und wieder mit Schwierigkeiten zu kämpfen; doch sie bewältigten diese Probleme gemeinsam. Niemand wurde benachteiligt. In unserer heutigen Gesellschaft ist das leider nicht mehr so. Manche Menschen sind im Vergleich zu anderen aus verschiedenen Gründen benachteiligt.

Eine Gesellschaft, die sich für das Wohl aller Menschen einsetzt, ist sich dieser Tatsache bewusst und bemüht sich, solche Ungerechtigkeiten abzuschaffen. Führungspersönlichkeiten in Gemeinwesen, Regierung und Nichtregierungsorganisationen spielen bei der Bekämpfung von Benachteiligung und der Schaffung von mehr Gerechtigkeit eine wichtige Rolle.

In unserer Welt gibt es unglaublich viel Wissen – wir besitzen auch das Wissen, das gebraucht wird, um eine bessere Welt für alle zu schaffen. Was fehlt, ist lediglich der kollektive Wille, dieses Wissen in Weisheit und gezieltes Handeln von Führungspersönlichkeiten umzusetzen. Wir müssen uns nicht nur um die elementaren sozioökonomischen Bedürfnisse der vielen leidenden Menschen auf dieser Welt kümmern, sondern auch unsere Führungspersönlichkeiten müssen global zusammenstehen, sonst kann die Menschheit nicht überleben. Das zeigt sich an den vielen Krisen, mit denen unsere Welt momentan zu kämpfen hat:

- die COVID-19-Pandemie,
- das erneute Wettrüsten, auch im Hinblick auf Atomwaffen,
- internationale Spannungen und Konflikte,
- der Klimawandel,
- die Energieversorgung,
- die Lebensmittelversorgung und Hungersnöte,
- die Bevölkerungsexplosion,
- begrenzte natürliche Ressourcen,
- die globale Verschuldung und Gefahr einer Rezession und
- Cyber-Desinformationskampagnen.

Anzahl und Ausmaß dieser gravierenden Krisen sind äußerst besorgniserregend und sprechen sehr dafür, dass unsere Führungspersönlichkeiten sich um eine umfassendere Sichtweise ihrer Aufgabe bemühen sollten – um eine Perspektive, in der sich das Gebot des Traumpfads widerspiegelt: sich vorrangig um unseren Lebensraum und um alles zu kümmern, was dort existiert. Bei einer solchen Sichtweise werden die vielen komplexen Triebkräfte unserer Weltwirtschaft und die Abläufe in Nationen keineswegs ignoriert; doch sie müssen in eine Vision und eine einheitliche Zielsetzung eingebettet sein, die von einer sehr viel umfassenderen Definition von »Wohlergehen« ausgeht.

Und nun schau dir mal einen unserer heutigen Weltführer an! Wenn dieser Mensch sein Land nicht von seiner Entstehung an kennt und nicht mit seiner natürlichen Ordnung vertraut ist, wie kann er das Land dann verstehen und lieben? Wie kann er ein Volk führen, wenn er nicht weiß, was alle Menschen, aus denen dieses Volk besteht, wollen oder brauchen?

Wenn sich das Leben eines Anführers nur um Geld, Prestige oder Macht dreht und nicht um die Lore, wie kann er sich dann um die Umwelt und die Mehrheit seines Volkes kümmern und Entscheidungen treffen? Beim ersten Prinzip – Lore – geht es um unsere Grundbedürfnisse Nahrung, Wasser und Unterkunft. All das wird uns gegeben, wenn wir in enger Verbundenheit mit dem Land leben und alle anderen Lebewesen und die lebendige Landschaft respektieren. In der Welt der Aborigines werden Felsen geboren, Felsen bekommen Babys und Felsen sterben – alles hat einen Geist. Trotzdem lassen die Verantwortlichen vielerorts zu, dass Gestein ohne Rücksicht auf den darin wohnenden Geist abgebaut, zertrümmert und getötet wird. Wie kann man ein Land führen, wenn man sich nicht über den allumfassenden Charakter der Lore und die daraus entstehenden Verpflichtungen und Verantwortlichkeiten im Klaren ist – wenn man nicht weiß, welche Folgen eine Nichtbeachtung der Lore hat?

Eine Führungspersönlichkeit liebt. Wenn sie ihr Land auf wahrhaft spiritueller Ebene kennt und versteht, lernt sie, alles an diesem Land und an der Natur zu lieben, und erkennt, dass alles eine Existenzberechtigung hat.

Ein Anführer sollte sich die Zeit nehmen, alle Menschen in seinem Land zu sehen und ihnen zuzuhören. Er muss hören, was für sein Volk wichtig ist. Er sollte sich das Land und die Umwelt genau anschauen und erkennen, wie wichtig all das für ihn und für das Überleben seines Volkes ist. Er muss darauf hören, was die Bäume, die Felsen, die Flüsse und alle anderen Dinge ihm sagen wollen.

Denn ohne diese Dinge kann niemand existieren. Die Menschheit sollte sich nicht über die Natur erheben.

Jede Führungspersönlichkeit ist verantwortlich dafür, allen Menschen (unabhängig von Rasse, Hautfarbe, Herkunftsland, Geschlecht, Behinderung, Alter und Religion) die Möglichkeit zu geben, eine gute Geschichte zu leben. Die sechs Prinzipien (Lore > Liebe > Hinschauen > Zuhören > Lernen > Führen) bieten einen übergreifenden Rahmen, an dem wir uns bei der Beurteilung unserer Führungskräfte orientieren können, um herauszufinden, ob sie auch wirklich in der Lage sind, gute Entscheidungen zu treffen. Es ist schwierig, Vertrauen zu unseren Führungspersönlichkeiten zu haben, sollten wir ihre Worte, Beweggründe oder Entscheidungen anzweifeln. Wenn ich den Menschen in meinem Umfeld zuhöre und mir die verschiedenen Medienplattformen (soziale Medien, Fernsehen, Radio, Zeitungen) und andere Quellen der öffentlichen Wahrnehmung anschaue oder anhöre, habe ich den Eindruck, dass viele unseren Führungskräften in der Regierung oder im Unternehmenssektor misstrauen.

Und wenn das Vertrauen einmal zerstört ist, dauert es oft lange, es wiederherzustellen. Der Mangel an Vertrauen zu unseren Führungskräften ist für uns alle eine Krise. Wir sind es uns selbst und künftigen Generationen schuldig, etwas Besseres einzufordern.

Wenn wir auf die Geschichte Australiens nach der Besetzung zurückblicken und sehen, welche Auswirkungen die Politik der darauffolgenden Regierungen auf die Aborigines gehabt hat, wird uns klar, was passieren kann, wenn Anführer behaupten, sie täten etwas »für« das Volk und nicht »mit« dem Volk.

> In der traditionellen Gesellschaft der Aborigines hatte jeder ein Gespür für seinen Wert. Jeder spielte in dieser Gesellschaft eine Rolle und hatte Verantwortung und Verpflichtungen gegenüber

anderen Mitgliedern der Gesellschaft. Heute sehe ich viele Aborigines, die ihren Weg nicht mehr kennen: Sie wissen nicht, worin ihr Lebenszweck besteht, weil ihnen die traditionellen Rollen und Verpflichtungen früherer Generationen abhandengekommen sind.

Die meisten dieser Männer versuchen, mit ihrer Kultur in Kontakt zu treten, weil ihnen klar ist, dass sie ohne diese Kultur niemals wissen werden, wohin sie gehen sollen. Wie können sie in ihrem Leben weiterkommen, wenn ihnen nicht bewusst ist, wer sie sind?

Die Regierungen glauben zu wissen, was das Beste für diese Männer ist, weil sie davon ausgehen, dass sie das Gleiche wollen, was andere Menschen auch haben. Doch bevor diese Männer jemals wissen können, was sie wollen oder in welche Richtung sie gehen sollen, müssen sie zunächst einmal mit ihrer Vergangenheit in Verbindung treten und erfahren, welcher Weg sie bis an ihren heutigen Punkt gebracht hat.

Bevor jemand ausgebildet oder beschäftigt werden kann, muss man ihn zunächst einmal zu einem mündigen, eigenständigen Menschen machen. Das geht nur durch Wissen, und das kommt aus der Vergangenheit. Ohne die Kenntnisse der Vergangenheit können wir nicht auf dem Wissen der Gegenwart aufbauen, und ohne das Wissen der Gegenwart können wir unsere Zukunft nicht voraussehen.

Den indigenen Völkern auf der ganzen Welt wurde ihr »Knowhow« gewaltsam weggenommen. Stattdessen hat man ihnen ein anderes Wissen und andere Werte aufgezwungen. Dadurch, dass wir ihnen ihre indigene Geschichte wegnahmen, haben wir diese Menschen völlig entmachtet. Wie kann ein entmachtetes Volk weiterkommen? Wir müssen diese Menschen wieder mit ihrer

Geschichte in Verbindung treten lassen. Nur so können sie geheilt werden. Und nur wenn sie geheilt sind, kann auch die Welt geheilt werden.

Im Lauf meines Lebens habe ich miterlebt, wie Regierungen Millionen und Abermillionen Dollar für Wohnraum, Gesundheit, Bildung und Arbeitsstellen für die Aborigines verschwenden. Doch nicht ein einziger Cent wurde für deren Selbstbestimmung ausgegeben. Die Regierungspolitiker weigern sich kategorisch, die Geschichte unseres Verlusts zu hören, geschweige denn zu akzeptieren oder sich damit auseinanderzusetzen. Doch so lange man sich nicht damit beschäftigt und nichts dagegen tut, werden wir stets verarmt und entmachtet sein, und das Geld, das uns eigentlich zugutekommen sollte, wird immer weiter verschwendet werden.

Regierungen werden gewählt, um ein Land zu führen und über bestimmte Vorgehensweisen zu entscheiden. Sie haben eine wichtige Verpflichtung und Verantwortung gegenüber uns allen – aber erfüllen sie diese Pflichten auch wirklich mit Wissen, Liebe und Lernbereitschaft? Treffen sie ihre Entscheidungen, um unsere Bedürfnisse zu erfüllen, oder geht es ihnen dabei nur darum, wiedergewählt zu werden?

Da unsere politischen Führer vom Volk gewählt werden, trägt jeder Mensch im wahlberechtigten Alter die Verantwortung dafür, Folgendes zu tun:

- sich über die Ziele der Regierung zu informieren,
- Respekt vor der wichtigen Bedeutung des Wahlrechts zu haben,
- diese Aufgabe ernst zu nehmen und sich genau damit zu beschäftigen, was die verschiedenen Kandidaten zu bieten haben,

- sich darüber klar zu werden, was wir von unseren gewählten Vertretern erwarten sollten,
- an der Wahlurne eine wohlüberlegte, fundierte Entscheidung zu treffen,
- unsere gewählten Vertreter zur Rechenschaft zu ziehen (auch für gegebene Versprechen),
- Propaganda und politische Meinungsmache zu entlarven und
- auf Transparenz zu bestehen.

Wenn wir keine gute politische Führung einfordern, müssen wir schlechte Führung akzeptieren; und die Folgen davon können nicht nur für uns selbst, sondern auch für künftige Generationen katastrophal sein. Wir dürfen unsere Nachkommen nicht im Stich lassen.

Übung: Welche Führung erwartest du von deiner Regierung?

Es gibt verschiedene Meinungen über den Zweck einer Regierung:

- Ihre Aufgabe besteht darin, wichtige Dienstleistungen zu erbringen, für Sicherheit, Wohlstand und Gerechtigkeit zu sorgen, die Rechte jedes Einzelnen sicherzustellen und das Land zu schützen, damit alle Bürger, Unternehmen und Organisationen die Möglichkeit haben, nach Glück zu streben, ein gesundes Leben zu führen und Chancen wahrzunehmen.
- Sie soll Vorschriften und Programme etablieren, die auf

verschiedene Weise für ein ausgewogenes Wirtschaftswachstum und eine gerechte Verteilung von Ressourcen sorgen. Alle Bürger sollen gleichermaßen in den Genuss von Gesundheit, Bildung und einem erfüllten, befriedigenden Leben kommen.

- In den Aktivitäten der Regierung soll sich der öffentliche Wille widerspiegeln.
- Regierungen sind konservative Institutionen, die Märkte schaffen und aufrechterhalten und Bildungssysteme und Infrastrukturen etablieren, damit der Handel gut funktioniert.

Und nun denke einmal über die oben beschriebenen Ansichten und die traditionelle Sichtweise der Aborigines nach, die besagt, »dass ich mich um meinen Lebensraum und alles, was dort existiert, kümmern soll«. Schreibe einen Satz auf, der wiedergibt, worin deiner Meinung nach der Zweck einer Regierung besteht.

Wie gut bist du über die Politik deiner Regierung informiert, wenn du zur Wahl gehst?

Wie gut erfüllen unsere gewählten Politiker deiner Meinung nach ihre Verantwortung?

Welche Verbesserungen sollten wir von unseren gewählten Politikern einfordern?

In der spirituellen Weltsicht der Aborigines sind wir alle – du, ich, die Leiter kleiner Betriebe, die Chefs großer Unternehmen und die Führer der Welt – dafür verantwortlich, im Jetzt und Hier füreinander und auch für die Menschen zu sorgen, die nach uns kommen. In früheren Zeiten haben unsere Ältesten stets an das Wohlergehen künftiger Generationen gedacht, obwohl sie diese Menschen niemals kennenlernen würden.

Unsere heutige Welt befindet sich in einem Zustand des Ungleichgewichts. Wenn wir darauf warten, dass die Staats- und Regierungschefs der Welt die Veränderungen herbeiführen, die notwendig sind, um den jetzigen Zustand unseres Planeten zu verbessern, wird dieses Ungleichgewicht vielleicht noch sehr lange anhalten. Oder noch schlimmer: Wir könnten in eine globale Katastrophe hineingeraten. Wir dürfen nicht darauf warten, dass unsere führenden Politiker eine bessere Welt schaffen. Wir selbst müssen die Führungspersönlichkeiten sein, die sich dafür einsetzen. Wir müssen es irgendwie schaffen, das wirtschaftlich-kapitalistische Paradigma und den sozial-ökologischen Imperativ unter einen Hut zu bringen. Ein erster Schritt in diese Richtung sind unsere eigenen Arbeitsplätze, an denen wir Gespräche beginnen und Führungskräfte unterstützen können, die ökologische und soziale Verantwortung übernehmen und dabei gleichzeitig für Rentabilität und eine solide Finanzpolitik sorgen.

Wir alle tragen eine Führungsverantwortung. Das könnte bedeuten, unser Leben so zu gestalten, dass es unserer Identität und unserem Lebenszweck entspricht. Es kann aber auch bedeuten, dass wir eine Gemeindegruppe leiten, einen kleinen Betrieb, ein großes Unternehmen oder eine Nation führen. Da ich seit über zwanzig Jahren in leitenden Positionen tätig bin, weiß ich aus eigener Erfahrung, wie schwer das sein kann.

Als introvertierter Mensch hatte ich eigentlich nie eine Führungsposition angestrebt – erst recht nicht nach meinem psychischen Zusammenbruch. Doch wenn ich in einer bestimmten Funktion tätig war, konzentrierte ich mich stets darauf, meine

Aufgaben so gut wie möglich zu erfüllen. Ich dachte nie an eine Beförderung oder daran, die nächste Stufe auf der Karriereleiter zu erklimmen. Ich traute mir das einfach nicht zu – bei dem Gedanken, eine Führungsrolle zu übernehmen, bekam ich vor Angst richtiges Herzrasen.

Jedes Mal, wenn ich in eine höhere Position aufsteigen sollte, war mein erster Gedanke, Nein zu sagen. Doch eine innere Stimme riet mir dann doch dazu, den Posten anzunehmen. Nach einiger Zeit wurde mir klar, dass es aus spirituellen Gründen meinem Traumpfad entsprach, den Weg einer Führungskraft einzuschlagen. Widerstrebend sah ich ein, dass ich mich nicht gegen den für mich vorgezeichneten Karriereweg wehren, sondern ihn annehmen und so viel wie möglich lernen sollte, um eine gute Führungskraft zu werden. Ich begriff, dass ich mit dem Strom schwimmen und darauf vertrauen musste, wohin das Leben mich führte.

Das ist mir nie leichtgefallen. Eine Führungskraft zu sein, ist eine echte Herausforderung – sowohl in emotionaler als auch in intellektueller Hinsicht. Man muss an sich und seinen persönlichen Weg glauben, um die Resilienz zu entwickeln, die man braucht, um die Achterbahnfahrt einer Führungsposition zu meistern – sonst öffnet man Ängsten und Selbstzweifeln Tür und Tor.

Ein Teil der Führungsaufgabe besteht darin, Schocks von außen, mit denen man jederzeit konfrontiert werden kann, zu überwinden, indem man daran denkt, wie man einen Sturm am besten übersteht (sich biegen, Geduld haben, lernen und innerlich wachsen). Ich habe im Lauf der Zeit viele solche Schocks erlebt:

- Veränderungen in der Unternehmenspolitik,
- Veränderungen des Budgets,
- Veränderungen in der Art der Personalbeschaffung,

- Veränderungen meiner Funktion,
- Beschwerden von Mitarbeitern übereinander,
- Beschwerden von Mitarbeitern über mich,
- Gegenstand von ständigem Klatsch und Tratsch zu sein,
- geschäftliche Entscheidungen in den Medien (Rundfunk, Fernsehen und Printmedien) verteidigen zu müssen,
- Reklamationen von Kunden,
- Einmischungen vonseiten der Politik,
- in ein ethisches Dilemma zu geraten,
- von Menschen hintergangen zu werden, denen ich vertraut hatte,
- Rassismus und
- unethische Anweisungen von Menschen, die mehr Einfluss hatten als ich selbst.

Rückblickend kann ich – auch wenn es Situationen gab, an denen ich innerlich fast zerbrochen wäre – erhobenen Hauptes sagen, dass ich stets mein Bestes gegeben und meine Mitmenschen immer mit Respekt behandelt habe.

Hier mein Rat an alle, die eine Führungsrolle übernehmen wollen:

- Versuche, dein Wissen mit der Zeit immer mehr auszuweiten.
- Glaube an deine Führungsaufgabe.
- Baue ein gutes Team um dich herum auf.
- Sei dir über deine Funktion im Klaren.
- Entwickle eine Vision, an die dein Team glaubt.
- Delegiere, räume deinem Team möglichst viel Eigenständigkeit ein und statte es mit den Fähigkeiten und Ressourcen aus, die es braucht, um seine Aufgabe zu erfüllen.

- Baue Beziehungen auf.
- Kommuniziere.
- Nimm Ratschläge von anderen Menschen an, aber sei trotzdem bereit, deine eigenen Entscheidungen zu treffen.
- Sei darauf vorbereitet, die Konsequenzen deiner Entscheidungen zu tragen.
- Lerne aus deinen Fehlern.
- Denke daran: Du bist nicht mit deinem Job identisch. Dein Beruf ist nicht du, sondern nur das, was du tust.
- Sei bereit, zu kündigen und dir einen neuen Posten zu suchen, wenn der jetzige nicht zu dir passt.

Wenn du eine Führungsposition bekleidest, sollten deine persönlichen Werte und die des Unternehmens, bei dem du arbeitest, nach Möglichkeit übereinstimmen (falls du zum Beispiel gegen Glücksspiele bist, wird es dir wahrscheinlich keine Freude machen, als Teamleiter in einem Spielkasino zu arbeiten). Wenn deine berufliche Tätigkeit deinem wahren Wesen widerspricht, wirst du dich dabei bestimmt nicht wohlfühlen. Denn wenn du etwas tust, das dir widerstrebt, wie leicht wird es dir dann wohl fallen, bei deiner Arbeit das zweite Prinzip (Liebe) zu verwirklichen? Und wenn du deinen Beruf nicht liebst, wird es dir sicherlich auch sehr schwerfallen, hinzuschauen, zuzuhören, zu lernen und zu führen.

In meiner beruflichen Laufbahn musste ich zweimal feststellen, dass ich in meinem Job völlig fehl am Platz war, und dass ein »Weiter so« mir und anderen beteiligten Personen nur geschadet hätte. Dieser Wechsel war zwar sehr schmerzhaft für mich, aber letztendlich doch beide Male eine gute Entscheidung. Im Leben geht es nicht darum, jede Hürde, der man auf seinem Weg begegnet, mit sturer Entschlossenheit zu überspringen. Manchmal besteht die beste Taktik darin, sie zu umgehen.

Wenn du dich um Führungsaufgaben bemühst, weil du ein Bedürfnis danach hast, dir wichtig und mächtig vorzukommen, strebst du diese Führungsrolle aus dem falschen Grund an. Denn dann ist deine treibende Kraft nicht die Liebe, sondern es steckt in Wirklichkeit Angst dahinter: Angst davor, als Versager angesehen zu werden, Angst davor, nicht wichtig zu sein, Angst vor dem Gefühl, keine Rolle zu spielen …

Vor meinem psychischen Breakdown strebte auch ich aus dem falschen Grund nach Führungsaufgaben. Doch als mein Zusammenbruch sich in einen Durchbruch verwandelte, begann ich meine Leadership aus dem richtigen Grund zu erfüllen. Dadurch fiel es mir sehr viel leichter, die richtigen Entscheidungen zu treffen, an mich zu glauben und mir zu verzeihen, wenn ich Fehler machte.

Fühlst du dich mit dem Etikett oder der Rolle einer Führungskraft wohl? Vielen Menschen wird's dabei leicht unbehaglich. Falls dir das auch so geht: Was musst du tun, um den Mantel der Führung leichter tragen zu können?

Um eine effektive Führungskraft zu sein, solltest du dir vor Augen halten, wie wichtig Geschichten sind:

- Eine gute Führungskraft kennt die Geschichte des Unternehmens: Warum wurde es gegründet, und worin besteht seine jetzige Vision – seine Kultur?
- Sie kennt die Geschichte des Teams: Welche Rolle spielt es? Seit wann existiert es? Welchen Einfluss und welche Kontakte hat es? Wie effektiv ist es bisher gewesen? Wie sieht die Teamdynamik und -kultur aus?
- Sie kennt die Geschichte der Führungsrolle, die sie zurzeit

bekleidet: Wie viele Führungskräfte waren schon in dieser Position tätig? Welchen Ruf hatte die letzte Führungskraft?
- Und sie kennt die Geschichten der einzelnen Teammitglieder: Wer ist schon am längsten im Team? Wer ist neu? Wer hat Einfluss? Was motiviert die einzelnen Mitarbeiter? Welche äußeren Faktoren könnten sich auf ihre Fähigkeit auswirken, ihre Aufgabe gut zu erfüllen?

Falls du in einer führenden Position tätig bist: Hast du ein formales Training für Führungskräfte absolviert? Überprüfst du deinen Führungsstil ständig und holst du dir Feedback darüber ein, wie du dich verbessern könntest? Wenn es Optimierungsmöglichkeiten gibt (und die gibt es immer), solltest du vielleicht ein formales Training absolvieren und/oder dir einen Coach oder Mentor suchen.

Wenn du über die Qualität deiner bisherigen Führungstätigkeit nachdenkst, kannst du dir deine Erfolge ins Gedächtnis zurückrufen und dich fragen, was dazu beigetragen hat (zum Beispiel Wissen, Selbstvertrauen, Zusammenarbeit, Unterstützung, Begeisterung, Überzeugung). Außerdem solltest du dir überlegen, was hätte besser laufen können, dir auch über Schuldfragen Gedanken machen und dich fragen, was du im Lauf der Zeit gelernt hast. Dadurch werden sich deine Führungsfähigkeiten mit der Zeit immer mehr verbessern.

Hinschauen und Zuhören sind wichtige Bestandteile jeder Führungstätigkeit. Allerdings sollte man das, was man dabei sieht und hört, durch den »Filter« der Wahrheit analysieren. Denke zum Beispiel einmal an Klatsch und Tratsch: Auch das gehört leider zum Führungsalltag. Es wird immer wieder Gerede geben – über dich und andere. Gerade deshalb ist es wichtig, dich nicht darauf einzulassen!

Zu jeder Führungsposition gehören Teams. Jedes Team besteht aus Menschen mit besonderen Fähigkeiten, besonderen Geschichten und besonderen Weltanschauungen. Wenn man sich diese Vielfalt zunutze macht, kann man dadurch enorm viel erreichen. Freilich kann sie auch Herausforderungen mit sich bringen, die mit den persönlichen Problemen, Ängsten und Zweifeln der einzelnen Teammitglieder zusammenhängen; und das kann wiederum die Harmonie und Produktivität des Teams beeinträchtigen. Um das Beste aus jedem Mitarbeiter und aus dem ganzen Team herauszuholen, ist es wichtig, die richtige Arbeitsplatzkultur zu schaffen – und dabei sollte Selbstfürsorge einen hohen Stellenwert einnehmen.

Beim Führen geht es darum, Geschichten zu verstehen, Liebe und leidenschaftliche Begeisterung für das zu empfinden, was man in seinem Leben tut, und auf Experten zu hören – Menschen, die einem etwas beibringen können, weil sie bereits Erfahrung auf dem betreffenden Gebiet haben. Daraus kannst du etwas lernen und eines Tages selbst zu einer Führungspersönlichkeit werden. Doch wer führt, muss anderen Menschen mit gutem Beispiel vorangehen.

Ein Bild sagt mehr als tausend Worte, und Taten sagen mehr als Worte. Die Botschaft dieser uralten Redensarten ist klar: Verlass dich nicht allein auf Worte, wenn es darum geht, Ergebnisse zu erzielen. Als Führungspersönlichkeit musst du die richtigen Worte wählen und sie dann mit den richtigen Taten untermauern.

Mir wurde beigebracht, dass man, bevor man eine Entscheidung trifft, einen Blick über den Tellerrand werfen sollte, um zu sehen, welche Auswirkungen diese Entscheidung auf die Menschen hat, die man liebt. Genau das haben die Aborigines früherer Zeiten getan: Ehe sie eine Entscheidung fällten, überlegten sie, wie diese sich über Generationen hinweg auf ihren Stamm auswirken würde, wie sie in die Welt der Natur hineinpasste und welche Konsequenzen sie für die aktuelle Welt haben würde.

Im Leben ging es also darum, für mehrere Generationen vorauszudenken und heute positive Entscheidungen zu treffen, die künftigen Generationen zugutekommen würden, statt ihr Leben in irgendeiner Form zu beeinträchtigen. So blieben in unserer Welt die Flüsse immer sauber, die Bäume trugen immer Früchte, und die Natur wurde in jeder Hinsicht umhegt und gepflegt, weil wir ein Teil der Natur (Mutter Erde) sind und zu ihr gehören.

Meine Verantwortung im Leben besteht darin, das Land – meine Mutter – stets zu respektieren und gut dafür zu sorgen, die Lore meines Volkes weiterzugeben und in Demut und Bescheidenheit nach dieser Lore zu leben in der Hoffnung, dass andere Menschen meinem Beispiel folgen werden.

Als ich noch jung war, saß ich einmal mit einem alten Mann zusammen, der fernsah. Auf dem Bildschirm waren ein paar Politiker zu sehen. Als der alte Mann ihnen zuschaute, wurde er wütend.

»Siehst du diese Kerle da, Junge? Sie halten sich für Führer – dabei tun sie nichts als reden, reden, reden. Sie sind nur Geister, die keine einzige Spur im Sand hinterlassen. Sei kein solcher Geist: Hinterlasse Spuren, denen andere Menschen folgen können.«

Ich habe die Worte dieses alten Mannes nie vergessen. Wenn wir keine Spuren hinterlassen, haben wir keine gute Geschichte gelebt. Wir müssen Spuren hinterlassen. Wir müssen echte Führungspersönlichkeiten sein.

Und nun denke einmal an deinen eigenen Führungsstil – oder an die Führungskräfte, für die du arbeitest, oder vielleicht auch an Leader, die du im Fernsehen gesehen hast.

Hinterlassen diese Anführer gute Spuren, denen andere Menschen folgen können, oder vielleicht gar keine Spuren? Oder noch schlimmer: Hinterlassen sie womöglich die falschen Spuren?

Es ist wichtig, dass wir alle danach streben, gute Führungspersönlichkeiten zu sein; und es ist auch wichtig, gute Führung von anderen Menschen zu verlangen:

- Eine gute Führungspersönlichkeit ist flexibel und konzentriert sich auf die Stärken der Menschen, die sie führt. Es geht ihr nicht nur darum, durch die Arbeit anderer Menschen bestimmte Ergebnisse zu erzielen, ihre Vorstellung von Führerschaft ist viel umfassender.
- Sie betrachtet Beziehungen aus einer ganzheitlichen Perspektive. Sie knüpft und pflegt auch Kontakte, die sich positiv auf das Wohlergehen der Gemeinschaft und der Umwelt auswirken.
- Sie kämpft gegen Benachteiligungen und setzt sich für Gleichberechtigung ein.
- Sie senkt das Risiko einer vom Menschen verursachten globalen Katastrophe.
- Sie befolgt die sechs Prinzipien Lore, Liebe, Hinschauen, Zuhören, Lernen und Führen.
- Sie weiß, wie wichtig Geschichten sind.
- Sie unternimmt alles zusammen *mit* und nicht *für* andere Menschen.
- Sie trifft Entscheidungen, die auch die Auswirkungen auf zukünftige Generationen berücksichtigen.
- Sie schafft eine bessere Welt.

- Sie biegt sich im Sturm und lernt etwas daraus.
- Sie führt aus den richtigen Gründen und ist authentisch.

Oft ist es gar nicht so einfach, sich im Leben zurechtzufinden. Wenn wir verantwortungsvolle Posten in Regierungen, Unternehmen, Konzernen, Regierungs-, Nichtregierungs- und Gemeinschaftsorganisationen mit herausragenden Führungspersönlichkeiten besetzen und diese nach Kräften unterstützen, entsteht daraus eine ganze Sinfonie aus Katalysatoren für positive Veränderungen. Wenn sich die Welt erneuert ... wenn sich die Menschheit erneuert ... und wenn sich die Natur erneuert, gerät alles wieder ins Gleichgewicht, und dann fällt es uns allen leichter, Wohlbefinden zu erlangen.

Wenn wir das tun, haben wir alle eine größere Chance, unseren Traum zu verwirklichen.

Botschaft Nr. 30

Wahre Führung bedeutet, mich im Interesse meiner Kinder und Kindeskinder um meinen Lebensraum und alles zu kümmern, was dort existiert.

Botschaft Nr. 31

Die Welt ist aus dem Gleichgewicht geraten. Eine authentische, einige Führung ist unsere einzige Hoffnung, auf lokaler, nationaler und globaler Ebene für Erneuerung zu sorgen und wieder ein harmonisches Gleichgewicht zu schaffen.

Botschaft Nr. 32
Unsere politischen Führer wählen zu dürfen, ist ein Privileg, das wir respektieren, ehren und mit der gebotenen Sorgfalt ausüben müssen.

Botschaft Nr. 33
Warte nicht darauf, dass unsere führenden Politiker eine bessere Welt schaffen. Du selbst musst die Führungspersönlichkeit sein, die sich für eine bessere Welt einsetzt.

Botschaft Nr. 34
Führe aus den richtigen Gründen.

Botschaft Nr. 35
Hinterlasse Spuren, denen andere Menschen folgen können.

Epilog

Unsere Ältesten sagen: »Wenn wir diese Welt verlassen, hinterlassen wir nur unsere Geschichte – also versuche, die bestmögliche Geschichte zu leben.«

Wir wurden in Liebe gezeugt und in Liebe geboren, um dieses Ziel zu erreichen. Der Traumpfad sagt uns, dass die Verpflichtung, für unseren Lebensraum und alles zu sorgen, was dort existiert, im Mittelpunkt unserer Lebensgeschichte stehen sollte.

Das bedeutet keineswegs, dass wir nicht frei entscheiden können, auf welche Weise wir das tun wollen. Ganz im Gegenteil: Wir sind alle einzigartig, ebenso wie unsere Geschichte und die Spuren, die wir auf der Welt hinterlassen. Es liegt an uns, diese Einmaligkeit freudig anzunehmen, die Vielfalt zu feiern und Mut zum Anderssein zu haben.

Wir hoffen, dir mit diesem Buch ein Verständnis der Lore vermittelt und dir dadurch eine neue Sichtweise der Welt und der Rolle eröffnet zu haben, die du in dieser Welt spielst. Wir hoffen, dass dieses Buch und unsere Gedanken dich dazu anregen, über deine Reise nachzudenken und dir zu überlegen, wohin sie führen soll. Viele unserer Gedanken lassen sich in folgenden Botschaften zusammenfassen:

- Kümmere dich um deinen Lebensraum und alles, was dort existiert.
- Alle Menschen und Dinge haben eine Geschichte. Je mehr Geschichten wir einander erzählen, umso mehr lernen wir. Je mehr wir lernen, umso mehr wachsen wir innerlich. Und je mehr wir innerlich wachsen, umso näher kommen wir dem Wohlbefinden – auf individueller und universeller Ebene.
- Es ist für uns alle ungeheuer wichtig, Beziehungen aufzubauen, zu pflegen und aufrechtzuerhalten: zum Land, zu Babys, Kindern, Jugendlichen, jungen Erwachsenen, Erwachsenen, Eltern, älteren und sehr alten Menschen.
- Unsere Freude an der Vielfalt muss auf einer Plattform der Einheit beruhen.
- Sei stets bereit zum Teilen.
- Wir wurden in Liebe gezeugt, in Liebe geboren und sind von Liebe umgeben. Die Liebe der Mutter, des Vaters und der Geister unserer Vorfahren ist immer für uns da.
- Vollbringe so oft wie möglich liebevolle Taten für andere und für dich selbst.
- Sei jeden Tag dankbar für all das Gute, das dich umgibt.
- Sei in allem, was du tust, demütig und bescheiden.
- Schau hin, höre zu und lerne. Die Welt um dich herum ist dein Klassenzimmer.
- Wenn du zu mir kommst und alles weißt, kann ich dir nichts beibringen. Wenn du zu mir kommst und nichts weißt, kann ich dir alles beibringen.
- Wissen ist nichts wert, wenn wir es nicht mit anderen Menschen teilen.
- Suche bei allem, was du tust, nach der Wahrheit.

- Deine Lebensreise hat einen Sinn. Sie ist etwas ganz Besonderes und Individuelles – genau wie du. Respektiere diesen Weg, ehre ihn, nimm ihn an und gehe ihn.
- Jeder Tag ist eine Gelegenheit, dich inspirieren zu lassen und andere Menschen zu inspirieren.
- Um dich stark und mächtig zu fühlen, musst du an dich und deinen Weg glauben. Wenn du glänzt, solltest du nicht zulassen, dass andere dein Licht unter den Scheffel stellen: Das gelingt ihnen nämlich nur dann, wenn du es ihnen erlaubst.
- Wenn die Stürme des Lebens dir entgegenwehen, dann stell dich diesem Unwetter im Glauben an alles, was du gelernt hast und noch lernen wirst. Biege dich im Wind, aber zerbrich nicht.
- Jedes Mal, wenn du eine schwierige Situation überwunden hast, solltest du dir über deinen Mut und deine Resilienz klar werden und stolz darauf sein.
- Deine Vergangenheit ist ein wichtiger Weg zu deiner Gegenwart. Mach dir deine Vergangenheit bewusst, akzeptiere sie, lerne etwas daraus und setze dich mit allem auseinander, was dich daran hindert, im Hier und Jetzt Zufriedenheit zu finden.
- Wenn du dich zu sehr auf die Zukunft konzentrierst, lenkst du dich vom Zauber der Gegenwart ab.
- Lass dich bereitwillig auf Veränderungen ein.
- Lache oft.
- Wenn du einen Verlust erlitten hast, erlaube dir, darüber zu trauern und von deinem Schmerz geheilt zu werden.
- Dein Traum handelt von deinem Leben und davon, was du daraus machst. Ein Teil dieses Traums besteht darin, dich mit dem Traumpfad zu verbinden.

- Betrachte die Welt aus einer anderen Perspektive als der westlichen. Wenn du von anderen Kulturen lernst, wird die Geschichte, die du lebst, dir mehr Erfüllung schenken und zur Schaffung einer besseren Welt beitragen.
- Um für andere sorgen zu können, muss man zunächst einmal für sich selbst sorgen.
- Wir müssen fließen wie Wasser. Wir erreichen unseren Bestimmungsort, indem wir die vor uns liegenden Windungen des Flusses ruhig akzeptieren und unseren Kurs so daran anpassen, wie wir es für richtig halten. Wir müssen uns synchron mit unserer Umgebung bewegen.
- Eine gute Geschichte zu leben, bedeutet, dass dabei niemand auf der Strecke bleibt.
- Trete deine Macht nicht an das ständige Geplapper deiner Gedanken ab.
- Wahre Führung bedeutet, mich im Interesse meiner Kinder und Kindeskinder um meinen Lebensraum und alles zu kümmern, was dort existiert.
- Die Welt ist aus dem Gleichgewicht geraten. Eine authentische, einige Führung ist unsere einzige Hoffnung, auf lokaler, nationaler und globaler Ebene für Erneuerung zu sorgen und wieder ein harmonisches Gleichgewicht zu schaffen.
- Unsere politischen Führer wählen zu dürfen, ist ein Privileg, das wir respektieren, ehren und mit der gebotenen Sorgfalt ausüben müssen.
- Warte nicht darauf, dass unsere führenden Politiker eine bessere Welt schaffen. Du selbst musst die Führungspersönlichkeit sein, die sich für eine bessere Welt einsetzt.
- Führe aus den richtigen Gründen.
- Hinterlasse Spuren, denen andere Menschen folgen können.

Viele von uns leben nicht ihre bestmögliche Geschichte. Wir leben nicht nach unserer Wahrheit. Das beeinträchtigt unser Wohlergehen und das Wohlergehen unserer Gemeinwesen, Nationen und der ganzen Welt.

Die Welt befindet sich in einer Krise und ist einer vom Menschen verursachten globalen Katastrophe näher als je zuvor. Unser Planet überwärmt sich, das Land verbrennt, und die Eiskappen schmelzen. Eine Pandemie breitet sich in allen Ländern der Erde aus und rafft alte und schwache Menschen mit unnachgiebiger Effizienz dahin. Überall auf der Welt flammen Proteste auf, weil diejenigen, die an den Rand der Gesellschaft gedrängt werden, Nein zu Korruption, Umweltzerstörung, Ungerechtigkeit und Rassismus sagen – aber hören unsere politischen Führer ihnen zu?

Wir – die jetzigen Hüter dieses Planeten – tragen die Verantwortung dafür, zu ändern, was falsch gelaufen ist.

Es ist höchste Zeit, dass wir uns zusammentun und uns über unsere Ziele klar werden. Es ist höchste Zeit für eine Erneuerung.

Und jede globale Erneuerung beginnt mit einer persönlichen Erneuerung. Es liegt an jedem von uns zu verstehen, dass wir etwas Besonderes sind … unser Leben selbst in die Hand zu nehmen … unseren eigenen Weg zu gehen und unsere Wahrheit zu leben. Das ist der Weg zu Zufriedenheit, innerem Frieden und Wohlbefinden, den jeder von uns schaffen kann, wenn wir bescheiden genug sind, um hinzuschauen, zuzuhören und zu lernen, und dann mutig genug sind, um zu handeln. Der Traumpfad und die Lore können uns auf diesen Weg führen.

Doch bevor wir handeln, müssen wir uns mit den Narben der Vergangenheit auseinandersetzen, die erschweren, die Gegenwart voll und ganz anzunehmen und zu leben. Wir müssen auf individueller, kollektiver und globaler Ebene wieder heil werden.

Mich nach meinem psychischen Zusammenbruch selbst zu heilen, war das Schwerste – aber auch das Beste –, was ich je getan habe. Meine Heilungsreise begann als Prozess der Erneuerung, der sich dann zu einem Prozess der Transformation entwickelte. Dadurch, dass ich mein wahres Ich entdeckte, gelang es mir zum ersten Mal in meinem Leben, mich selbst zu mögen. Ich lernte, mich mit den Augen des Vaters, der Mutter und der Geister unserer Vorfahren zu sehen und zu erkennen, dass ich niemals allein bin und dass ich die Liebe, die uns alle umgibt, verdiene. Dadurch habe ich die Fähigkeit erworben, durch das Land zu wandern und die Magie zu spüren, die mich dabei umgibt. Mit den Bäumen zu tanzen, mit dem Wind zu tanzen, mit dem Geist zu tanzen. So konnte ich mich von einem katastrophalen Verlust erholen und eine Geschichte tiefster Dankbarkeit leben.

Ich hoffe, dass auch du durch die Erkenntnisse, die Uncle Paul und ich dir vermittelt haben, auf deine ganz besondere Art und Weise mit allem um dich herum tanzen und eine Geschichte leben kannst, die du nie für möglich gehalten hättest.

Uncle Paul und ich müssen das Lagerfeuer nun für eine Weile verlassen … doch diese Flammen … Flammen der Liebe … Flammen der Hoffnung … und Flammen der Einigkeit werden weiter brennen. Sie werden für uns da sein, wenn wir zurückkehren und uns wieder zusammen mit dir ans Feuer setzen.

Bis dahin wünschen Uncle Paul und ich dir alles Gute auf deiner Reise. Mögest du den Sonnenschein genießen und dich im goldenen Schimmer des Mondes baden, während du den Zauber der Natur und all dessen erlebst, was dich tagtäglich umgibt.

Mögest du einen starken Traum verwirklichen und die bestmögliche Geschichte leben.

Dank

Ich danke unserer Mutter Erde für alles, was sie und ihre Kinder uns geben.

Dieses Buch hätte niemals entstehen können, wenn ich nicht vor vielen, vielen Jahren Uncle Paul Gordon kennengelernt hätte. Bei Uncle Paul bedanke ich mich für das Wissen, das er mir vermittelt, und den Lernprozess, den er mir ermöglicht hat, und dafür, dass er mir ein guter Freund ist. In vielerlei Hinsicht habe ich dieses Buch geschrieben, um ihn einer Welt vorzustellen, die von seiner Weisheit nur profitieren kann.

Im selben Atemzug möchte ich Peter McDonough, der mir ein ausgezeichnetes Vorbild gewesen ist, meinen Dank aussprechen. Deine Bescheidenheit, deine Begeisterung und dein sanftes, aber kompromissloses Engagement für die Kultur und die Lebensweisen der Aborigines inspirieren mich immer wieder aufs Neue.

Doch mein allergrößter Dank gilt meiner Frau Alison. Einen Tag nachdem wir uns kennengelernt hatten, hast du deiner Familie gesagt, dass du mich heiraten würdest. Du hast unsere drei wunderschönen Kinder geboren und mich Liebe und Güte gelehrt. Du bist während meines psychischen Zusammenbruchs an meiner Seite geblieben, obwohl etliche Leute dir empfahlen davonzulaufen. Du hast mich bei meiner Entdeckungsreise in die

Kultur der Aborigines unterstützt und alles, was ich daraus lernte und an unsere Familie weitergab, stets begeistert aufgenommen. Auch als ich meine Führungsposition bei einer staatlichen Behörde aufgab und ein eigenes Unternehmen gründete, hast du weiterhin unerschütterlich an unsere Zukunft geglaubt und mich stets voller Begeisterung in meinem Wunsch unterstützt, über unsere Kultur zu schreiben. Nun, da mein Buch *Der Traumpfad* erschienen ist, kann ich guten Gewissens sagen: »Wir haben es geschafft, Alison!«

An unsere Kinder Rhys, Brianna und Liam: Ich danke euch dafür, dass ihr mir stets so viel Liebe gezeigt und gesagt habt, ich sei der beste Vater der Welt. Obwohl eure Kriterien für diese Auszeichnung vielleicht ein bisschen fragwürdig sind, ist es der größte Segen, den ich mir je hätte wünschen können, euer Vater zu sein.

Freunde kommen und gehen – aber Kieran und Sharon Quigley bleiben! Ich danke euch für eure über vierzigjährige Freundschaft, für eure Begeisterung und euer Interesse an meiner Reise als Buchautor. Als Nicht-Aborigines wusstet ihr anfangs nichts über die Kultur und Spiritualität meines Volkes; trotzdem wart ihr offen dafür, mir zuzuhören und etwas daraus zu lernen. Euer Glaube an meinen Traum gibt mir Hoffnung.

Die Entstehung dieses Buches begann mit einem Telefongespräch mit einem amerikanischen Literaturagenten namens Gregory Messina, der in Paris lebte. Wir unterhielten uns darüber, ein Buch zu promoten, in dem es um die Kultur und Spiritualität der australischen Aborigines gehen sollte. Was für ein Zufall! Herzlichen Dank dafür, dass du dich so schnell für meine Idee begeistert und mich mit den großartigen Leuten bei Pantera Press in Kontakt gebracht hast.

Die Mitarbeiter von Pantera sind wie eine Familie für mich. Lex Hirsts Fähigkeit, meine Vision zu verstehen und mein Konzept in die Realität umzusetzen, war geradezu phänomenal; und Tom Langshaw hat mit seiner unerschütterlichen Begeisterung, seinem Respekt vor diesem Projekt und seiner ausgezeichneten Beratung dafür gesorgt, dass die Entstehungsphase dieses Buches eine wahre Freude für mich war. Anne Reilly hat mir mit ihrem Verständnis meiner Denkweise und ihrer kulturellen Besonderheiten Ideen und Anregungen geliefert und geniale redaktionelle Verbesserungsvorschläge gemacht.

Und an alle, mit denen ich durch den Busch gewandert bin, getanzt, Zeremonien veranstaltet und Geschichten erzählt habe: Ich danke euch dafür, dass ihr ein Teil meiner Lebensgeschichte wart!

Verzeichnis der Übungen

Register